MITTELSTUFE DEUTSCH

Arbeitsbuch

Friederike Frühwirth und Hanni Holthaus

Max Hueber Verlag

Materialübersicht

Lehrbuch, aktualisiert – ISBN 3-19-007240-X
Schlüssel zum Selbststudium – 3-19-117240-8
2 Cassetten mit Texten und Übungen – 3-19-127240-2
Arbeitsbuch mit Prüfungsvorbereitung – 3-19-017240-4
2 Cassetten zum Arbeitsbuch mit Prüfungsvorbereitung – 3-19-137240-7
Schlüssel zum Arbeitsbuch mit Prüfungsvorbereitung – 3-19-027240-9
Lehrerhandbuch – 3-19-057240-2

 Dieses Werk folgt der seit dem 1. August 1998 gültigen Rechtschreib-
reform. Ausnahmen bilden Texte, bei denen künstlerische, philologische
oder lizenzrechtliche Gründe einer Änderung entgegenstehen

E 3. 2. 1. | Die letzten Ziffern
2005 04 03 02 01 | bezeichnen Zahl und Jahr des Druckes.
Alle Drucke dieser Auflage können, da unverändert,
nebeneinander benutzt werden.
1. Auflage
© 2001 Max Hueber Verlag, D-85737 Ismaning
Zeichnungen: Erhard Dieth Ottobrunn
Gesamtherstellung: Friedrich Pustet, Regensburg
Printed in Germany
ISBN 3–19–017240-4
(früher erschienen im Verlag für Deutsch ISBN 3-88532-379-6)

Inhalt

Reihe 1

Textarbeit *7*
I. Deutsche Lebenskurve sinkt (Statistik) *7*
II. Sterben die Deutschen aus? *8*
III. Sachliche Romanze *10*
IV. Ich habe dich so lieb *11*
V. Was es ist *11*
VI. Frauen von Freunden *11*
VII. Ist Lieben eine Kunst? *12*

Übungen zu Grammatik und Wortschatz *13*
I. Wortbildung: Komposita *13*
II. Präterium – Wiederholung der Formen *16*
III. Transformation Verb ⟶ Nomen / Nomen ⟶ Verb *17*
IV. Redewendungen, Sprichwörter, Aussagen um die Liebe *18*
V. Sprichwörter *21*

Mündlicher und schriftlicher Ausdruck *22*
I. Papas Liebling und Mamas Herzblatt *22*
II. Das Streiflicht *23*

Übungen zur Prüfungsvorbereitung *24*
I. Aus dem Anzeigenteil der Samstagsausgabe *24*
II. Wenn der Funke überspringt *26*
III. Aus Liebeskummer Wohnung angezündet *28*
IV. Wenn das Komma verrückt spielt *29*
V. Sorgenbrief an „TREFF" *31*
VI. Johanna und Michaela *32*
VII. Freundschaft auf immer und ewig? *33*

Reihe 2

Textarbeit *35*
I. Spaß muss sein *35*
II. Denksportaufgaben *35*
III. Die Bücherverbrennung *36*
IV. Die Lösung *38*

Übungen zu Grammatik und Wortschatz *39*
I. Die Präposition „in" *39*
II. Der Konjunktiv I *41*
Wiederholung der Formen *41*

Regeln und Hilfen zur Bildung der indirekten Rede *43*
Aufgaben und Übungen *44*
Ersatzformen *49*
Der Konjunktiv I außerhalb der indirekten Rede *49*
III. Genusregeln *50*
IV. Das Verb „fernsehen" *52*
V. Das Wortfeld „sehen" *53*
VI. Hören und verstehen *53*

VII. Die Verben „hören", „lesen",
„schreiben", „sehen" und ihre
Präfixe *54*

**Mündlicher und schriftlicher
Ausdruck** *56*
... nennt Atomkraft die „letzte
Möglichkeit" *56*

**Übungen zur
Prüfungsvorbereitung** *57*
I. Wer interessiert sich wofür? *57*
II. Die erfolgreichste Fernsehserie in
Deutschland *63*
III. Ehe in Gefahr *65*
IV. Hallo, hier spricht *69*
V. Porträt *70*

Reihe 3

Textarbeit *72*
I. Wenn die Haifische Menschen
wären *72*
II. Unsere Macht ist zerstörerisch *73*
III. Esoterik – ein Weg zum inneren
Frieden *74*
IV. Lesebuchgeschichten *80*
V. Todesfuge *80*

**Übungen zu Grammatik und
Wortschatz** *81*
I. Die Präpositionen „aus", „bei",
„in", „vor", „zu" *81*
II. Der Konjunktiv II *83*
Wiederholung der Formen *83*
Gebrauch *85*
Aufgaben und Übungen *86*
III. Lokaladverbien und unbestimmte
Pronomen *91*

IV. Das Verb „werden" *92*
V. Verben mit dem Dativ *94*

**Mündlicher und schriftlicher
Ausdruck** *96*
25 Jahre Zivildienst *97*

**Übungen zur
Prüfungsvorbereitung** *98*
I. Max Frisch, Tagebücher
1946–1949 *98*
II. Über Folter *100*
III. Zum Kriegführen zu
gescheit *104*
IV. Lass doch deinen Frust ab,
wo du willst! *105*
V. Ob Corinna Silvia leiden
kann? *106*
VI. Soziales Jahr? *106*

Reihe 4

Textarbeit *108*
Technik und Fortschritt *108*

**Übungen zu Grammatik und
Wortschatz** *111*
I. „Doppel"-Präpositionen:
„bis"/„von" + Präposition *111*

II. Funktionsverbgefüge *113*
III. Trennbare und untrennbare
Verben *115*
IV. Unbestimmte Pronomen *119*
V. Syntax: Die Umformung
präpositionaler Fügungen in
Nebensätze *122*

Mündlicher und schriftlicher Ausdruck *123*
    Inserat „Kernenergie" *123*

Übungen zur Prüfungsvorbereitung *125*
I. Wo sind Text 4 und 5 versteckt? *125*
II. Landschaft im Blick der Geschichte *127*

III. Nicht nur im Zoo *129*
IV. Was „Look" 1962 voraussah *132*
V. Buchbesprechung *133*
VI. Frauen und Wohnungsbau *136*
VII. Von Flaschen, Tüten und Kartons *136*
VIII. Klar, doch nur mit dem Flieger! *137*

Reihe 5

Textarbeit *139*
    Ende des Wachstums *139*

Übungen zu Grammatik und Wortschatz *143*
I. Die Präpositionen „durch" und „von" *143*
II. Pronominaladverbien *146*
III. Das Passiv *147*
    Wiederholung der Formen *147*
    Aufgaben und Übungen *149*
    Passiv und Passiversatz *155*
    Das Zustandspassiv *157*
IV. „Arbeit" und „arbeiten" *158*

Mündlicher und schriftlicher Ausdruck *161*
I. Wie schreibt man Geschäftsbriefe? *161*
II. Thema „Supermarkt" *163*

Übungen zur Prüfungsvorbereitung *165*
I. Sechzehn Überschriften *165*
II. Aus dem Wirtschaftsteil *166*
III. Tankstellen gegen Tante-Emma-Läden *168*
IV. Wer kann das verstehen *173*
V. Reklamationen *175*
VI. Sind Sie mit Ihrem Namen zufrieden? *176*

Reihe 6

Textarbeit *178*
    Durchmischung ist gesund *178*

Übungen zu Grammatik und Wortschatz *186*
I. Präpositionen *186*
    Wendungen mit Präpositionen *186*

    Verben und Adjektive mit Präpositionen *186*
II. Länder und Nationalitäten *190*

Mündlicher und schriftlicher Ausdruck *191*
I. Eine Buchbestellung *191*
II. Anfragen *192*

Übungen zur
Prüfungsvorbereitung *193*
I.   Fremd oder „fremd"? *193*
II.   „Deutsch", „deutscher" oder
     „typisch deutsch" *198*

III. Quer durch Europa *201*
IV. „Benimm dir" sagt man
     in Berlin *202*
V.   Haben Sie ein Wohnzimmer? *203*

Reihe 7

Textarbeit *204*
    Am Straßenrand *204*

**Übungen zu Grammatik und
Wortschatz** *206*
I.   Präpositionen auf die Fragen
     „Woher?", „Wo?" und
     „Wohin?" *206*
II.   Die Komparation *210*
III. Formen, die einen Komparativ
     oder einen Superlativ
     ersetzen *212*
IV. „wie" und „als" in Vergleichs-
     sätzen *216*
V.   Adverbien *217*
VI. Wortstellung im Hauptsatz *218*

**Mündllicher und schriftlicher
Ausdruck** *220*
I.   Die Fahrprüfung *220*
II.   Verkehrsallerlei *221*

**Übungen zur
Prüfungsvorbereitung** *224*
I.   Was so in der Zeitung steht *224*
II.   „Bertha", „Eva" und das Auto *226*
III. Chauffeur um die Jahrhundert-
     wende *229*
IV. Zum Thema Massen-
     tourismus *232*
V.   Kommen Sie doch einfach mal
     vorbei *233*
VI. Stau *234*

Quellenverzeichnis *236*

I. Deutsche Lebenskurve sinkt (Statistik)

I. Schauen Sie sich die beiden Zeichnungen an.

1. Notieren Sie alle Gedanken, die Ihnen zu den Bildern einfallen.
2. Ordnen Sie Ihre Gedanken den folgenden Gesichtspunkten zu:

positiv	negativ

früher	heute

2. Beantworten Sie die folgenden Fragen:

1. Über welchen Bereich gibt die Grafik Auskunft?
2. Welche wesentlichen Änderungen haben sich in den vergangenen Jahrzehnten ergeben?
3. Welche Veränderungen nimmt man für die Zukunft an?
4. Ist die dargestellte Entwicklung mit der Situation in Ihrem Heimatland vergleichbar?
5. Welche Gründe für diese Entwicklung könnte es in der Bundesrepublik / in Ihrem Heimatland geben?
6. Welche Probleme ergeben sich Ihrer Meinung nach, wenn man die Statistik betrachtet?

Lehr-
buch
Seite
9–10

II. Sterben die Deutschen aus?

I. Beantworten Sie die folgenden Fragen:

1. Was halten Sie von den Argumenten, die im Text aufgeführt werden?
2. Was denkt man in Ihrem Heimatland über diese Frage?
3. Wie viele Kinder wünschen Sie sich einmal? Wie viele Kinder haben Sie oder möchten Sie noch haben? Warum?
4. Warum würden Sie auf Kinder verzichten?
   Warum wollen Sie nur ein Kind? Warum _____ Kinder?
5. Was erwarten Sie von der Zukunft?

2. Formen Sie die Sätze um, ohne den Sinn zu verändern.

> *Beispiel:*
> Bevölkerungspolitik ist eine schwierige Sache.
> Bevölkerungspolitik _____ *weist* _____ viele Schwierigkeiten auf.

1. Bevölkerungspolitik ist eine schwierige Sache.
   a) Bevölkerungspolitik _____ viele Schwierigkeiten _____ sich.
   b) Es ist _____ , Bevölkerungspolitik _____ machen.

2. Wirtschaftliche Gründe spielen gewiss eine große Rolle bei der Verwirklichung von Kinderwünschen.
   a) Wirtschaftliche Gründe _____ wichtig, wenn es _____
      _____ Verwirklichung von Kinderwünschen geht.
   b) Wirtschaftliche Gründe muss man _____ , wenn _____
      sich darum handelt, Kinderwünsche _____ .
   c) Die Verwirklichung von Kinderwünschen _____ gewiss auch zu tun mit _____
      _____ .

3. Es muss nicht immer Egoismus sein, der Menschen auf Kinder verzichten lässt.
   a) Dem _____ auf Kinder liegt nicht immer nur der Egoismus der Men-
      schen _____ .
   b) Wenn Menschen _____ , dann ist der Grund
      dafür nicht immer nur im Egoismus _____ .
   c) Außer dem Egoismus _____ sicher noch andere Gründe, die _____
      verantwortlich sind, dass Menschen _____
      _____ .

3. Bereiten Sie ein kleines Referat vor. Sie haben folgende Themen zur Auswahl:

1. Auswertung der Statistik auf S. 11 im Lehrbuch.
   a) Was wird in der Grafik dargestellt?
   b) Welche wesentlichen Informationen können Sie der Statistik entnehmen?
   c) Halten Sie diese Statistik für realistisch?
   d) Halten Sie eine solche Statistik für aussagekräftig?

2. Berichten Sie über die Situation der Familie in Ihrem Heimatland.
   a) Wie sah es früher dort aus?
   b) Wie ist es jetzt?
   c) Welche Entwicklungen zeichnen sich ab?
   d) Was unternimmt der Staat in dieser Hinsicht?
   e) Welche Rolle spielen Kinder in der Gesellschaft Ihres Heimatlandes?

3. Machen Sie eine Umfrage bei jungen Leuten. Erkundigen Sie sich nach ihrer Einstellung zu Heirat, Familie, Kinder, Familienleben usw.

4. Kinder machen reicher!
   Versuchen Sie aufzuzeigen, inwiefern Kinder das Leben des Einzelnen und der
   Gemeinschaft bereichern können.

4. Antworten Sie mit einem Leserbrief auf den Zeitungsartikel S. 9–10. Behandeln Sie dabei folgende Punkte:

1. Warum nehmen Sie zu diesem Thema Stellung?
2. Was halten Sie von den dort aufgeführten Argumenten?
3. Welche Vorschläge haben Sie zu diesem Thema?

III. Sachliche Romanze

Lehr-buch Seite 14

1. Welches der folgenden Wörter gehört eher in den Bedeutungsbereich von „sachlich", welches eher in den Bereich von „Romanze"?

Kennzeichnen Sie jedes Wort mit einem „a" für sachlich oder mit einem „b" für Romanze.

nüchtern *a*, romantisch *b*, gefühlvoll ___, rational ___, logisch ___, realistisch ___, pathetisch ___, leidenschaftlich ___, empfindsam ___, subjektiv ___, gefühls-betont ___, unparteiisch ___, verliebt ___, geschäftlich ___, persönlich ___, schwär-merisch ___, alltäglich ___, geheimisvoll ___.

2. Fragen zum Textverständnis

1. In welchem Verhältnis stehen die beiden Begriffe des Titels zueinander?
2. Welche Wendungen und Bilder im Text machen den „Alltag" deutlich, die „Gewohnheit"?
3. Mit welchen Mitteln versuchen die beiden Personen, sich über ihre Entfremdung hinwegzutäuschen?
4. „Sprechen" hat eine besondere Bedeutung im Gedicht. Wo finden Sie Beispiele für „Sprechen" bzw. für „Nicht-Sprechen"?
5. Untersuchen Sie die Länge der Strophen und das Reimschema.

> *Beispiel:* 1. Strophe .... kannte   A
> .... gut   B   (Der Reim A/A ist ein sogenannter
> ..... abhanden   A   „unreiner Reim".)
> .... Hut   B

Können Sie eine Unregelmäßigkeit entdecken? Können Sie diese im Zusammen-hang des Gedichtes interpretieren?

IV. Ich habe dich so lieb

Lehrbuch Seite 16

1. Welche Wörter fallen Ihnen dazu ein?

GLÜCK	ENTTÄUSCHUNG
glücklich, lachen	*enttäuscht, weinen, Liebeskummer,*

2. Fragen zum Textverständnis

1. Untersuchen Sie: Länge der Strophen und Regelmäßigkeit des Reimschemas.
2. Schreiben Sie die Subjekte heraus. Welches ist das häufigste Subjekt?
3. Welche Verben gehören zu diesen Subjekten?
4. Von welcher Perspektive ist das Gedicht bestimmt? Wie treten das „Ich" und das „Du" auf (Subjekt, Objekt, Sprecher, Angeredeter, ...)?
5. Das Gedicht endet mit dem gleichen Satz, mit dem es beginnt. Was könnte dieser Rahmen bedeuten?
6. Welche „Qualität" hat das Gedicht (sachlich, emotional, subjektiv, objektiv, ...)?

V. Was es ist

Lehrbuch Seite 16

1. Zum Verfasser:
   Erich Fried wurde 1921 in Wien geboren und starb 1988 in Baden-Baden. 1938 floh er nach der Besetzung Österreichs nach England und lebte seitdem in London, zunächst als Hilfsarbeiter, später als Mitarbeiter des BBC und seit 1968 als freier Schriftsteller und Übersetzer. Er veröffentlichte Gedichte, Romane und Essays sowie Übersetzungen aus dem Englischen und Griechischen. Für seine Bücher erhielt er mehrere internationale Auszeichnungen und Preise.
2. Ein Gedichtband von Erich Fried trägt den Titel: „Die Freiheit den Mund aufzumachen". Was bedeutet dieser Titel auf dem Hintergrund seiner Biografie?
3. Was würden Sie als Leser für das „ES" im Gedicht einsetzen?

VI. Frauen von Freunden

Lehrbuch Seite 27

1. Diskutieren Sie die folgenden Fragen:

1. Notieren Sie Wörter zu den Begriffen „Freundschaft" und „Liebe". Sind diese Begriffe eher unterschiedlich? Sind sie ähnlich oder sogar gleich?
2. Gehören die folgenden Begriffe eher zur „Freundschaft" oder zur „Liebe"?

Eifersucht	Besitz	Dauer	Kindheit	Jugend	Erwachsenenalter
Alter	Partnerschaft		Kameradschaft	Intimität	Treue

2. Fragen zum Textverständnis

1. Schreiben Sie alle Verben heraus (eventuell auch mit der Negation). Aus welchen Bereichen des Lebens stammen die Verben der ersten beiden Strophen?

2. Welche Verben beziehen sich auf das Verhalten bzw. das Gefühl
   a) der Frau,   b) des Freundes,   c) des Sprechers?

3. Untersuchen Sie die Struktur des Gedichtes:
   a) die Länge der einzelnen Strophen,
   b) die Länge der einzelnen Sätze.

4. In der letzten Zeile sagt Tucholsky: „Die im Bett..." Wen meint er damit? Wie empfinden Sie diese Formulierung?

5. Gibt es einen Zusammenhang zwischen der Form (Frage 3) und dieser kurzen Zuspitzung in der letzten Zeile?

VII. Ist Lieben eine Kunst?

Lehrbuch Seite 30

I. Ergänzen Sie die Sätze mit eigenen Worten, ohne den Inhalt des Textes zu verändern.

1. _____
   selbst geliebt zu werden, statt zu lieben und lieben zu können.

2. _____
   geliebt zu werden, liebenswert zu sein.

3. Um zu diesem Zweck zu gelangen, _____.

4. Viele dieser Mittel sind die, _____,
   um Erfolg zu haben.

2. Steht das so im Text?

	Ja	Nein
1. Im Viktorianischen Zeitalter waren die Menschen stärker zum Lieben fähig.		
2. Zwei Menschen, die sich ineinander verlieben, sehen im anderen jeweils ein lohnendes Tauschobjekt.		
3. Man verliebt sich meistens in einen Partner, der einem selber in Bezug auf gesellschaftliche Stellung und Besitz gleichwertig ist.		
4. Es gelingt nicht vielen Menschen, ihre Liebe ein Leben lang lebendig zu erhalten.		

I. Wortbildung: Komposita

Lehr-buch Seite 12-13

1. Zergliedern Sie die Wörter so weit wie möglich.

Versuchen Sie, die Wortarten zu erkennen und zu benennen, aus denen die zusammengesetzten Begriffe (= Komposita) entstanden sind. (Nomen = N, Verb = V, Adjektiv = A, Präposition = P)

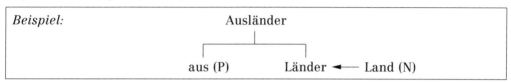

Beispiel: Ausländer

                         aus (P)   Länder ◄— Land (N)

2. Suchen Sie Wörter, die ebenfalls den zentralen Begriff des Kompositums enthalten.

Beispiel: Ausländer   **In**länder
                                                  Vater**land**
                                                  landen
                                                  usw.

3. Verfahren Sie ebenso mit den folgenden Wörtern:

Wirtschaftsforschung, Einwohnerzahl, Kinderfeindlichkeit, Meinungsumfrage, Kaufkraft, Kinderwünsche, Berufstätigkeit, Freizeitgenuss, Lebensunsicherheit, Durchschnitt, Schulschwierigkeiten.

4. Erklären Sie den Unterschied:

Blumentopf	– Topfblume	Hühnersuppe	– Suppenhuhn
Spielkarte	– Kartenspiel	Hauswirt	– Wirtshaus
Grenzland	– Landesgrenze		
Parkbank	– Bankkonto	Bauernhof	– Vogelbauer
Lohnsteuer	– Steuerrad	Morgentau	– Tauende

5. Welches ist das längste Wort, das Sie kennen?

Haben Sie dieses Wort schon einmal gehört? *Donaudampf-schifffahrtsgesellschaftskapitänsfrau*

6. Was sind das eigentlich für „Tiere"?

Blumento-pferde	Altersr-ente	E-heringe
Fer-tiger-zeugnisse	ein-hund-ert	D-reh-ung

7. Welches Wort passt nicht?

Beispiel: Auf dem Kirschkuchen liegen Kirschen.
Auf dem Apfelkuchen liegen Äpfel.
Aber: Auf dem Hundekuchen liegen keine Hunde.

a) Lederschuh
Leinenschuh
Bergschuh

b) Milchflasche
Saftflasche
Babyflasche

c) Wurstbrot
Käsebrot
Pausenbrot

d) Kinderwagen
Krankenwagen
Leiterwagen

e) Schinkenwurst
Leberwurst
Bockwurst

f) Zeitungsfrau
Blumenfrau
Marktfrau

8. Drei Karten ergeben ein Wort. Setzen Sie die Wörter zusammen.

9. Viele zusammengesetzte Wörter sind nicht mehr aus den einzelnen Bestandteilen zu erklären. Sie sind zu einem neuen Begriff zusammengewachsen, d. h. „idiomatisiert".

a) *Was könnte das sein?*

14

b) *Und was ist ...?*

ein Traumwagen   eine Brillenschlange   eine Gänsehaut
ein Arbeitstier   eine Bohnenstange   ein Katzenjammer
ein Trostpflaster   ein Saftladen
ein Wolkenkratzer   ein Saustall

c) *Verwenden Sie die Zusammensetzungen im Kontext.*
Beispiel:
Kathi: Sieh mal! Das ist er.
Carmen: Wer? Dein Freund?
Kathi: Nein, mein Traumwagen!!

> Setzt man ein Adjektiv und ein Nomen zusammen, so ergibt sich meist ein neuer Begriff, der eine andere Bedeutung hat als die Wörter einzeln, d. h. die Wörter werden idiomatisiert. Sie sind zu Fachausdrücken geworden, die man nur in einem bestimmten Fachzusammenhang gebraucht.

10. Was können Sie einsetzen, die einzelnen Wörter oder das Kompositum?

1. *das einzelne Kind / das Einzelkind*

   a) In der Schule wurde jedes _____ geprüft.

   b) Sabine hat keine Geschwister, sie ist ein _____.

2. *eine kleine Stadt / eine Kleinstadt*

   a) Verglichen mit New York ist München eine _____.

   b) München ist aber keine _____.

3. *ein hohes Haus / ein Hochhaus*

   a) Für ein Kind ist ein Haus mit drei Etagen schon ein _____.

   b) Um Platz zu sparen, baut man in den Städten hauptsächlich _____
   _____.

4. *eine besondere Schule / eine Sonderschule*

   a) Die Schule in Salem ist eine _____, denn nur wohlhabende Eltern können ihre Kinder dorthin schicken.

   b) Behinderte Kinder besuchen eine _____.

5. *eine kurze Arbeit / Kurzarbeit*

   a) Das ist aber eine sehr _____. Bei der Prüfung sollten Sie mindestens zwei Seiten schreiben.

   b) Um Entlassungen zu vermeiden, wird in vielen Betrieben _____
   _____ eingeführt.

6. *altes Papier / Altpapier*

   a) Wir werfen keine Zeitungen weg, sondern sammeln sie. Einmal in der Woche
      kommt ein Lastwagen und holt das _____ zur Wiederverwertung ab.

   b) Wirf das _____ bitte nicht weg! Wenn ich mein Zimmer streiche,
      brauche ich es, um den Teppich abzudecken.

7. *eine kurze Geschichte / eine Kurzgeschichte*

   a) Schreiben Sie eine _____, ungefähr 15 bis 20 Zeilen
      lang, über ein Erlebnis aus Ihrer Kindheit.

   b) „Geschäft ist Geschäft" ist eine _____ von Heinrich Böll.

II. Präteritum – Wiederholung der Formen

Lehr-buch Seite 15–19

Ergänzen Sie die fehlenden Formen.

	Infinitiv Präsens	Präteritum	Infinitiv Perfekt
Hilfsverben	sein	war	
			gehabt haben
	werden		
Schwache Verben	fragen		
Starke Verben		ging	
Gemischte Konjugation	denken		
			gebrannt haben
	bringen		
		kannte	
			gerannt sein
	senden		
			gewusst haben
Modalverben	können		
	mögen		
	müssen		
	wollen		

16

Verben, die man leicht verwechselt	*Infinitiv Präsens*	*Präteritum*	*Infinitiv Perfekt*
	sitzen		
		setzte	
		lag	
			gelegt haben
		hing	
			gehängt haben
	stellen		
		stand	
	beten		
		bat	
			geboten haben
	betteln		

III. Transformationen Verb → Nomen / Nomen → Verb

Lehr-buch Seite 22

1. Jedes Verb kann im Infinitiv als Nomen verwendet werden. Es ist dann immer Neutrum (*das ...*): schlafen → **das Schlafen**

2. Von vielen Verben lassen sich Kurzformen bilden, die Nomen sind. Diese Kurzformen sind meist maskulin (*der ...*):
   schneiden → **der Schnitt**

3. Feminin sind Kurzformen auf -*e, -st, -t*:
   -e: geben → **die Gabe**
   -st: sich ängstigen → **die Angst**
   -t: sich fürchten → **die Furcht**

Setzen Sie den fehlenden Artikel vor die Nomen und bilden Sie die Verbformen, die den Nomen zugrunde liegen.

die Absicht *beabsichtigen*　　　　＿＿＿ Last ＿＿＿＿＿＿＿＿

＿＿＿ Anfang ＿＿＿＿＿＿＿　　　　＿＿＿ Lage ＿＿＿＿＿＿＿＿

＿＿＿ Ankunft ＿＿＿＿＿＿＿　　　＿＿＿ Lauf ＿＿＿＿＿＿＿＿

＿＿＿ Annahme ＿＿＿＿＿＿　　　＿＿＿ List ＿＿＿＿＿＿＿＿

17

——— Ansicht ————————	——— Naht ————————
——— Arbeit ————————	——— Pflege ————————
——— Bau ————————	——— Presse ————————
——— Begriff ————————	——— Sage ————————
——— Beitrag ————————	——— Schlaf ————————
——— Bestand ————————	——— Schrift ————————
——— Beweis ————————	——— Schwung ————————
——— Bitte ————————	——— Schwur ————————
——— Brand ————————	——— Satz ————————
——— Dusche ————————	——— Stand ————————
——— Einstieg ————————	——— Stoß ————————
——— Entschluss ————————	——— Trieb ————————
——— Fahrt ————————	——— Tat ————————
——— Flucht ————————	——— Überfall ————————
——— Folge ————————	! ——— Unterricht ————————
——— Frage ————————	! ——— Verdienst ————————
——— Gang ————————	——— Verstand ————————
——— Handel ————————	——— Versuch ————————
——— Hast ————————	——— Verzicht ————————
——— Heirat ————————	——— Wäsche ————————
——— Kunst ————————	

IV. Redewendungen / Sprichwörter / Aussagen um die Liebe

Lehr-buch Seite 28–30

I. Welches Adjektiv entspricht der Bedeutung?

liebenswürdig / liebestoll / lieblich / lieblos / liebevoll

1. sich auf eine die Gefühle verletzende Art verhalten,
   unfreundlich sein, etwas ohne Sorgfalt tun   ————————— sein
2. im Übermaß verliebt sein, nicht mehr vernünftig
   handeln vor Liebe   ————————— sein
3. zärtlich, besorgt, fürsorglich sein   ————————— sein
4. freundlich und zuvorkommend sein   ————————— sein
5. anmutig, sanft sein, (ein ... Gesicht, ein ... Duft,
   eine ... Landschaft)   ————————— sein

2. Was passt zusammen?

I

> Glück und Glas,
> wie leicht bricht das.

1. Die Liebe
2. Wenn dir dein Leben lieb ist,
3. Was sich liebt,
4. Dieses Erbstück von meiner Groß-mutter würde ich nie verkaufen;
5. Die beiden verstehen sich wirklich ausgezeichnet;
6. Alte Liebe
7. Immer wenn er ein hübsches Mäd-chen kennen lernt,
8. Es wird dir nie gelingen, die anderen zu überzeugen;
9. Das wirst du früher erfahren,
10. Nach zwei gescheiterten Ehen traf sie endlich
11. Mit einem neuen schnellen Auto
12. Jung gefreit
13. Bei aller Liebe –
14. Eine Liebe
15. Schon unsere Großeltern wussten: Liebe
16. Jeder Topf
17. Wie ein Blitz traf sie die Liebe
18. Seine Frau hat die Hosen an

a) es ist mir viel zu lieb und teuer (lieb und wert).
b) liebäugle ich schon lange.
c) auf den ersten Blick.
d) geht durch den Magen
e) findet seinen Deckel.
f) das geht wirklich nicht!
g) hat noch niemand/noch nie gereut.
h) das neckt sich.
i) dann verschwinde schnell!
j) und er steht unter dem Pantoffel.
k) ist er sofort bis über beide Ohren ver-liebt.
l) das ist verlorne Liebesmüh.
m) sie sind ein Herz und eine Seele.
n) ihre große Liebe.
o) rostet nicht.
p) ist der anderen wert.
q) als dir lieb ist.
r) macht blind.

1	2	3	4	5	6	7	8	9	10	11	12	13	14	15	16	17	18

3. Was ist/sind ...?

1. ein Liebesbrief
2. eine Liebeserklärung
3. ein Liebhaberstück
4. Liebeskummer
5. ein Liebesfilm
6. eine Liebhaberei
7. der Liebhaberwert
8. Liebesperlen
9. ein Liebespaar/ein Liebespärchen

4. Kennen Sie die Redewendungen?

1. In vielen Redewendungen werden Tiernamen verwendet, zum Beispiel „die Schlange, der Kater, der Bär, der Vogel, der Hund, die Katze, der Elefant, das Murmeltier, der Affe" usw. Nennen Sie solche Redensarten.
2. Welche Körperteile kommen in den Redewendungen, die Sie jetzt kennen, vor?
3. Notieren Sie die Redewendungen, die Ihnen besonders gut gefallen haben.
4. Glauben Sie, dass die beiden auf der Zeichnung besonders freundlich zueinander sind? Welche Redewendungen könnte man in dieser Situation verwenden?

Hilfen:
(so ein) Theater
    machen
einen Vogel
    haben
die beleidigte Leber-
    wurst spielen
jdm. auf die Nerven
    gehen

5. Welche Antwort passt?

A	B

1. Was ist denn los? Du bist ja ganz aus dem Häuschen!

2. Und das soll ich dir glauben? Du willst mir wohl einen Bären aufbinden?

a) Das geht doch nicht! Denk doch an meine Freundin! Was würde Elli dazu sagen?

b) Das stimmt nicht! Elli liebt mich aufrichtig!

20

3. Weißt du was? Wir lassen alles liegen und stehen und hau'n einfach ab.

4. Ach die! Die führt dich doch nur an der Nase herum!

5. Das glaubst auch nur du! Jedesmal, wenn sie dich sieht, zeigt sie dir ganz klar die kalte Schulter.

6. Ich! In Elli verknallt! Mensch, du hast ja nicht alle Tassen im Schrank.

c) Stell dir vor, ich habe im Lotto gewonnen.

d) Nein, nein! Ganz bestimmt nicht. Warum sollte ich dich belügen?

e) Mensch, spiel doch nicht gleich die beleidigte Leberwurst!

f) Du bist ja bloß eifersüchtig, weil du selbst in sie verknallt bist!

1 c	2 ___	3 ___	4 ___	5 ___	6 ___

V. Sprichwörter

Lehr-buch Seite 24 f.

Hallo, liebe Freunde!

Sie kennen nun schon einige Sprichwörter aus dem Lehrbuch. Wir haben ein paar kleine Geschichten gesammelt, die Schüler zu einem Sprichwort geschrieben haben. Die zwei besten haben wir für Sie ausgesucht:

1. An einem Wochenende hatte ich furchtbare Zahnschmerzen, mein Zahnarzt war aber nicht zu erreichen. So musste ich zu einem anderen Zahnarzt gehen, der gerade Dienst hatte.
Als ich seinen Namen hörte, erschrak ich fürcherlich, denn ich hatte schon öfters gehört, dass er schlecht sein soll. Aber was sollte ich machen? Die Zahnschmerzen waren zu schlimm. *In der Not frisst der Teufel Fliegen.*

(Yoko O., Japan)

2. Ingrid: Ich habe gehört, dass du letzte Woche Lotto gespielt hast. Und dass du gewonnen hast. Stimmt das wirklich?

Peter: Ja, das stimmt. Ich hatte drei richtige Zahlen, aber ich habe nur 250 Euro bekommen.

Ingrid: Ist doch nicht schlecht! Es hätte ja auch sein können, dass du gar nichts gewinnst. Da finde ich 250 Euro schon sehr gut. Kennst du das Sprichwort *"Besser den Spatz in der Hand als die Taube auf dem Dach."*?

(Ingrid H., Finnland)

Suchen Sie sich jetzt auch ein Sprichwort aus. Sicher gibt es noch keine Geschichte dazu. Erfinden Sie eine!

Viel Spaß und liebe Grüße *Ihre Mittelstufe*

I.

Papas Liebling und Mamas Herzblatt?

Nicht Einzelkinder, sondern das Mittelkind problematisch

Einzelkinder sind als Papas Liebling und Mamas Herzblatt verrufen. Sie gelten als verwöhnt, eigensinnig, kontaktscheu und überhaupt bedauernswert. „Stimmt alles nicht, jedenfalls nicht so", sagt Prof. Dr. Tamas G. Kürthy vom Institut für Erziehungswissenschaft der Technischen Hochschule Aachen, Experte für pädagogische Soziologie, pädagogische Anthropologie und Sozialisationslehre, Psychotherapeut. Obendrein ist er auch noch Vater eines überaus wohlgeratenen Einzelkindes.

Gemeinsam mit seinen Mitarbeitern ist er in einer empirischen Studie den gängigen Ansichten über Einzelkinder auf den Grund gegangen. Die Resultate gedenkt er in einem Buch zu publizieren. Seine überraschendste Erkenntnis offenbarte er vorab in einem Gespräch: „Was uns bei unserer Untersuchung als problematisch erschien, war nicht das Einzelkind, sondern das Mittelkind." Folglich wird er diesem Personenkreis seine nächste Untersuchung widmen. Die Deutsche Forschungs-Gemeinschaft (DFG) hat das Projekt bereits genehmigt. Dabei sollen die Fami-

lien in 1300 repräsentativ ausgewählten Haushalten durchleuchtet werden.

Inzwischen singt Prof. Kürthy das hohe Lied der Einzelkinder: „In unserem Ensemble sind sie freundlich und zugänglich, haben ein positives Bild von der Welt." Die Mädchen seien in noch höherem Maß als die Jungen mit guten Eigenschaften ausgestattet. Zu Vergleichen zieht Kürthy die „Mittelkinder" heran: 72 Prozent der Einzelkinder, aber nur 62 Prozent der Mittelkinder hielten ihre Familie für aufgeschlossen. Umgekehrt fänden 39,7 Prozent der Mittelkinder gegenüber nur 25 Prozent der Einzelkinder ihre Familie autoritär. Die negative Einstellung zur Familie schlage sich auch in einem negativen Selbstbild nieder: „Alles ist bei mittleren Kindern problematisch." Der Grund: „Sie werden immer übergangen."

Das Forscherteam gewann seine Erkenntnisse aus einer Befragung von 1000 Studierenden der TH Aachen. 818 füllten die Fragebögen aus, darunter 119 Einzelkinder. Davon gehören 47 Prozent dem männlichen, 53 Prozent dem weiblichen Geschlecht

an – ein erstaunlicher Prozentsatz. Unter den Studenten der TH belegen Frauen nämlich nur 40,5 Prozent der Plätze. Unter Vorbehalt erklärt Kürthy die schulischen Erfolge weiblicher Einzelkinder mit dem Sozialstatus der Eltern: „Das Einzelkind ist ein typisches Mittelschicht- oder Angestelltenphänomen." Reichere wie Ärmere leisteten sich meist eine größere Familie.

Dafür verfüge der Mittelstand über ein besonders ausgeprägtes pädagogisches Selbstbewusstsein und lasse dem Nachwuchs alle nur mögliche Förderung angedeihen. Dass dies bei den Mädchen besser anschlage als bei den Jungen, könne damit zusammenhängen, dass die Mütter von Einzelkindern häufiger als andere nach einer Familienpause wieder in den Beruf einstiegen und den Töchtern damit eine doppelte Identifikationsmöglichkeit böten: als Hausfrau und als Geldverdienerin. Söhne hingegen könnten sich eher mit Vätern identifizieren, die „ansehnlichere Positionen" bekleideten.

(Oldenburgische Volkszeitung vom 30. 5. 1987)

Das Streiflicht

(SZ) Bei Autos und Kindern ist die Tendenz gegenläufig: hier der Zweitwagen, dort das Einzelkind. Daß bei der Familienplanung zwischen diesen beiden Anschaffungen ein Konkurrenzverhältnis besteht, war schon während der fünfziger Jahre Anlass zur Sorge. Da ging es zwar noch um den Erstwagen, aber Bevölkerungspolitiker der alten Schule warnten: „Wo ein Volkswagen steht, ist für einen Kinderwagen kein Platz mehr." Heute wissen wir, dass diese Alternative falsch war. Wo der Platz für den Kinderwagen fehlt, tut es der Kindersitz im Volkswagen und die Plakette „Baby an Bord". Aber wenn auch die räumliche Ausschließung von Auto und Kind nicht stattgefunden hat, blieb doch die finanzielle. Unsere Politiker sprechen mit gespaltener Zunge und raten einmal zu mehr Autos (Konjunktur), dann wieder zu mehr Kindern (Renten von morgen). Der Bürger, auf Freiheit bedacht, will sich nicht für längere Zeit festlegen. Autos kann man wechseln, da kommen bessere Modelle heraus,

Gebrauchtwagen gehen gut; Kinder muss man nehmen, wie sie kommen – und lange behalten.

Wie gerufen erscheint in diesem Augenblick eine Studie, die geeignet ist, auch jene pädagogischen und psychologischen Bedenken zu zerstreuen, die bisher noch oft zum Zweitkind Anlass geben. Die scheinbar gesicherte Erkenntnis, dass Einzelkinder oft misslingen, wurde von Professor Kürthy und seinen Mitarbeitern an der Technischen Hochschule Aachen durch eine Befragung von 1000 Studierenden widerlegt. Danach haben Einzelkinder öfter als Geschwister ein positives Bild von der Welt, sind freundlich, zugänglich und keineswegs kontaktscheu, verwöhnt oder eigensinnig. Nur 25 Prozent der Einzelkinder finden ihre Familie autoritär, aber fast 40 Prozent der Mittelkinder fühlen sich gedrückt. Das ist nun wiederum nicht erstaunlich. Wer es als Kind zum Beispiel männlichen Geschlechts selbst erlebt hat oder sich als Erwachsener vorstellen kann, wie man unter

einer älteren Schwester und über einem blondgelockten Nesthäkchen aufwächst, weiß, was es heißt, ein Mittelkind zu sein: eingeklemmt, mal als klein geschulmeistert, dann wieder als Älterer ausgebeutet, generell wenig beachtet und viel übergangen.

Veranwortungsbewusste Eltern werden versuchen, Mittelkinder irgendwie zu vermeiden, denn sie sind nach der Aachener Untersuchung die eigentlichen Problemkinder. Aber wenn sie nun einmal entstanden sind, sollten sie ihr Schicksal nicht zu sehr beklagen. Schließlich waren auch sie eine Zeitlang süße Nesthäkchen. Im übrigen: Kind zu sein, ist immer schwer, Einzelkind zumal. Vom väterlichen Ehrgeiz eng geführt, von der Mutter lebenslänglich mit Nahrung bedrängt und nach der warmen Unterkleidung befragt, ringen Einzelkinder und Spätgeborene meist vergebens um Selbstbestimmung, und es ist wirklich ein Wunder, dass sie – wie jetzt wissenschaftlich erwiesen – so gutartig sind.

(Süddeutsche Zeitung vom 19. 5. 1987)

In nur kurzem zeitlichen Abstand erschienen diese Artikel in zwei deutschen Tageszeitungen. Sie beschäftigen sich beide mit dem gleichen Thema. Untersuchen Sie,
a) ob die gleiche Sprache benutzt wird,
b) ob es sich um die gleiche Art von Artikel handelt (z. B. um sachliche Information, persönliche Meinungen …).
c) Beide Artikel hatten einen sehr unterschiedlichen Platz in der jeweiligen Zeitung. Das „Streiflicht" ist eine regelmäßige Kolumne auf der ersten Seite der „Süddeutschen Zeitung"; die Seite für die Frau erscheint in der OV hinter Politik und Wirtschaft.
d) Welche Informationen sind in beiden Artikeln gleich, welche unterscheiden sich?
e) Welcher Artikel gefällt Ihnen persönlich besser? Begründen Sie Ihre Antwort.

I. Samstagsausgabe mit großem Anzeigenteil

Monika Buchner,
Übersetzerin,
35 Jahre, ledig,
keine Kinder

Dr. Michael Loh-
müller, prakt. Arzt,
33 Jahre, verheiratet,
1 Kind (3 Jahre)

Alexander Gerlach,
Dipl.-Ing., 52 Jahre,
geschieden, 3 Kinder
(13, 16 und 19 Jahre)

Myriam Lachner,
Unternehmerin mit
internationalen
Geschäftskontakten,
42 Jahre, lebt
getrennt, allein
erziehend, 2 Kinder
(9, 18 Jahre)

1. Welche dieser Personen könnte sich für eine der folgenden Anzeigen (Texte a–k) interessieren? Sie haben 15 Minuten Zeit. Begründen Sie Ihre Wahl in Stichworten.

a) Sie, 47/1,72, dunkler Typ, beruflich eigenständig,
   engagiert, romantisch, mit 2 fast erwachsenen Kindern,
   Vorlieben: Natur und Kultur, Sport und Reisen, Leben und Lachen,
   sucht ihn, Nichtraucher, 45–55, 1,80, der Gefühle zeigen kann,
   der neugierig, locker, offen, flexibel, geistig aktiv und sportlich ist.
   Bildzuschriften unter ZT 8823 DIE ZEIT, 20079 Hamburg

b) Kindergruppe (1–5 J.) mit schönem Garten hat noch
   Halb- und Ganztagsplätze frei. Tel. 8 22 91 48

c) Übersetzungen dt.-sp. zuverl. Tel. 7 19 23 69

d) Nähe Klinikum Großhadern, 6-Zi.-Büro / Praxis
   in Martinsried, ca. 146 m²

e) Sonnig und ruhig
   Nähe Volksbad wunderschö. 2-Zi-Whg., S-Blk.,
   5 Min. zum Volkspark, Nähe S-Bahn, inkl. TG,
   200 000 Euro.
   Keine zusätzl. Maklerprovision! (08 92) 57 63

f) Globetrotter – Erlebnisreisen
   Rund um die Welt
   Mexiko 29.10.–10.11., 2907 Euro
   Buchungen bei Globetrotter-Reisen,
   Postfach 99 00, 21055 Hamburg,
   (0 40) 7 77 22 33, und Ihrem Reisebüro

g) Familien-Sonderwochen vom 15.6.–31.8.
   Da schlagen die Kinderherzen höher und die Eltern dürfen ausspannen.
   ● Schwimmbad mit Riesenwasserrutschen ● Sauna
   ● Spielraum ● Streichelzoo ● Fahrradverleih
   1 Wo HP ab 280,– Euro für Erw. p.P. – Kinder bis 8 Jahre kostenlos.
   Ausführliche Informationen: Kur- und Sporthotel Krone,
   34508 Willingen, Tel. (05 63) 62 99 + Fax (05 63) 62 51

h) Älterer Geschäftsinhaber, noch aktiv, gesund,
   ohne Anhang, mit Haus und Grundstück,
   gut aussehend, Fisch, 180, 60 J., nikotinfrei,
   sucht Lebenspartnerin, Alter ca. 50–55 J.,
   etwa 170 groß, NRin, schlank mit guter Figur.
   Freue mich auf Ihre Bildzuschrift unter Nr. 244 an den Verlag.

i) Hallo Single um 40, wir gründen einen Stammtisch u. su. aktive,
   niveauv. Mitglieder, um unsere Freizeit zu gestalten. ☎ 26 51 bis 18 Uhr

j) Feriensprachkurse für 8–18jährige
   in Seefeld Tirol
   Englisch – Französisch – Italienisch
   ... und als Ausgleich Spiel und Sport
   (Tennis – Reiten – Golf – Wandern etc.)
   Auskünfte: Frau Schmiederer,
   Waldweg 60, CH-9000 St. Gallen,
   Tel. (00 41/71) 27 92 Fax (00 41/71) 27 98

k) SOMMERFERIENJOB
   für Jugendliche ab 14 J.
   Sendlinger Anzeiger
   Zustellen mit dem eigenen Fahrrad jeweils donnerstags.
   In den Sommerferien jede Woche bis 12. September,
   Info ☎ 7 19 15 22

2. Vergleichen Sie Ihre Ergebnisse in einer Arbeitsgruppe.

II. Wenn der Funke überspringt

I. Überlegen Sie kurz, worum es gehen könnte. Lesen Sie dann den Text. Waren Ihre Vermutungen richtig?

A   Je nachdem, ob es in Pinneberg passiert, in Bottrop oder in Regensburg, beschreiben die Betroffenen den Vorgang als „funken", „knallen" oder „schnackln". Je nachdem, ob die Beteiligten unter zwanzig sind oder über vierzig, nennen sie das damit verbundene Gefühl „irre" oder „berauschend". Je nachdem, ob sie Hallodris sind oder von eher solider Natur, kann daraus eine gemeinsame Nacht werden oder ein gemeinsames Leben.

B   Die Rede ist, nein, nicht von der Liebe an sich. Die steht, wenn alles gut geht, ohnehin erst am Ende einer Beziehung. Gemeint ist der Anfang, gewissermaßen der Urknall der Liebe: erste Begegnung, erster Blick, zweiter Blick, Irritation, Kontaktaufnahme. Bei günstigen Winden erbebt die Erde und zwei sind verliebt.

C   Ein Zustand, von dem wir längst wissen, dass er ein hormonelles Feuerwerk in der Hirnanhangdrüse ist. Wir wissen, was es mit der Ausschüttung von Noradrenalinen und der Biochemie der Phenylethylamin beim Anblick des Objekts unserer Begierde auf sich hat.

D   Aber warum? Warum schütten wir bei Herrn und Frau Dingsbums null und nichts aus und bei Herrn oder Frau Sowieso laufen wir schier über? Warum bewirkt das Dekolleté von Frau Meier bei Herrn Huber nur einen interessierten Blick, wogegen das Lächeln von Frau Schulz ihn geradewegs ins Herz trifft? Haben sich mit Huber/Schulz Topf und Deckel gefunden oder, wie Plato es formulierte, zwei Menschenhälften, die einander verloren hatten?

E   Heerscharen von Wissenschaftlern sind seit Jahren bemüht, dem Phänomen auf die Spur zu kommen, wer mit wem will und kann und warum. Sie wollen herausfinden, was uns dieses warme Prickeln macht, diese zittrige Neugier beim Anblick einer bestimmten Person.

F   Wenn man bedenkt, mit wem es die Forscher zu tun haben, erscheint die Wissenschaft von Flirt, Kennenlernen und Partnerwahl ebenso reizvoll wie schwierig. Unter Vollnarkose können sie ihre Objekte schlecht untersuchen, per Computer ihre Verfassung schwer messen. Also müssen sie ihre Testpersonen nach deren Erinnerungen an die ersten Momente des Kennenlernens befragen. Ein mühseliges Geschäft schon deshalb, weil sich der Vorgang des „Aufeinanderfliegens" in der rechten Hirnhälfte niederschlägt – und die ist nun mal sprachlos.

G   Da erinnern sich die Betroffenen dann an Schmetterlinge im Bauch, an einen wohligen Stich oder anderes, für die Wissenschaft unergiebiges Geflatter. Keinen Schimmer haben sie mehr, was sie gedacht, wie lange sie geguckt und welche Körpersignale sie in der sinnenreizenden ersten Begegnung ausgesendet haben.

H Dabei ist innerhalb von wenigen Minuten oft schon alles gelaufen. Das hat die Psycholinguistin Christiane Doermer-Tramitz im Versuchslabor der Andechser „Forschungsstelle für Humanethologie in der Max-Planck-Gesellschaft" herausgefunden und zum Thema ihrer Dissertation gemacht.

I Im Rahmen eines siebenjährigen Forschungsprojekts über Flirtverhalten und Partnerwahl hat sie den Schwerpunkt auf die ersten 30 Sekunden einer Begegnung gelegt. 158 bayrische Gymnasiasten/innen wurden unter einem Vorwand paarweise in einen nüchternen Raum dirigiert und ihr Verhalten heimlich von einer Videokamera aufgezeichnet. Doermer-Tramitz' Ergebnis nach Auswertung der Filme mit den etwa 18-Jährigen: „Die Schüler kamen nicht, wie man es ja eigentlich erwarten würde, nach einigen Anlaufschwierigkeiten ins Gespräch. Entweder klappte es bei ihnen von Anfang an oder überhaupt nicht."

J Wenn es statistisch auch stimmen mag, dass der Funke zwischen zwei Menschen meist in den ersten 30 Sekunden überspringt, ist das Leben zum Glück doch überraschender als die Statistik. Jeder kennt mindestens auch ein Paar, das jahrelang auf demselben Büroflur aneinander vorbeigeschlichen ist ohne jegliches Funkengesprühe. Und plötzlich flattert den perplexen Kollegen eine Heiratsanzeige auf den Tisch.

K Die Wissenschaft hat auch für dieses „Spätzünder-Phänomen" eine Erklärung: Was lange unbemerkt schlummert, kann unter veränderten Bedingungen geweckt werden. Der Mensch sieht den ihm vertrauten Menschen plötzlich in einer anderen Situation, in einem anderen Licht, lernt eine überraschende Eigenschaft bei ihm kennen, und plötzlich knallt, was vorher höchstens geglimmert hat.

L Erzwingen freilich lässt sich der Funke nicht. Da mag die Wissenschaft noch so emsig forschen. Wenn die Knie weich werden und der Kopf schummerig ... das ist dann doch jedesmal eine ganz eigene geheimnisvolle Geschichte.

2. Verkürzen Sie den Text auf seine wesentlichen Aussagen. Alle Wörter, die eher eine grammatische Funktion als eine inhaltliche Bedeutung haben, werden gestrichen.

Beispiel: A Je nachdem ~~ob es~~ in Pinneberg passiert, ~~in~~ Bottropp oder ~~in~~ Regensburg, ~~beschreiben die~~ Betroffenen ~~den~~ Vorgang als „funken", „knallen" oder „schnackln". Je nachdem, ~~ob die Beteiligten~~ unter zwanzig ~~sind~~ oder über vierzig, ~~nennen sie das damit verbundene~~ Gefühl „irre" oder „berauschend". Je nachdem, ~~ob sie~~ Hallodris ~~sind~~ oder ~~von eher~~ solider Natur, ~~kann daraus eine~~ gemeinsame Nacht ~~werden~~ oder ~~ein~~ gemeinsames Leben.

3. Fassen Sie zusammen, was inhaltlich zusammenpasst. (Es ist leichter, wenn Sie zuerst die passenden W-Fragen oder Fragesätze finden.)

Beispiel: A wo? ⟶ Je nachdem – in Pinneberg, Bottrop oder Regensburg
wie alt? ⟶ unter zwanzig oder über vierzig
welcher Charakter, welche Lebenseinstellung? ⟶ Hallodris oder solide Natur
welche Ausdrücke von Beteiligten? ⟶

„funken", „knallen" oder „schnackln"; Gefühl „irre" oder „berauschend"; verschieden nennen, beschreiben, verschiedene Namen, Ausdrücke, Dialekte
wie lange? Dauer, Ziel → gemeinsame Nacht oder gemeinsames Leben

4. Bilden Sie einen neuen, zusammenfassenden Satz.

Beispiel: A 1. Wie man ein Gefühl beschreibt und nennt und wie lange es dauert, hängt davon ab, wo man lebt, wie alt man ist und welche Lebenseinstellung man hat.
oder
Vom regionalen Dialekt, vom Alter und vom Charakter wird bestimmt, wie man ein Gefühl beschreibt und wie lange es hält.

5. Sie haben jetzt jeden Abschnitt zusammengefasst. Lesen Sie Ihre Zusammenfassungen nochmals im Zusammenhang. Bilden Sie dann Arbeitsgruppen und vergleichen Sie Ihre Ergebnisse.

6. Versuchen Sie nun, den Text zusammenzufassen, indem Sie mit dem letzten Abschnitt beginnen, z. B. so:

Obwohl die Wissenschaft für alle möglichen Phänomene Erklärungen hat, bleibt es letztes Endes ein Geheimnis, wann und warum . . .

7. Machen Sie aus den folgenden Informationen einen fortlaufenden Text. Ergänzen Sie Informationen, wenn Ihnen das für den Textzusammenhang notwendig erscheint, oder verändern Sie die Reihenfolge.

Zwischen zwei Menschen – ein Funke – überspringen – sich ineinander verlieben – viele Wissenschaftler – dieses Phänomen untersuchen – sehr schwierig – Moment des Verliebens – Menschen nicht beobachten – keine Laborversuche – Erinnerung der Verliebten.
Die Psycholinguistin Christiane Doermer-Tramitz – Forschungsprojekt – junge Menschen – paarweise – in einem Raum – die ersten 30 Sekunden einer Begegnung – statistisch gesehen – entscheidend – erst „auf den zweiten Blick" – vorhersagen.

III. Aus Liebeskummer Wohnung angezündet

I. Lesen Sie zuerst die ganze Zeitungsmeldung. Die Überschrift sagt Ihnen schon, worum es geht. Einige Wörter fehlen. Lesen Sie den Text noch einmal und suchen Sie für jede Lücke das passende Wort.

Liebeskummer Appartement Ausnüchterungszelle Beschuldigte Bett Brand
Brandstifter Brandstiftung Dummheit Elektroniker Etagen Fahrrad Freiheitsstrafe Freundin Hausrat Hochhaus Landgericht Menschen Million Nacht
Sachschaden Stock Tat Teppichbrücke Verzweiflung Wohnung Zustand

Nürnberg (dpa) *Liebeskummer* (1) hat einen 29jährigen Elektroniker zum _____ werden lassen. Nachdem ihn seine _____ (3) verlassen hatte, zündete der junge Mann seine _____ (4) in einem Schwabacher _____ (5) an. Wegen schwerer _____ (6) verurteilte das _____ (7) Nürnberg-Fürth den 29-Jährigen zu einer _____ (8) von vier Jahren. Bei dem _____ (9) hatten mehrere, von rund 100 _____ (10) bewohnte _____ (11) des 14-stöckigen Hochhauses evakuiert werden müssen. Es war ein _____ (12) von über einer halben _____ (13) Mark entstanden.

Vor _____ (14) hatte der von seiner 19-jährigen Freundin verlassene _____ (15) zunächst in angetrunkenem _____ (16) diversen _____ (17), darunter auch das _____ (18) seiner Angebeteten, aus dem neunten _____ (19) geworfen. Nach einer _____ (20) in der _____ (21) hatte er dann zu Hause sein _____ (22) und eine _____ (23) angezündet und anschließend das _____ (24) verlassen. „Wenn es nach der _____ (25) ginge, müsste ich 15 Jahre eingesperrt werden", kommentierte der geständige _____ (26) seine _____ (27) vor dem Gericht.

IV. Wenn das Komma verrückt spielt und andere Geschichten

I. Korrigieren Sie die Zeichensetzung.

Erklären Sie, was die Sätze vor der Korrektur ausgesagt haben und was Ihrer Meinung nach jetzt richtigerweise gesagt wird.

1. Wir essen jetzt Dieter, komm schnell zu Tisch.
2. Die Klasse sagte, die Lehrerin sei hoffnungslos überfüllt.
3. Die Maus kam aus dem Loch als Kater Murr, schnurrte und wedelte.
4. Der Spieler schoss, ein Tor fiel hin und blutete.
5. Die Hunde, bellten die Jäger, erlegten die Füchse.
6. Der dumme Peter ist klüger als seine Lehrerin, glaubt Herr Direktor Huber.
7. Lernen lohnt sich nicht, aber abschreiben.
8. Die Bäuerin melkte, die Kuh jodelte und freute sich auf den Feierabend.
9. Die Polizisten kamen als Betrunkene, randalierten und rauften.
10. Schenk mir Lotte, die alte Schachtel.

2. Markieren Sie die „Wortgrenzen" im folgenden Gedicht.

bandwurmgedicht

dieses/kurze/gedi
cht/verstößtzwar
gegenvielerecht
schreibregelnun
desreimtsichauc
hnichtaberichbi
nsicherdukannst
trotzdemallesle
senobwohlesnich
tganzeinfachist
nasiehstduesgeh
tauchohneregeln

manfred mai

3. Lesen Sie den folgenden Text. Setzen Sie die Satzzeichen ein und korrigieren Sie die Groß- und Kleinschreibung.

der alte großvater und der enkel

es war einmal ein steinalter mann dem waren die augen trüb geworden die ohren taub und die knie zitterten ihm wenn er nun bei tische saß und den löffel kaum halten konnte schüttete er suppe auf das tischtuch und es floss ihm auch etwas wieder aus dem mund sein sohn und dessen frau ekelten sich davor und deswegen musste sich der alte großvater endlich hinter den ofen in die ecke setzen und sie gaben ihm sein essen in ein irdenes schüsselchen und noch dazu nicht einmal satt da sah er betrübt nach dem tisch und die augen wurden ihm nass einmal auch konnte seine zittrigen hände das schüsselchen nicht festhalten es fiel zur erde und zerbrach die junge frau schalt er sagte aber nichts und seufzte nur da kaufte sie ihm ein hölzernes schüsselchen für ein paar heller daraus musste er nun essen wie sie da so sitzen so trägt der kleine enkel von vier jahren auf der erde kleine brettlein zusammen was machst du da fragte der vater ich mache ein tröglein antwortete das kind daraus sollen vater und mutter essen wenn ich groß bin da sahen sich mann und frau eine weile an fingen endlich an zu weinen holten den alten großvater an den tisch und ließen ihn von nun an immer mitessen sagten auch nichts wenn er ein wenig verschüttete.

1. irden = aus Ton
2. der Heller = alte Geldmünze
3. der Trog = Gefäß, Napf, z. B. „Schweinetrog" für das Schweinefutter

4. **Im obenstehenden Märchen der Gebrüder Grimm (Aufgabe 3) wird eine Situation beschrieben, die das Thema „Der alte Mensch in der Gesellschaft" zum Inhalt hat. Stellen Sie sich vor, Sie hätten die Möglichkeit, sich in einem öffentlichen Rahmen (Diskussionsrunde, Anhörung, ...) zu diesem Thema zu äußern. Tragen Sie zunächst Ihre Argumente zusammen. Formulieren Sie anschließend einen Wortbeitrag oder schreiben Sie ein Kurzreferat (max. 240 Wörter). Die Fragen 1–4 können Ihnen dabei hilfreich sein.**

Das Kind in diesem Text imitiert die Eltern, es lernt von ihnen, wie man mit alten Menschen umgeht.

1. Was lernen Kinder heute darüber, wie man alte Menschen behandelt?
2. Welche Stellung hat der alte Mensch in Ihrer Heimat?
3. Was bedeutet „alt"?
   – Man ist so alt, wie man sich fühlt.
   – Alter bringt Weisheit.
   – Im Alter wird man zum Narren.
4. Können Sie die Erfahrungen, die Sie in Ihrer Heimat gemacht haben, mit Beobachtungen in Deutschland oder einem anderen Land vergleichen? Worauf führen Sie mögliche Unterschiede zurück?

V. Sorgenbrief an „TREFF"

Viele Zeitschriften haben einen sogenannten Kummerbriefkasten. Sicher kennen Sie das. Man schreibt, anonym, an die nette Frau oder den netten Herrn und bekommt einen Rat, wie man mit dem Problem umgehen sollte. Interessante Fragen werden veröffentlicht.

I. **Lesen Sie bitte den folgenden Brief an die Redaktion. Notieren Sie beim Lesen Ihre spontanen Gedanken.**

Ich bin adoptiert!

Liebe Inge,
bitte hilf mir. Ich bin elf Jahre alt und todunglücklich. Meine Eltern sind nette Leute, mein Vater ist Professor und verdient gut, meine Mutter ist Hausfrau. Ich habe noch vier ältere Geschwister, der älteste ist neunzehn. Mein Problem: Ich weiß nicht, wozu ich lebe! Meine Eltern sind sehr streng, spionieren und kontrollieren, durchsuchen regelmäßig mein Zimmer. Ich bin für sie nur Nebensache. Dauernd sind sie nur zu den anderen freundlich, nicht zu mir. Ich bin das schwarze Schaf der Familie. Allerdings – ich darf so ziemlich alles: zum Schwimmen, zu Freunden, zum Sport. Das geht wohl nach dem Motto: „Hauptsache, wir sind ihn los!" Ich kriege alles, was ich brauche, nur eines nicht: Liebe! Ich habe meine Eltern sehr lieb und mag sie gerne, nur alles geht ohne Freundlichkeit. Und zwar, soviel ich weiß, seitdem sie mir gesagt haben, dass sie mich adoptiert haben, als ich zwei Jahre alt war. Ich bin schon oft ausgerissen, aber immer wieder zurückgekommen, weil mir kalt war oder weil ich Hunger hatte. Ich bin so verzweifelt!

Dein Roland

2. Was würden Sie Roland antworten? Formulieren Sie Ihre Gedanken in einem Brief.

Hier einige Überlegungen, die Ihnen bei der Antwort helfen können.
– Hat Roland ein ernst zu nehmendes Problem?
– Wie geht es anderen Elfjährigen, die nicht adoptiert sind?
– Könnte es einen Zusammenhang geben zwischen der Mitteilung über die Adoption und Rolands Gefühlen?
– Warum „spionieren" und „kontrollieren" Rolands Eltern?
– Was könnte man Roland raten?
– Was empfinden wohl Rolands Adoptiveltern?

VI. Johanna und Michaela

I. Hören Sie bitte das Gespräch zwischen Johanna und Michaela. Lesen Sie dann die Fragen I–9. Hören Sie im Anschluss das Gespräch noch einmal. Beantworten Sie dann die Fragen.

1. Warum ruft Johanna an?
2. Michaela kann Johanna nicht zu Hause erreichen. Was will sie machen?
3. Wieso war Johanna in der letzten Woche so selten zu Hause?
4. Welchen Beruf hat Michaela?
5. Johanna macht einen Vorschlag. Wann und wo will sie Michaela treffen?
6. Warum hat Michaela in der letzten Zeit so viel Pizza gegessen?
7. Wann und wo verabreden sich die beiden Freundinnen?
8. Wie will Michaela den Abend verbringen?

2. Nachfolgend sind die Texte, die Sie vom automatischen Anrufbeantworter gehört haben, abgedruckt. Einige Wörter fehlen. Ergänzen Sie die Texte. Hören Sie dann zum Vergleich die Texte noch einmal von der Kassette.

Hier ist der automatische _____ von Michaela Koch. Leider bin ich im _____ nicht zu _____. Bitte hinterlassen Sie eine _____, ich _____ Sie dann, sobald ich kann, _____.

Hier ist der _____ 7 19 23 69. Im _____ können Sie mich leider nicht _____ erreichen. Bitte _____ Sie nach dem Pfeifton eine Nachricht auf _____, ich _____ mich dann bei Ihnen.

3. Entwerfen Sie eine Ansage für Ihren eigenen Anrufbeantworter.

32

VII. Freundschaft auf immer und ewig?

In unserer Sendung „Lebensberatung im Funk" hören Sie eine Interviewreihe zum Thema „Freundschaft".

I. Hören Sie zuerst Text I. Lesen Sie dann die Aufgaben zu Text I. Hören Sie den Text noch einmal. Haben Sie das im Interview gehört oder nicht?

Tragen Sie bitte die richtigen Lösungen (*Ja/Nein/?* = darüber wird im Text nichts gesagt) ein. Lösen Sie anschließend die Aufgaben zu Text 2 und 3 genauso.

Aufgaben zu Text 1	Ja	Nein	?
1. Die Frau hat keine Zeit, um Fragen zu beantworten.			
2. Die beiden Frauen waren schon als Schülerinnen miteinander befreundet.			
3. Die Frau ist etwa zwanzig Jahre alt.			
4. Die beiden Freundinnen treffen sich nicht regelmäßig.			
5. Die beiden Frauen haben keine anderen Freundinnen.			
6. Auch wenn sich die Frauen länger nicht sehen, bleibt ihr Verhältnis sehr gut.			
7. Wenn eine der beiden einen Freund hat, bleibt ihr keine Zeit für die Freundin.			
8. Die beiden Freundinnen haben keine Geheimnisse voreinander.			
9. Sie möchten auch in Zukunft miteinander befreundet bleiben.			

Aufgaben zu Text 2	Ja	Nein	?
1. Der Mann ist stehen geblieben, weil er sich für das Thema interessiert.			
2. Der Mann wohnt erst seit drei Jahren in der Stadt.			
3. Er hat schon alles Mögliche versucht, um neue Freunde zu finden.			
4. Er macht einen Unterschied zwischen Bekannten und Freunden.			
5. Durch den Umzug hat sich das Verhältnis zu seinen Schulfreunden verschlechtert.			
6. Er vermisst das Vertrauen und Verständnis, das Freunde füreinander haben.			

33

Aufgaben zu Text 3

	Ja	Nein	?
1. Die Frau hat während ihrer Ehe keinen Wert auf Freunde gelegt.			
2. Die Eheleute haben immer alles gemeinsam mit anderen Freunden gemacht.			
3. Nach dem Tod ihres Mannes war die Frau sehr einsam.			
4. Die Frau hatte noch einige Freundinnen aus der Schulzeit.			
5. Die Frau hat einen eigenen Freundeskreis gefunden.			
6. Sie hat mit ihren Freunden zusammen einen Italienischkurs gemacht.			
7. Inzwischen fühlt sie sich nicht mehr einsam.			

2. Aufgaben zu Text 4

Pfarrer Müller-Erichsen werden einige Fragen gestellt, die Sie hier in veränderter Reihenfolge und in anderen Formulierungen wiederfinden.

1. Stellen Sie die „richtige Reihenfolge" wieder her.
   a) ... Können einem Freunde etwas geben, was „die große Liebe" vielleicht nicht geben kann?
   b) ... Was macht eine Freundschaft so besonders wichtig?
   c) ... Warum halten Freundschaften oft länger als Liebesbeziehungen?
2. Können Sie sich daran erinnern, was Pfarrer Müller-Erichsen auf die Fragen antwortet? Geben Sie die Antworten mit eigenen Worten wieder. Hören Sie den Text noch einmal.

Textarbeit

I. Spaß muß sein

Lehr-buch Seite 51

Formen Sie die Sätze um, ohne den Inhalt zu verändern.

Ein Mann geht in eine Buchhandlung und verlangt ein Buch von Goethe.

a) Ein Mann geht in eine Buchhandlung, um _____

_____ .

b) Ein Mann geht in eine Buchhandlung, _____

_____ kaufen möchte.

c) Ein Mann geht in eine Buchhandlung, denn _____

_____ .

d) Ein Mann geht in eine Buchhandlung und fragt dort _____

_____ .

e) Ein Mann geht in eine Buchhandlung, wo _____

_____ .

f) Ein Mann geht in eine Buchhandlung; _____ nämlich _____

_____ .

g) In _____ verlangt _____ ein Buch von Goethe.

II. Denksportaufgaben

Lehr-buch Seite 53

I. Formen Sie den Satz um, ohne den Inhalt zu verändern.

Drei Männer verabreden sich gelegentlich, um über ihre Lieblingsbücher zu diskutieren.

a) Drei Männer verabreden sich gelegentlich _____ Diskussion _____

_____ .

b) Drei Männer wollen _____,

_____ verabreden sie sich gelegentlich.

c) Drei Männer verabreden sich gelegentlich, _____

_____ diskutieren können.

2. **Ergänzen Sie das richtige Bestimmungswort.**

Beispiel: Lesen Sie bitte den Text im ____*Lehr*buch auf Seite 54.

1. Die Geschichte vom „tapferen Schneiderlein" finden Sie bestimmt in einem _____buch.

2. In diesem _____buch gibt es wunderbare Rezepte für italienische Gerichte.

3. Früher hat man seine Erlebnisse in einem _____buch niedergeschrieben. Vielleicht kommt das wieder in Mode.

4. In ein _____buch trägt man alle Ausgaben für den Lebensunterhalt ein.

5. Oh, du meine Güte! Auf meinem _____buch sind nur noch 5,30 Euro.

6. Führen Sie auch _____bücher? Ich suche ein Buch für meinen zehnjährigen Neffen.

7. Staatsmänner tragen ihre Namen meist in das _____buch der Stadt ein.

8. Ich suche ein _____buch über Anatomie.

9. Regie in dem Film führt niemand anderer als Rainer Werner Fassbinder. Das _____buch für den Film stammt auch von ihm.

10. Was kostet „Die Rättin" von Grass? – 19 Euro und ein paar Cent. – Das ist mir zu teuer! Gibt's den Roman auch als _____buch?

11. Eine Inhaltsangabe von „Nathan der Weise"? — Da schauen Sie am besten in einem _____buch für Literatur nach.

12. Können Sie mir die Schuhe bis morgen zurücklegen? Ich habe nicht so viel Bargeld dabei und mein _____buch habe ich auch vergessen.

13. Mein erstes _____buch! Ich weiß noch ganz genau, was drin stand.

14. Lastkraftwagenfahrer müssen z. B. alle Fahrten in ein _____buch eintragen.

III. Die Bücherverbrennung

Lehr-buch Seite 54

I. **Versuchen Sie, folgende Begriffe zu klären und ein Synonym (= ein Wort mit möglichst gleicher Bedeutung) zu finden.**

1. (Z. 1) das Regime _____

2. (Z. 2) schädliches Wissen _____

3. (Z. 3) allenthalben _____

4. (Z. 4) Karren _____

5. (Z. 5) Scheiterhaufen _____

6. (Z. 6) ein verjagter Dichter _____

7. (Z. 7) die Verbrannten _____

8. (Z. 8) entsetzt _____

9. (Z. 9) zornbeflügelt _____

10. (Z. 10) die Machthaber _____

11. (Z. 11) mit fliegender Feder schreiben _____

_____

12. (Z. 12) jemandem etwas antun _____

13. (Z. 13) jemanden übrig lassen _____

14. (Z. 14) jemanden wie einen Lügner behandeln _____

_____

2. Fragen zum Textverständnis

1. Was für Bücher wurden verbrannt?
2. Handelte es sich um viele/nur wenige Bücher?
3. Was entdeckte ein Dichter?
4. An wen schrieb er?
5. Was wollte er mit seinem Schreiben erreichen?
6. Wer ist hier gemeint mit: „die Verbrannten", „verbrennt mich"?

3. Fragen zum Gespräch

1. Kennen Sie Beispiele aus der Geschichte, die von Bücherverbrennung und Schreibverbot berichten?
2. Um welche Bücherverbrennung handelt es sich bei dem Brecht-Gedicht?
3. Was können Dichter tun, die Schreibverbot haben?
4. Warum wollte der Dichter auch zu denjenigen gehören, deren Werke verbrannt wurden?
5. Werden heutzutage auch noch Bücher oder andere Kunstwerke/Meinungsäußerungen verboten?
6. Haben Bücher überhaupt einen solchen Einfluss, dass sich jemand durch sie gefährdet fühlen kann?

4. Fragen zu Form und Inhalt

1. Wie lang ist der erste Satz des Gedichtes?
2. Betrachten Sie die verschiedenen Teile (Zeile 1–8, 9 und 10, 11,–17) und finden Sie für jeden Teil einige Stichwörter.
3. Welches Satzzeichen taucht in den letzten sieben Zeilen immer wieder auf? Wie wirkt der Text dadurch?
4. Betrachten Sie die Satzlängen und die Satzzeichen in diesen letzten sieben Zeilen. Wie könnte man diese Sprache bezeichnen?

5. Unten ist der Anfang des Gedichtes notiert (Subjekt, Prädikat, Ergänzung). Notieren Sie dazu die entsprechenden Wörter vom Ende des Textes. Welche Veränderung hat stattgefunden?

$$
\left(
\begin{array}{lll}
1\ (\text{Z.} & 1) & \text{das Regime} \\
2\ (\text{Z.} & 1) & \text{befahl} \\
3\ (\text{Z.} & 2/3) & \text{Bücher} \ldots \text{zu verbrennen} \\
\\
1\ (\text{Z.} & 16) & \text{\underline{\hspace{3cm}}} \\
2\ (\text{Z.} & 16) & \text{\underline{\hspace{3cm}}} \\
3\ (\text{Z.} & 17) & \text{\underline{\hspace{3cm}}} \\
\end{array}
\right)
$$

IV. Die Lösung

Lehrbuch Seite 61

I. In welchem Verhältnis stehen Volk und Regierung zueinander?

Das Volk	wählt	das Volk
Die Regierung	vertritt	die Regierung
	arbeitet für	
	herrscht über	
	ist verantwortlich für	
	wird abgesetzt durch	
	setzt Vertrauen in	

2. Klären Sie vor dem Lesen des Gedichtes folgende Begriffe. Versuchen Sie, Synonyme zu finden:

1. Aufstand   _____
2. Flugblätter   _____
3. das Vertrauen verscherzen _____
4. zurückerobern   _____

3. An welcher Textstelle kann man erkennen, dass Brecht in der DDR lebte, als er das Gedicht schrieb?

4. Fragen zu Form und Inhalt

1. Aus wie vielen Sätzen besteht der Text?
2. Mit welcher Satzform endet das Gedicht? Benennen Sie sie nach dem Satzzeichen.
3. Betrachten Sie die grammatische Form des Satzes, das Subjekt und das Objekt. Wodurch erreicht Brecht, dass sein Lösungsvorschlag zu einer „Überraschung" wird?

I. Die Präposition „in"

1. zur Ortsangabe:	a) wohin? – **ins Kino** (Akk.) b) wo? – **im Kino** (Dat.)
2. zur Zeitangabe (Dat.):	**in einer Stunde** **in der folgenden Woche**
3. zum Verweis auf einen schriftlichen oder mündlichen Text (Dat.):	**in dem Zeitungsartikel** **in seiner Ansprache** **in dieser Beziehung**
4. zum Hinweis auf Gefühle, Situationen (Dat.):	**in seiner Wut** **in seiner Situation**
5. Wendungen: **in Ordnung sein, in bester Ordnung sein** **etwas wieder in Ordnung bringen** **in Ohnmacht fallen**	**im Großen und Ganzen** **in Kraft treten** **in Bausch und Bogen**

I. Ergänzen Sie die Präposition und den Artikel: „im – ins – in der – in den".

1. Was steht denn heute _____ Zeitung?

2. _____ „Frankfurter Allgemeinen" steht heute auf Seite 3 etwas über den Flugzeugabsturz.

3. Wenn's dich interessiert, _____ „Spiegel" ist ein langer Artikel über den neuesten politischen Skandal.

4. _____ „Stern" ist auch ein interessanter Bericht zu dem Thema.

5. Was gibt's denn heute Abend im Fernsehen? Schau doch _____ Programm auf der letzten Seite.

6. _____ zweiten (Programm) gibt's einen Krimi, _____ ersten Sport und _____ dritten irgendeinen alten Heimatfilm.

7. Und _____ Kino, was gibt's da Schönes?

8. _____ TIVOLI läuft noch immer „Amadeus", _____ Zentral „Männer" und _____ ODEON ein alter Film, den du bestimmt nicht sehen willst.

2. Ergänzen Sie die Präposition „in" mit dem entsprechenden Artikel oder Pronomen oder lassen Sie den Artikel weg.

An einem Sonntag im Sommer machte sich die Familie H. auf den Weg _____ _____ Wald. Sie wollten spazieren gehen und _____ Wald ein Picknick machen. _____ Radio hatten sie den Wetterbericht gehört, der gutes Wetter versprochen hatte. „Der Himmel sieht eher so aus, als würde es _____ spätestens _____ Viertelstunde regnen", meinte Hannes, der jüngste Sohn. „Davon war _____ Wetterbericht aber nicht die Rede", erwiderte seine Mutter, „und _____ Hinsicht verlasse ich mich lieber auf das Radio." _____ Gegensatz zu ihr war der Vater eher pessimistisch. Er hatte Angst, sich _____ Freizeit eine Erkältung zu holen. „Was habt ihr bloß", meinte Tochter Christa, „das Wetter ist doch ganz _____ Ordnung." _____ Geheimen hoffte sie aber auf einen tüchtigen Schauer, denn sie hatte überhaupt keine Lust, den ganzen Tag mit ihren Eltern _____ Wald zu verbringen. _____ Alter hat man schließlich andere Interessen! Wenn die Eltern doch bloß nicht immer _____ Natur ziehen würden! _____ Kino oder bei ihrer Freundin hätte sie es viel lustiger gefunden. Aber das erlaubte der Vater nicht, das war nicht _____ Sinne. _____ Familie wurde der Sonntag _____ Gemeinschaft verbracht, da kam gar nichts anderes _____ Frage.

Als dann die ersten Tropfen fielen, gerieten alle fast _____ Panik. _____ größter Eile packten sie zusammen und _____ Aufregung ließen sie dann auch einiges liegen, ohne es gleich zu bemerken. So kam es, dass Peter noch einmal _____ Wald zurück musste, weil sie _____ Hast ausgerechnet den Autoschlüssel vergessen hatten. „Das war aber nicht vorgesehen _____ Programm", meinte Frau H., die zunächst _____ _____ Betracht zog, _____ Wagen zu warten, bis der Regen wieder aufhörte. „Vielleicht sitzt du dann noch _____ Woche hier herum", bemerkte Herr H. bissig. Insgeheim freute er sich nämlich schon darauf, _____ _____ gemütliches Wohnzimmer zurückzukehren, sich _____ noch gemütlicheren Sessel zu setzen und _____ Sessel sitzen zu bleiben, bis es Zeit war, _____ Fernsehen einen Abenteuerfilm anzusehen. _____ _____ Moment war ihm der ganze Wald ebenso egal wie seiner Tochter. „Vielleicht sollte ich ihr _____ Beziehung doch mehr Freiheiten lassen", überlegte er und beschloss, _____ sich zu gehen.

II. Der Konjunktiv I

Lehrbuch Seite 55 ff.

Wiederholung der Formen

1. Der Konjunktiv ist keine Zeitform, sondern ein „Modus", eine Aussageweise.

2. Der Konjunktiv I wird fast ausschließlich in der indirekten Rede verwendet, deshalb kommt er auch meist in der 3. Person Singular oder Plural vor:

Beispiel: Er sagt: „**Ich** bin müde."   Er sagt, **er** sei müde.

3. Der Konjunktiv I hat drei Zeitstufen:

	Indikativ	Konjunktiv I
1. *Gegenwart:*	er fährt	er **fahre**
2. *Zukunft:*	er wird fahren	er **werde fahren**
3. *Vergangenheit:*	er fuhr er ist gefahren er war gefahren	er **sei gefahren**
	er sah er hat gesehen er hatte gesehen	er **habe gesehen**

1. Setzen Sie die Präsensformen des Konjunktivs I ein.

Kennzeichnen Sie alle Formen, in denen man den Konjunktiv I nicht vom Präsens unterscheiden kann, mit einem Sternchen *. Diese Formen werden in der indirekten Rede durch den Konjunktiv II ersetzt.

	sein	*haben*	starkes Verb	schwaches Verb	Modal-verb	*werden*
ich					*könne*	
du			*lesest*			
er, sie, es						*werde*
wir	*seien*					
ihr				*redet* *		
sie, Sie		*haben* *				

2. Setzen Sie die Futurformen des Konjunktivs I ein.

Benutzen Sie als Beispiel das Verb „kaufen werden". Kennzeichnen Sie wieder alle Formen, die nicht als Konjunktiv I zu erkennen sind, mit einem *.

	ich	du	er, sie, es	wir	ihr	sie, Sie
kaufen werden				*werden* * *kaufen*		

3. Setzen Sie die Formen der Vergangenheit des Konjunktivs I ein.

Benutzen Sie als Beispiel die Verben „gefahren sein" und „gekauft haben". Kennzeichnen Sie wieder alle Formen, die nicht als Konjunktiv I zu erkennen sind, mit einem *.

	ich	du	er, sie, es	wir	ihr	sie, Sie
gefahren sein	*sei gefahren*					
gekauft haben					*habet gekauft*	

4. Der Konjunktiv kann auch Passivformen bilden.

Setzen Sie die entsprechenden Formen ein. Kennzeichnen Sie wieder alle Formen, in denen der Konjunktiv I nicht zu erkennen ist, mit einem *.

rufen	ich	du	er, sie, es	wir	ihr	sie, Sie
Präsens	*werde* * *gerufen*					

rufen	ich	du	er, sie, es	wir	ihr	sie, Sie
Futur (un-gebräuch-lich)			*werde gerufen werden*			
Vergan-genheit						*seien gerufen worden*

Regeln und Hilfen zur Bildung der indirekten Rede

1. Wenn man in der indirekten Rede den Konjunktiv benutzt, drückt man dadurch eine Distanz zum Gesagten aus; der Sprecher identifiziert sich nicht mit dem, was er als Aussage eines anderen weitergibt. Wenn sich der Sprecher aber mit der Aussage identifiziert, wenn sie ihm glaubwürdig erscheint, muss er nicht unbedingt den Konjunktiv wählen.
   Besonders bei offiziellen Sprechanlässen (Nachrichten, Reden usw.) trifft man häufiger auf die distanzierende Form des Konjunktivs als im privaten oder umgangssprachlichen Bereich. In der Umgangssprache verschwinden die Formen des Konjunktivs I immer mehr aus dem Sprachgebrauch; sie werden durch den Indikativ oder den Konjunktiv II ersetzt.

   > *Beispiel:*
   > *Distanz / offizieller Anlass:*
   > Die Regierungspartei, sagte der Sprecher der Opposition, **sei** viel zu sehr auf die kommenden Wahlen **fixiert** und **denke** zu wenig an die Sache selbst.
   >
   > *glaubwürdige Aussage:*
   > Ich habe gerade mit ihm telefoniert und er hat erzählt, dass er immer noch krank **ist**.
   >
   > *Umgangssprache:*
   > Der Autofahrer behauptete, er **hätte** den Fußgänger nicht **gesehen**.

2. Einige Satzteile (z. B. Subjekt, Personalform des Verbs, Zeitangaben) müssen verändert werden, wenn man einen Inhalt in der indirekten Rede wiedergibt:
   Er antwortete: „Daran habe **ich** wirklich nicht gedacht."
   Er antwortete, daran habe **er** wirklich nicht gedacht.

3. Der Nebensatz kann ohne Konjunktion beginnen oder mit der Konjunktion *dass* eingeleitet werden. Der *dass*-Satz steht meist hinter dem Hauptsatz:
   Er behauptete, **er habe** damit nichts zu tun.
   Er behauptete, **dass er** damit nichts zu tun **habe**.

4. Beginnt die direkte Anrede mit einem Fragewort, wird auch die indirekte Rede mit diesem Fragewort eingeleitet:
   Die Mutter fragte: „**Wo** warst du so lange?"
   Die Mutter fragte, **wo** er/sie so lange **gewesen sei**.

5. Enthält die direkte Rede eine Frage ohne Fragewort, wird die indirekte Rede mit *ob* eingeleitet:
Die Kinder fragten unseren Gast: „Hast du uns etwas mitgebracht?"
Die Kinder fragten unseren Gast, **ob** er ihnen etwas **mitgebracht habe.**

6. Enthält die direkte Rede eine Bitte, eine Aufforderung, einen Befehl, dann benutzt man in der indirekten Rede die Modalverben *mögen* (Bitte) oder *sollen* (Befehl):
Der Vater bat: „**Komm** bitte nicht so spät."
Der Vater bat, er/sie **möge** nicht so spät **kommen.**

Der Vater schrie: „**Komm** sofort nach Hause!"
Der Vater schrie, er/sie **solle** sofort nach Hause **kommen.**

7. Um die Aussage eines anderen wiederzugeben, gibt es – neben der indirekten Rede im Indikativ oder Konjunktiv – noch andere Ausdrucksmöglichkeiten:
   a) den Infinitiv mit *zu*:   Er behauptet: „Ich habe davon nichts gemerkt."
                          Er behauptet, davon nichts **gemerkt zu haben.**
   b) das Modalverb *wollen*, wenn die Aussage unglaubwürdig ist:
                          Er behauptet: "Ich habe davon nichts gemerkt."
                          Er **will** davon nichts **gemerkt haben.**
   c) die Umwandlung eines Verbs oder Adjektivs in ein Nomen:
                          Er beteuerte: „Ich bin unschuldig."
                          Er beteuerte **seine Unschuld.**

Aufgaben und Übungen

I. Suchen Sie aus den folgenden Zeitungsartikeln alle Formen der indirekten Rede heraus.

Leute von heute

NINA BASCHENOWA, 67-jährige Sowjetbürgerin, hat mehr als 70 000 Kilometer zu Fuß, per Rad und auf Skiern zurückgelegt, nachdem Ärzte ihr gesagt hatten, sie werde nach einem Unfall nie wieder gehen können. Die sowjetische Nachrichtenagentur TASS meldete, die rüstige Dame sei vor zwei Jahren auf der fernöstlichen Halbinsel Kamtschatka gestartet und habe jetzt die tadschikische Hauptstadt Duschanbe in Zentralasien erreicht.
(SZ v. 13. 1. 1987)

Gesundheitsministerin gegen Werbung „Ich rauche gern"   **Bonn** (dpa) Bundesgesundheitsministerin Rita Süßmuth (CDU) hat die Werbekampagne einer Zigarettenfabrik, die unter dem Motto „Ich rauche gern" läuft, scharf kritisiert. Diese Werbung sei eine Provokation, sagte die Ministerin in einem Gespräch mit der Deutschen Presse-Agentur. Sie prüfe, mit welchen Rechtsmitteln sie notfalls dagegen vorgehen könne. Zunächst werde sie die Zigarettenindustrie schriftlich an ihre Selbstverpflichtung zur Zurückhaltung bei der Werbung erinnern.
(SZ v. 4. 12. 1986)

Zu dick für Adoption

Sydney (Reuter) Ein australisches Ehepaar ist nach Ansicht der Behörden zu dick für eine Adoption. Die Eheleute erklärten vor Journalisten in Sydney, die Regierung habe ihnen mitgeteilt, sie sollten jeder mindestens 25 Kilogramm abnehmen, bevor sie an eine Adoption denken könnten. Die Frau wiegt 92, ihr Mann 90 kg. Ein Regierungssprecher sagte, das Paar habe ein Baby aus Sri Lanka adoptieren wollen, wo es strenge Bestimmungen für Adoptionswillige gebe. „Es ist das erste Mal, dass einem Paar die Genehmigung verweigert wurde, weil sie zu dick seien." (SZ v. 4. 12. 1986)

2. „haben" in der indirekten Rede. Setzen Sie die richtigen Formen ein.

Petra: Wie war's denn gestern beim Betriebsausflug?

Elke: Eigentlich ganz nett – bis auf einige Misstöne!

Petra: Wieso? Was war denn los?

Elke: Na, du kennst ihn doch, den lieben Andreas! Er behauptete, ich _____ mich den ganzen Tag nicht um ihn gekümmert. Er wiederholte mehrmals, wir _____ uns doch früher immer so gut verstanden. Er wollte wissen, ob er vielleicht etwas falsch gemacht _____. Schließlich meinte er, die anderen _____ auch schon etwas gemerkt, sie _____ schon ganz komisch zu uns hergeguckt. Dann verdächtigte er Stefan, dass er etwas mit meinem Verhalten zu tun _____. Am Schluss konnte ich ihn nur noch fragen, ob er denn geglaubt _____, er sei der einzige Mann auf der Welt.

Petra: Oje, dann kann ich mir schon vorstellen, wie du dich amüsiert hast!

3. Die Modalverben in der indirekten Rede. Setzen Sie die richtigen Formen ein.

1. *können:* Der Direktor sagte mir immer wieder, dass ich es schaffen *könne*.
2. *müssen:* Er betonte mehr als einmal, dass ich weitermachen _____.
3. *dürfen:* Er sagte, dass er nicht vergessen _____, zu Hause anzurufen.
4. *wollen:* Er teilte seiner Sekretärin mit, dass er morgen später kommen _____.
5. *dürfen:* Er rief uns zu, dass wir hier nicht parken _____.
6. *müssen:* Er sagte, wir _____ das doch verstehen.
7. *wollen:* Er teilte uns schriftlich mit, dass die Kollegen es sich noch einmal überlegen _____.
8. *können:* Er sagte, dass wir alle nach Hause gehen _____.

4. Die indirekte Rede und die Realität. Je nach dem Grad der Distanz können Sie verschiedene Formen für die indirekte Rede wählen. Setzen Sie die Formen, die möglich sind, ein.

1. Er sagte, dass er sofort gehen müsse / *muss* / *müsste*.
2. Er fragte sie, ob sie den Termin noch wisse / _____ / _____.
3. Er bemerkte so nebenbei, dass er es nicht glauben könne / _____ / _____.
4. Der Schüler bedauerte, dass er seine Bücher vergessen habe / _____ / _____.
5. Er erklärte dem Polizisten immer wieder, dass nicht er, sondern ein Freund gefahren sei / _____ / _____.
6. Er sagte, dass er sehr gerne ein Stück zu Fuß gehe / _____ / _____.

7. Sie fragte, ob sie am nächsten Tag etwas später kommen könne / _____ /
_____ .

8. Die Mutter sagte ihren Kindern, dass das nicht in Frage komme / _____ /
_____ .

5. Geben Sie folgende Aussprüche in der indirekten Rede wieder:

1. „Die drei bekanntesten Generale in den USA sind immer noch General Motors, General Electric und General Food."   *Bob Hope*

Bob Hope, der bekannte amerikanische Schauspieler, sagte einmal, die drei bekanntesten Generale der USA *seien immer noch General Motors, General Electric und General Food.*

2. „Die Philosophen und die Hausbesitzer haben immer Reparaturen."
Wilhelm Busch

3. „Wenn die Entwicklung in der Gen-Forschung weitergeht, dann kann man eines Tages den Blumenstrauß zum Muttertag in eine Maschine stecken."   *Johanna Dohnal*

4. „Der überraschende Vorsprung der südkoreanischen Industrie beruht auf einem unfairen Wettbewerb: Es wird gearbeitet während der Arbeitszeit."   *Ephraim Kishon*

5. „Wer Porträtisten verärgert, muss damit rechnen, ähnlich gemalt zu werden."   *Winston Churchill*

6. „Berlin – es ist kaum zu glauben, dass es noch etwas gibt, das älter ist als ich."   *Ronald Reagan*

7. „Ich bin ein singender Pianist. Das Klavier ist ein Schlaginstrument, aber ich versuche es, zum Singen zu bringen."   *Vladimir Horowitz*

8. „Eine Bank ist ein Institut, das bei
   Sonnenschein Regenschirme verleiht
   und sie bei Regen zurückverlangt."
   Mark Twain

   _____

   _____

   _____

6. Setzen Sie das folgende kurze Gespräch in die indirekte Rede.

> *Journalist:* Herr Bundeskanzler, warum nehmen gerade Sie als alter Sozial-
> demokrat Adelige in Ihr Kabinett auf?
>
> *Kreisky:* Erstens sind die polyglott erzogen, zweitens können sie mit Messer
> und Gabel essen und drittens öffnen sie meine Post nicht.

Beginnen Sie so:

Bruno Kreisky, der ehemalige Bundeskanzler von Österreich, wurde einmal von
einem Journalisten gefragt, warum _gerade er ..._

Können Sie auch eine Anekdote erzählen? Verwenden Sie dabei die indirekte Rede.

7. Ergänzen Sie die Verben im Konjunktiv I (bzw. Konjunktiv II).

Das Streiflicht

Wie verbrachten die Menschen ihre Freizeit, als es noch kein Fernsehen gab? Das kann sich heute keiner mehr richtig vorstellen. Nun gut, dann und wann gab es ein spannendes Hörspiel, die Sportberichte im Radio, man las ein bisschen Illustrierte und spannende Romane – aber sonst? Alte Leute erinnern sich an das Wochenend-Fernsehen, das Ehepaare mit Neugier und einem Kissen als Unterlage für die Arme stundenlang aushielten. Dieses Nachmittagsprogramm am Fenster war ein Vorläufer der späteren Regionalschau und lieferte wichtige Informationen. Wenn ein ständiger Beobachter wegen Krankheit oder Tod eines Tages ausfiel, sagten die anderen: „Der ist jetzt auch weg vom Fenster." Heute wird dieses Bild meist ahnungslos – auch von den Kommentatoren im Fernsehen – gebraucht.

Obwohl bei den „Fensterguckern" jeder meist seinen eigenen Gedanken nachhing, kam es immer wieder zu kurzen Dialogen über das laufende Straßenprogramm. Statistische Zahlen über die Scheidungsraten aus jener Zeit liegen uns nicht vor, doch wird sicher stimmen, was ein elfjähriges Mädchen kürzlich in einem Schulaufsatz formuliert hat: „Früher, als es noch kein Fernsehen gab, brauchten es die Menschen nicht."
(*Süddeutsche Zeitung* vom 19. 3. 1980)

Ältere Menschen erinnern sich noch sehr lebhaft an die „gute alte Zeit". Sie meinen, heute
_____ sich keiner mehr vorstellen, dass es damals kein Fernsehen _____
_____. Dann und wann _____ man im Radio ein spannendes Hörspiel _____,
man _____ ein bisschen Illustrierte _____ – aber sonst? Sie erzählen, dass
Ehepaare mit Neugier und einem Kissen als Unterlage für die Arme am Wochenend-Fens-
tersehen stundenlang _____ _____. Dieses Nachmittagsprogramm
am Fenster _____ ein Vorläufer des Regionalprogramms _____ und _____
wichtige Informationen _____.

Wenn ein ständiger Beobachter wegen Krankheit oder Tod _____
_____, _____ die anderen _____, der _____ jetzt auch weg vom
Fenster. Heute, so meinen die Leute, _____ dieses Bild meist ahnungslos — auch
von den Kommentatoren im Fernsehen — _____.
Obwohl bei den Fensterguckern jeder seinen eigenen Gedanken_____
_____, _____ es immer wieder zu kurzen Dialogen über das laufende Straßenpro-
gramm _____.

8. Geben Sie die folgenden Aufforderungen in der indirekten Rede wieder:

„Stör mich bitte nicht!"
„Lass mich in Ruhe die Tagesschau ansehen!"
„Gib mir mal das Fernsehprogramm!"
„Ruf mal an und frag, wann der Mann vom
Kundendienst vorbeikommt!"

„Bring mir die Brille!"
„Sprich nicht so laut!"
„Mach nicht so einen Krach!"
„Hör mit dem Staubsaugen auf!"
„Bring mir eine Flasche Bier!"

Hast du gehört, Schatz? ...

Sie könnten so beginnen:

Er {

rief seiner Frau zu, *sie möge ihn nicht stören.*
bat sie, *sie solle ihn in Ruhe die Tagesschau*
     ansehen lassen.
schrie sie an, _____
sagte, _____
forderte sie auf, _____
flehte sie an, _____
befahl, _____
bettelte, _____

Ersatzformen

Eine Sache kann verschieden ausgedrückt werden.
Formen Sie die Sätze mit der indirekten Rede nach den folgenden Mustern um.
Suchen Sie für jeden Satz die jeweils passende(n) Möglichkeit(en).

Indirekte Rede	*Ersatzformen*
Er glaubte, er sei im Recht. ———▶	Er glaubte, *im Recht zu sein.*
Er war überzeugt, dass er ———▶ richtig gehandelt habe.	Er war überzeugt *von der Richtigkeit seines Handelns.*
Er behauptet, er habe ———▶ richtig gehandelt.	Er *will* richtig *gehandelt haben.*

1. Er bat mich, ich möchte einen Augenblick warten.
2. Der Verhaftete stritt ab, dass er das Geld gestohlen habe.
3. Mein Anwalt riet mir, ich solle auf meiner Forderung bestehen.
4. Immer wieder appellierte der Verurteilte an uns, wir sollten ihn nicht im Stich lassen.
5. Die Behauptung des Politikers, er habe das Geld nicht angenommen, ist unwahrscheinlich.
6. Der Autofahrer beteuerte pausenlos, er sei unschuldig an dem Unfall.
7. Er versicherte, er habe das entgegenkommende Fahrzeug nicht gesehen.
8. Er gab zu Protokoll, er habe plötzlich einen Schatten vor sich gesehen.
9. Seine Aussage, er sei nicht zu schnell gefahren, wird jetzt von der Polizei überprüft.
10. Die Polizei empfahl wieder einmal allen Autofahrern, sie sollten bei Nebel die Geschwindigkeit verringern.

Der Konjunktiv I außerhalb der indirekten Rede

Außerhalb der indirekten Rede wird der Konjunktiv I praktisch nicht verwendet, es sei denn, um einen Wunsch, eine Aufforderung, eine Empfehlung oder einen Befehl auszudrücken. Oft handelt es sich dabei um feste, tradierte Formen:

Der König ist tot, es **lebe** der König.
Es **lebe** die Revolution.
„Die Bitte **sei** ihm gewährt", sprach der König.
„Ich **sei**, gewährt mir die Bitte,
in eurem Bunde der Dritte." (Friedrich Schiller, „Die Bürgschaft")
Dir **sei** noch einmal verziehen.
Man **nehme** Rindertalg und einen Docht und **forme** daraus eine Kerze.
Man **nehme** täglich 3 Tropfen.
„Edel **sei** der Mensch, hilfreich und gut" (Johann Wolfgang von Goethe)

Rückblick

VOR 15 JAHREN: Kronprinzessin Margarethe wird Dänemarks Königin

Am 15. Januar 1972 wurde Kronprinzessin Margarethe zur dänischen Königin proklamiert. Einem alten Brauch folgend rief Ministerpräsident Jens Otto Krag vom Balkon des Schlosses Christiansborg aus nach drei Richtungen: „König Frederik IX. ist tot, lange lebe Königin Margarethe II." Anschließend brachte er ein neunfaches Hoch auf die Königin aus. Rund 100 000 Menschen, die trotz eisiger Kälte der Proklamation beiwohnten, stimmten ein. In einer kurzen Ansprache bat die Königin, das ihrem Vater erwiesene Vertrauen auch auf sie zu übertragen. Als ihren Wahlspruch nannte sie: „Gottes Hilfe — Die Liebe des Volkes — Dänemarks Stärke." Ihr Vater, Frederik IX. war nach fast 25-jähriger Regierungszeit am 14. Januar 1972 im Alter von 73 Jahren gestorben. Sein offizieller Titel hatte noch gelautet: „König von Dänemark, König der Wenden und Goten, Herzog von Schleswig-Holstein, Stormarn, Dithmarschen, Lauenburg und Oldenburg." Margarethes Titel lautet nur mehr: „Königin von Dänemark." Erst 1953 war durch eine Volksabstimmung die weibliche Thronfolge gebilligt worden.
(*Süddeutsche Zeitung* vom 15. 1. 1987)

III. Genusregeln

Lehrbuch Seite 65 ff.

I. Ergänzen Sie die Endung und den Artikel.

1. Gruppe: **-el, -heit, -keit, -ium**

der Flüg _el_ , _____ Selig_____ , _____ Frei_____ , _____ Konsort_____ ,
_____ Mang_____ , _____ Ängstlich_____ , _____ Pluton_____ , _____ Weis_____ .

2. Gruppe: **-er, -schaft, -ung, -um**

_____ Zuneig_____ , _____ Fing_____ , _____ Plen_____ , _____
Körp_____ , _____ Vot_____ , _____ Herr_____ , _____ Verbind_____ ,
_____ Zustimm_____ , _____ Schwanger_____ , _____ Kumm_____ ,
_____ Anerkenn_____ .

3. Gruppe: **-ich, -enz, -ei, -ment**

_____ Doku_____ , _____ Spieler_____ , _____ Konditor_____ , _____ Ele_____ ,
_____ Rett_____ , _____ Quäler_____ , _____ Konfer_____ , _____ Pfirs_____ .

4. Gruppe: **-ig, -ie, -ik, -chen**

_____ Iron_____ , _____ Rotkäpp_____ , _____ Hon_____ , _____ Kön_____ ,
_____ Kalor_____ , _____ Mär_____ , _____ Melod_____ , _____ Chron_____ ,
_____ Phantas_____ .

5. Gruppe: **-ismus, -ion, -tät, -lein**

_____ Inspekt_____, _____ Bäch_____, _____ Opportun_____, _____
tapfere Schneider_____, _____ Kanalisat_____, _____ Organisat_____,
_____ Vöge_____, _____ Rari_____, _____ Ego_____.

6. Gruppe: **-ling, -e, -ur, -tum**

_____ Früh_____, _____ Fak_____, _____ Tann_____, _____ Fig_____, _____
Zwil_____, _____ Erdbeer_____, _____ Alter_____, _____ Kult_____, _____
Schmetter_____.

2. Mehrere Endungen sind möglich. Ergänzen Sie auch den jeweils passenden Artikel.

1. _____ Eigen_____   2. _____ Lieb_____   _____ Lieb_____
    _____ Eigen_____   _____ Lieb_____   _____ Lieb_____
    _____ Eigen_____

3. _____ Frag_____   4. _____ Gesund_____   5. _____ Heiz_____
    _____ Frag_____   _____ Gesund_____   _____ Heiz_____

6. _____ Kolleg_____(!)   7. _____ Kreat_____   8. _____ Roh_____
    _____ Kolleg_____   _____ Kreat_____   _____ Roh_____

3. Bilden Sie, soweit möglich, Adjektive zu den folgenden Substantiven:

Mut bedeutete ursprünglich auch „Stimmung, Temperament". Die Wörter mit der Endung _-mut_ haben unterschiedliche Artikel, je nachdem, ob man sie für „typisch weiblich" hielt (z. B. _Anmut_) oder für „typisch männlich" (z. B. _Hochmut_).

Maskulin:		_Feminin:_	
Hochmut	Wankelmut	Anmut	Sanftmut
Kleinmut	Helmut (Vorname)	Demut	Schwermut
Übermut	Hartmut (Vorname)	Langmut	Armut
Unmut		Großmut	Almut (Vorname)

4. Verändern Sie jeweils nur eine Kleinigkeit, dann entsteht ein neues Wort.

> _Beispiel:_ die Aufgabe
>   die Ausgabe

die Feigheit   die Verwandtschaft   die Quantität   der Magen
   Fei_heit   _e__nn_schaft   Qua_ität   _agen

die Empfindung	der Kater	die Tonne	die Rache
E_findung	_ater	T_nne	_ache
die Heiserkeit	der Nebel	die Zeitung	die Physik
Hei_erkeit	_ _ebel	_eitung	_ _sik
das Städtchen	das Tüchlein	die Blindheit	der Rubel
_ädchen	_üchlein	_indheit	_ubel

Lehrbuch Seite 70

IV. Das Verb „fernsehen"

> s **Fernsehen** (Ende des 19. Jh.s gebildet, aber infolge der techn. Entwicklung erst im 20. Jh. allgemein bekannt geworden), dazu das jüngere Verb **fernsehen** (Mitte des 20. Jh.s) und das Subst. **Fernseher** (schon 1905 für ein Gerät gebraucht, jetzt auch für den Fernsehteilnehmer).
> (DUDEN Band 7, *Ethymologie,* Herkunftswörterbuch der deutschen Sprache)

1. Bitte konjugieren Sie das Verb „fernsehen".

	Präsens	*Imperfekt*	*Perfekt*	*Plusquamperfekt*	*Futur*
ich	*sehe fern*				
du					
er, sie, es					
wir					
ihr					
sie, Sie					

Wir gehen schnell nach Hause, um _____ .

2. Andere Wendungen:

- Radio hören
- sich einen Film anschauen/ansehen/angucken
- im Fernsehen (im Kino) läuft ein Film
- das erste (zweite, dritte, ...) Programm einschalten
- vom ersten ins zweite Programm umschalten
- das Spiel kommt im Fernsehen
- das Spiel wird live im Fernsehen übertragen
- das Fernsehen zeigt/bringt heute einen Krimi
- Was gibt es heute im Fernsehen?
- (umgangssprachlich) vor der Glotze hocken

V. Das Wortfeld „sehen"

Das Verb *sehen* kann man durch andere Verben ersetzen, die genauer sind. Diese sinnverwandten Wörter zusammen bilden ein sogenanntes Wortfeld.

I. Überlegen Sie, was man alles „beobachten", „betrachten", „besichtigen", „bestaunen" kann.

2. Suchen Sie alle Wörter heraus, die zum Wortfeld „sehen" gehören, und verwenden Sie sie in einem Satz.

bestaunen	gucken	betrachten	beobachten
entdecken	winseln	eindringen	anschauen
besichtigen	mustern fliegen	glotzen	schwätzen
blinzeln	schmatzen	schauen	sehen

VI. Hören und verstehen

Lehr-buch | Seite 74

I. Tragen Sie bitte auf den Stufen die Art der entsprechenden Fernsehsendung ein und unter den Stufen den Grad Ihres Interesses.

Ergänzen Sie bitte weitere Begriffe (Krimis, Western, Interviews, Nachrichten, Reiseberichte, Tierfilme, Kindersendungen, Shows, Opernaufführungen, alte Spielfilme usw.).

Was sehen Sie | nie?
| , wenn Sie müde sind?
| zur Ablenkung?
| am liebsten?

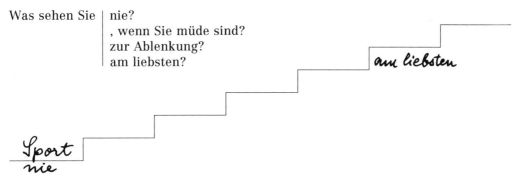

2. Denken Sie sich auch für die folgenden Themen eine Treppe aus:

1. Was lesen Sie gern? (Romane, die Tageszeitung usw.)
2. Was hören Sie gern? (klassische Musik, lautes Autohupen usw.)
3. Bei welcher Gelegenheit reden Sie. Was tun Sie gern und was weniger gern? (einen Vortrag halten, blödeln, sich mit Nachbarn unterhalten usw.)

VII. Die Verben „hören", „lesen", „schreiben", „sehen" und ihre Präfixe

I. „hören" (ab-, er-, ge-, her-, über-, sich um-, (sich) ver-, weg-, zu-)

1. Der Hund _____ *hört* _____ auf den Namen „Waldi".

2. Der Spion wurde gefasst, weil die Polizei anfing, seine Telefongespräche *ab-zuhören* _____.

3. Wem _____ das Buch? Ist das deins?

4. Wenn Kinder in der Schule eine Fremdsprache lernen, sollte man ihnen regelmäßig die Vokabeln _____.

5. Alle mal _____ / _____, ich möchte etwas bekannt geben.

6. Schon lange bemühte sich Hans um Petra, aber sie wollte ihn nicht _____.

7. Ich werde mich auch _____, vielleicht erfahre ich etwas.

8. Seit drei Stunden wird der Verdächtige schon von der Polizei _____.

9. Wenn mich jemand beleidigt, versuche ich immer, das zu _____. Ich will demjenigen dann gar nicht _____; einfacher ist es, seine Ohren davor zu verschließen und _____.

10. Bei jeder Untersuchung muss der Arzt den Kranken _____.

11. Das habe ich nicht gesagt! Da musst du dich _____ haben!

2. „lesen" (ab-, aus-, be-, durch-, sich ein-, nach-, (sich) ver-, vor-, zer-)

1. Was hast du wieder angestellt? Ich muss dir wohl mal gründlich die Leviten _____.

2. Man konnte ihr die Wut deutlich vom Gesicht _____.

3. Das Kind ist sehr verwöhnt, die Eltern _____ ihm jeden Wunsch von den Augen _____.

4. Steht das wirklich in der Zeitung? — Wenn du es nicht glaubst, _____ es doch selber _____.

5. Das Buch war so fesselnd, dass ich es in einer Nacht _____ habe.

6. Kindergartenkindern muss man die Geschichten noch _____.

7. Mein Freund weiß über alles Bescheid, denn er ist sehr _____. (= Adjektiv)

8. Kinder lesen ihr Lieblingsbuch manchmal so „intensiv", dass es danach völlig zerfleddert und _____ aussieht. (= Adjektiv)

9. Heute hat sich der Kommentator schon mehrfach _____, er hat sich aber jedesmal selbst berichtigt.
10. Moderne Literatur ist manchmal nicht einfach zu verstehen, man muss sich erst in die Sprache mancher Autoren _____.
11. Eine Urkunde muss laut _____ werden, bevor sie unterschrieben wird.

3. „schreiben" (ab-, an-, be-, ein-, um-, unter-, ver-, vor-, zu-)

1. Das Geld wirst du von ihm bestimmt nicht wiederbekommen, das kannst du in den Schornstein _____.
2. So ein Geschmier kann kein Lehrer lassen! Du musst den Aufsatz noch einmal sauber _____.
3. Gefühle lassen sich oft schwer _____.
4. Ein Testament muss von Zeugen _____ werden, damit es gültig ist.
5. Aus Höflichkeit muss man die Wahrheit manchmal ein bisschen _____ _____.
6. Wenn du kein Geld hast, musst du im Geschäft _____ lassen.
7. Wenn die Kinder volljährig sind, können ihnen die Eltern nichts mehr _____ _____.
8. Wann kann man sich für den nächsten Kurs _____?
9. Der Maler des Bildes steht nicht ganz sicher fest, es wird einem Schüler Rembrandts _____.
10. Lass dir doch vom Arzt ein anderes Medikament _____!

4. „sehen" (ab-, sich an-, ein-, herab-, nach-, über-, um-, sich ver-, vor-)

1. Es war so dunkel, dass man die Hand nicht vor Augen _____ konnte.
2. Das ist ein ganz schludriger Handwerker, dem muss man ständig auf die Finger _____.
3. Wir warten jetzt schon vier Stunden und ein Ende ist immer noch nicht _____.
4. Der Hausbesitzer hat mir gekündigt, jetzt muss ich mich nach einer neuen Wohnung _____.
5. Dieses Unternehmen ist nicht ungefährlich, du solltest dich wirklich _____.
6. Unser neuer Nachbar ist ganz schön arrogant, er _____ auf alle anderen Mieter _____.

7. Süßigkeiten sind nicht gesund, aber Kinder wollen das oft nicht _____ .

8. Dieser Fehler muss dir doch aufgefallen sein, er ist ja gar nicht zu _____ .

9. Der Kassierer hat mir falsch herausgegeben, er hat sich bestimmt nur _____ , mit Absicht hätte er es wohl nicht getan.

10. Herr M. hatte gerade seinen Wagen in der Werkstatt _____ lassen.

11. Du solltest dir die Wohnung bald _____ , sonst ist sie vermietet.

---

2   **Reihe**   **Mündlicher und schriftlicher Ausdruck**

... nennt Atomkraft die „letzte Möglichkeit"

(ddp)
Die Atomkraft soll nach Ansicht Präsident ... nur als „letzte Möglichkeit" gesehen werden. Bei einem Empfang einer Gruppe von Teilnehmern der großen Anti-Atomkraft-Demonstration in ... erklärte ... jedoch, es sei derzeit nicht möglich, die schon laufenden Kernkraftwerke zu schließen. Entschieden wandte sich der Präsident gegen den Bau des schnellen Brüters, dessen Techniken noch nicht restlos kontrollierbar seien. ... lobte die Organisatoren des Protestmarsches dafür, dass die Kundgebung „friedfertig und wirksam" abgelaufen sei. Er betonte, dass Sicherheit bei der Erzeugung von Nuklearenergie eines seiner Hauptziele sei; es sei jedoch nötig, „an ein schwieriges Problem mit Vorsicht heranzugehen". „Wir wollen zu alternativen Energiequellen und auch zu strengen Einsparmaßnahmen übergehen", sagte der Präsident, „um die Notwendigkeit für die Anwendung von Kernkraft auf ein Minimum zu reduzieren."

Die Mitglieder des innenpolitischen Ausschusses des Repräsentantenhauses reisten nach Pennsylvania, um sich über den Reaktorunfall im Kernkraftwerk Three Mile Island bei Harrisburg zu informieren. Das Gremium bereitet einen umfassenden Bericht über die Nuklearpolitik der USA vor.

(Süddeutsche Zeitung)

1. Wie heißt Ihrer Meinung nach der Präsident, von dem hier die Rede ist?
2. Aus welchem Jahr und aus welchem Land stammt Ihrer Meinung nach dieser Zeitungsbericht?
3. Begründen Sie Ihre Meinung.
4. Beschreiben Sie den aktuellen Stand der Diskussion.
5. Wie stehen Sie persönlich
   a) zu Demonstrationen?   b) zur Atomkraft?

I. Wer interessiert sich wofür?

I. Lesen Sie die Texte I–X. Welcher Zeitungsartikel ...

1. richtet sich an begeisterte Kinogänger?
2. spricht jemanden an, der sich für Literatur interessiert?
3. berichtet aus der Welt des Theaters?
4. richtet sich an Menschen, die sich für Ausstellungen interessieren?
5. ist für Radiohörer interessant?
6. gibt einen Hinweis auf das Fernsehprogramm?
7. ist für Musikliebhaber interessant?

I. Eine „Reise zu den Planeten"
Phantastisches von Mars und Venus

Der Griff nach den Sternen ist ein noch lange nicht ausgeträumter Menschheitstraum. Paul Hermanns bittet die Zuschauer auf eine „Reise zu den Planeten". Die Reportage folgt den Spuren der Voyager-Sonde zu den äußeren Planeten. Computeranimierte Aufnahmen von Mars und Venus vermitteln ein phantastisches Bild von der Oberfläche dieser Gestirne. Und schließlich fragt die Sendung auch nach dem Nutzen planetarer Erkundung.

II. Was ist los mit Deutschland?
Zusammenfassung und Bilanz des BR-Programmschwerpunkts

„Was ist los mit Deutschland?" – Das war im 1. Halbjahr ein Programmschwerpunkt im Hörfunk des Bayerischen Rundfunks. In loser Folge griffen Experten Themen auf, die das gesellschaftliche Leben in Deutschland seit dem Fall der Mauer und der Wiedervereinigung verändert haben, Probleme aus Politik, Wirtschaft und Kultur.
An diesem Sonntag soll nun Bilanz gezogen werden. In einer Zusammenfassung werden zunächst die wesentlichen Zusammenhänge noch einmal hergestellt und schlaglichtartig beleuchtet. Im Anschluss daran haben Hörer und Hörerinnen in einer Funksprechstunde Gelegenheit, Fragen zu stellen und Meinungen zu äußern.

III. „Himmel über der Wüste"
Afrikaodyssee nach einem Roman von Paul Bowles

Paul Bowles, der Mann, der den Roman „Der Himmel über der Wüste" schrieb, streifte mit 84 Jahren immer noch durch die verstaubten Straßen von Tanger. Dort traf ihn

Bernardo Bertolucci, um mit ihm über eine Verfilmung seines wichtigsten Werkes zu sprechen. Bertoluccis Film hält sich streng an die literarische Vorlage. Er erzählt von der Odyssee eines New Yorker Intellektuellen-Ehepaars, das während einer Reise durch Nordafrika die verlorene Liebe erneuern und die seelische Leere füllen will. Doch anstatt sich einander wieder zu nähern, verlieren sie sich in den endlosen Weiten der Wüste.

In Europa als Kino-Meisterwerk gerühmt, wurde der Film in den USA von vielen Kritikern als langweilig abgetan. Unbestritten ist, dass Bertoluccis Literaturverfilmung vor allem in ihren grandiosen Wüstenszenen ein überwältigendes visuelles Erlebnis ist.

IV. Embryo eines Meisterwerks
Ein großes Prosafragment von Albert Camus – 34 Jahre nach dem Tod des Nobelpreisträgers aus dem Nachlass gehoben

Das Manuskript, dessen Autor am 4. Januar 1960 tot aus einem völlig zertrümmerten Autowrack geborgen wurde, fand sich in der schwarzen Aktentasche des Toten. Es war der erste Entwurf seines beabsichtigten Hauptwerks. Mit ihm wollte Albert Camus sein Schriftstellerleben krönen. Es dauerte 34 Jahre, bis das Fragment die Öffentlichkeit erreichte. Familie und Freunde waren lange Zeit gegen die Publikation, weil der Roman nur in einer völlig unfertigen Fassung vorlag.

„Der erste Mensch" lautet der Titel des gut 300 Druckseiten umfassenden Fragments, das nun auch in Deutschland in einer hervorragenden Übersetzung erschienen ist. Inszeniert wie ein Roman, enthält es eine bewegende Autobiographie der algerischen Kindheit von Albert Camus.

V. Untergang im Wüstensand
Rudolf Augstein über Peter Zadeks „Antonius und Cleopatra" in Wien

Wenn das stimmt, was Gert Voss, der Darsteller des Antonius in Peter Zadeks Wiener Festwochen-Aufführung des Shakespeare-Stückes „Antonius und Cleopatra", von seinem Regisseur sagt: „Er interessiert sich nur für das, was zwischen zwei Menschen passiert", also, wenn das stimmt, dann hat Zadek sein Spiel in den Wüstensand gesetzt. Denn er zeigt kaum Erotisches zwischen den Hauptfiguren, und dass es bei dieser Liebe immer auch um Politik geht, wird erst recht nicht deutlich.

Wenn diese Wiener Aufführung danebengegangen ist, so liegt das an Zadeks Berliner Ensemble und an Zadek selbst. Die Gefährlichkeit, Liebe und Macht miteinander zu verbinden, hat er nicht sichtbar machen können, geschweige denn hörbar.

VI. Janet Jackson: Lieder gegen den Hass
Mit sechs hatte sie die ersten Gesangsstunden, mit zehn die erste Filmrolle, mit zwanzig landete sie mit ihrem Album „Control" ganz oben in den Charts: Janet Jackson, 28, die Schwester von Mega-Star Michael. Jetzt gibt es eine neue CD von ihr: „Janet": traurig-schöne Lieder („Wind"), Dance-Stücke, die in die Beine gehen („Be a good boy"), nachdenkliche Songs über Rassenprobleme („Racism").

VII. Aus dem rohen Holz gehauen
Figuren von Baselitz in der Hamburger Kunsthalle

Trotz heftiger Anfeindungen gilt Georg Baselitz (geb. 1938) als einer der Großen unter den heutigen Künstlern. Gleich zwei Ausstellungen zeigen jetzt sein vielfältiges Werk: In Saarbrücken sind Gemälde und Zeichnungen des gebürtigen Dresdners zu sehen, Hamburg präsentiert seine Skulpturen. Aus dicken Baumstämmen haut er wuchtige Männer und Frauen, überlebensgroß, mit arthritischen Gelenken, Knollenköpfen, höhlenartigen Augen und Riesennasen. Die Figuren sind mal knallgelb, mal leuchtend rot bemalt. Baselitz setzt dabei oft nur farbige Akzente auf die aggressiven Spuren, die Axt und Säge im Holz hinterlassen haben. Etwa 20 dieser „Rohlinge" bevölkern die Hamburger Kunsthalle.

VIII. „Parsifal", live

In Bayreuth werden am 25. Juli mit „Parsifal" die diesjährigen Festspiele eröffnet. Der Auftakt der Spiele mit „Parsifal" – er wurde 1882 in Bayreuth uraufgeführt – in der jüngsten Inszenierung Wolfgang Wagners stellt zugleich eine Würdigung des Wagner-Enkels dar, der noch in diesem Jahr 75 Jahre alt wird. Am Pult steht der Italiener Guiseppe Sinopoli, der nach dem „Tannhäuser" nun schon zum dritten Mal in Bayreuth dirigiert.
Auch die Hörer des Bayerischen Rundfunks sind live dabei, wenn am Montag die Eröffnungsfanfaren erklingen.

IX. Literarische Spurensuche
Günter Grass und Danzig

Günter Grass und Danzig: Das ist eine komplizierte Liebesgeschichte über viele Jahrzehnte. Im Danziger Stadtteil Langfuhr wurde der Dichter am 16. Oktober 1927 geboren, in Danzig wuchs er auf, ging er zur Schule, trat er ins Jungvolk und in die Hitlerjugend ein. Von der „Blechtrommel" (1959) bis zu den „Unkenrufen" (1992) kreist das Werk von Günter Grass immer wieder um seine Heimatstadt. Der Fernsehfilm begibt sich auf eine Art Spurensuche nach Originalschauplätzen seiner Romane. Mit Rezitationen von Grass-Texten durch die ebenfalls in Danzig geborene Schauspielerin Ingrid van Bergen wird die Welt seiner Bücher wieder lebendig.

X. In Heidelberg verloren
S 2 Kultur bringt ein neu entdecktes Hörspiel von Böll

37 Hörspieltexte von Heinrich Böll sind erhalten. Der Germanist Dieter Kluge hat sie für seine Doktorarbeit alle gesichtet und bei den Recherchen auch ein bisher verschollenes Manuskript wiederentdeckt. „Eine von einhundertzwanzig" heißt das Stück (Ursendedatum 1953); S 2 Kultur sendet es heute Abend um 21 Uhr zum Auftakt einer Böll-Retrospektive.
Kluge: „Böll brauchte den Rundfunk in den fünfziger Jahren. Man muss klar sehen, dass er nicht nur seine Hörspiele, sondern auch Funkerzählungen und Lesungen aus zwei Gründen produzierte: Er brauchte das Geld und ihn reizte die Popularität des Hörspiels, durch das er ein Millionenpublikum erreichen konnte."

2. Suchen Sie aus Text I und II die passenden Verben heraus

Beispiel: 1. Themen *aufgreifen*
2. nach dem Nutzen ...
3. Bilanz ...
4. Meinungen ...
5. ein Bild ...
6. Fragen ...
7. Zusammenhänge .../...
8. Gelegenheit ...

3. Ergänzen Sie die Präpositionen.

Afrikaodyssee _____ einem Roman _____ Paul Bowles

Der Mann, der den Roman „Der Himmel _____ der Wüste" schrieb, streifte _____ 84 Jahren immer noch _____ die verstaubten Straßen _____ Tanger. Dort traf ihn Bernardo Bertolucci, um _____ ihm _____ eine Verfilmung seines wichtigsten Werkes zu sprechen. Bertoluccis Film hält sich streng _____ die literarische Vorlage. Er erzählt _____ der Odyssee eines New Yorker Intellek-tuellen-Ehepaars, das _____ einer Reise _____ Nordafrika die verlorene Liebe erneuern und die seelische Leere füllen will. Doch anstatt sich einander wieder zu nähern, verlieren sie sich _____ den endlosen Weiten der Wüste.

_____ Europa als Kino-Meisterwerk gerühmt, wurde der Film _____ den USA _____ vielen Kritikern als langweilig abgetan. Unbestritten ist, dass Bertoluccis Literaturverfilmung _____ allem _____ ihren grandiosen Wüstenszenen ein überwältigendes visuelles Erlebnis ist.

4. Silbenrätsel. Wie heißen die gesuchten Begriffe? (Sie sind in Text III, IV und V zu finden)

Auf – Auto – biographie – Dar – Druck – En – Fas – Fest – filmung – Frag – führung – kation – Literatur – Manu – Meister – ment – Publi – Regis – seite – semble – seur – skript – steller – sung – ver – werk – wochen

1. Teil eines Buches, einer Zeitung, einer Zeitschrift _____
2. Bericht über das eigene Leben _____
3. Film, der nach einem Buch gedreht wird _____
4. besondere Zeit, kultureller Höhepunkt, Tage, an denen man feiert _____
5. Bruchstück, unvollständiger Teil _____
6. mit der Hand geschriebener Text, Text, der noch nicht gedruckt ist _____
7. Spielleiter einer Theateraufführung, eines Films _____
8. eine besonders gut gelungene, einmalige Arbeit _____

9. Veröffentlichung _____
10. sprachliche Form und Inhalt, Version _____
11. Schauspieler _____
12. Darbietung eines Theaterstücks, eines Films _____
13. Gruppe von Künstlern, die gemeinsam auftreten _____

5. Was passt in die Lücke? (Hilfe finden Sie in Text VI.)

Beispiel: Janet Jackson: Lieder (a) *gegen den* [C] Hass

Mit sechs hatte sie (b) _____, mit zehn (c) _____, mit zwanzig (d) _____
in (e) _____: Janet Jackson, 28, die Schwester von Mega-Star Michael Jackson.
Jetzt gibt es eine neue CD von ihr: „Janet": (f) _____-schöne Liebeslieder, Dance-
Stücke, die (g) _____, (h) _____ Songs über Rassenprobleme.

(a) A für den	B mit dem	C gegen den
(b) A Gesangsklasse	B Gesangsunterricht	C Liederabende
(c) A zeigte sie ihren ersten Film	B spielte das erste Mal in einem Film mit	C produzierte sie ihren ersten Film
(d) A erreichte sie den ersten Platz	B behauptete sie sich auf Platz Eins	C gewann sie Platz Eins
(e) A einem Wettbewerb	B einer Konkurrenz	C den Hitlisten
(f) A Melancholisch	B Pessimistisch	C Weinerlich
(g) A den Leuten wieder auf die Beine helfen	B zum Tanzen mitreißen	C den Menschen Beine machen
(h) A tiefsinnige	B gedankenverlorene	C vordergründige

6. Ergänzen Sie die folgenden Sätze. (Die gesuchten Satzteile finden Sie in Text VI und VII.)

1. Die Lieder von Janet Jackson richten sich _____
2. Auf ihrer neuen CD findet _____
3. Georg Baselitz gilt als einer der Großen, obwohl _____
4. Sowohl in Saarbrücken als auch in Hamburg _____
5. Seine Figuren sind aus _____. Sie haben _____
6. Mit kräftigen Farben werden _____
7. In der Hamburger Kunsthalle _____

7. Stellen Sie einen sinnvollen Text her, indem Sie die Sätze/Satzteile A–E in die Lücken einsetzen.

1. Im Jahre 1882 wurde „Parsifal" in Bayreuth uraufgeführt, _____
2. Mit diesem Auftakt wurde zugleich Wolfgang Wagner gewürdigt, _____,
3. Wolfgang Wagner, _____, hat auch die diesjährige Inszenierung übernommen.

4. Außerdem erleben die Festspielgäste _____

5. Der Bayerische Rundfunk macht es seinen Hörern möglich, _____

A der demnächst 75 Jahre alt wird,
B und mit dieser Oper wurden auch in diesem Jahr die Festspiele eröffnet.
C die Eröffnung der Festspiele live mitzuerleben.
D ein Enkel Richard Wagners.
E Guiseppe Sinopoli am Dirigentenpult.

8. Worauf bezieht sich ...?

1. Text II, Zeile 3: ..., die das gesellschaftliche Leben in Deutschland ... verändert haben.
2. Text IV, Zeile 2: Es war der erste Entwurf ...
3. Text IV, Zeile 9: Enthält es eine Autobiographie von ...
4. Text VIII, Zeile 2: ... – er wurde 1882 in Bayreuth uraufgeführt –

9. Ergänzen Sie die passenden Verben (im Infinitiv) aus Text IX.

1. in Danzig _____ _____ und dort _____

2. in Danzig zur Schule _____

3. ins Jungvolk und in die Hitlerjugend _____

4. um ein Thema _____

5. sich auf Spurensuche _____

10. Welches Wort passt in die Lücke? (Vergl. Text X)

Viele Hörspieltexte von Heinrich Böll sind sicher (a) _____ der Zeit (b) _____.
Bei seinen (c) _____ entdeckte der Germanist D. Kluge ein Manuskript, das längst
als verloren (d) _____. Dieses Hörspiel wird nun (e) _____ einer Böll-Retrospektive gesendet. Böll hatte aber nicht nur Interesse (f) _____, von möglichst vielen
Menschen gehört oder gelesen (g) _____, er war auch darauf (h) _____, mit
seinem Schreiben (i) _____ zu verdienen.

(a) A in der Vergangenheit	B im Lauf(e)	C in der Menge
(b) A verpasst	B vermisst	C verlorengegangen
(c) A Nachforschungen	B Prüfungen	C Lesungen
(d) A war	B galt	C hielt
(e) A zur Eröffnung	B innerhalb	C zugleich mit
(f) A daran	B darauf	C darin
(g) A zu haben	B zu wollen	C zu werden
(h) A angewiesen	B beabsichtigt	C gezwungen
(i) A seinen Beruf	B seinen Lebensunterhalt	C sein Leben

II. Welches Verb passt? Achten Sie dabei auf die richtige Verbform.

drehen – gehen – laufen – machen – sein – synchronisieren – vorführen – zeigen

1. Als er jung war, ist er hauptsächlich im Theater aufgetreten, später ist er dann zum Film _____

2. Der Fim _____ schon seit drei Wochen in allen großen Kinos der Stadt.

3. Mein Bruder _____ seit neuestem beim Film, allerdings nur als Statist.

4. Filme, die in verschiedenen Ländern gezeigt werden sollen, werden häufig _____

5. Dieser Film wurde in der Wüste von Arizona _____

6. Wir können den Film nur heute _____ / _____, morgen müssen wir ihn wieder zurückschicken.

7. Bertolucci ist ein weltberühmter Regisseur, der viele große Filme _____ / _____ hat.

12. Welche(r) Titel könnte(n) zu den verschiedenen Filmarten/Filmgenres passen? Verbinden Sie. Es sind auch mehrere Lösungen möglich.

1. Abenteuerfilm		A	Fort Larramie
2. Cowboyfilm		B	Zwei Herzen im Himmel
3. Dokumentarfilm		C	Donald Duck auf Reisen
4. Fernsehfilm		D	Mord im Orient-Express
5. Kriminalfilm (Krimi)		E	Auf den Spuren der Inkas
6. Liebesfilm		F	Großstadtkinder, 3. Folge
7. Wildwestfilm (Western)		G	Diamanten und Pistolen
8. Zeichentrickfilm		H	Sie ritten für den Big Boss

13. Fassen Sie den Inhalt eines Films zusammen, den Sie gesehen haben.

14. Können Sie das Charakteristische einer bestimmten Filmart beschreiben? Kennen Sie entsprechende Filmtitel?

15. Versuchen Sie, ein Drehbuch für einen ganz kurzen Film, eine Sequenz zu schreiben. Vielleicht können Sie mit einem Partner gemeinsam an diesem „Mini-Drehbuch" arbeiten.

II. Die erfolgreichste Fernsehserie in Deutschland

1. Lesen Sie den Text.

Die 7 Geheimnisse der „Lindenstraße"
(Lindenstraße = erfolgreiche Fernsehserie im deutschen Fernsehen)

Sie spiegelt unseren Alltag und lässt uns durchs Schlüsselloch gucken. Und das seit 400 Folgen! Wie erklärt sich ihr Erfolg?

Sonntagabend in Deutschland, 18.40 Uhr. Zehn Millionen Menschen sitzen vor dem Fernseher, sehen das Erste Programm. 61 Prozent von ihnen sind Frauen. Seit 15 Jahren – an diesem 1. August zum 400. Mal in Folge: die „Lindenstraße", erfolgreichste deutsche TV-Produktion aller Zeiten – die höchste dauerhafte Einschaltquote bei Deutschlands Frauen.

Soziologen, Psychologen, TV-Kritiker versuchen seit 1985, das Erfolgsgeheimnis dieser Serie um die Familien Beimer, Zenker, Dressler & Co zu lüften. Über 100 wissenschaftliche Arbeiten wurden dazu bis heute verfasst. Titelbeispiele: „Lebenshilfe durch die Lindenstraße", „Alltag hochprozentig", „Aus dem vollen Leben". Manches davon ist ziemlich akademisch.

Wir haben deshalb jetzt Experten, die sich berufsmäßig mit der Serie befassen, um klare Antworten auf die Frage nach dem Rätsel „Lindenstraße" gebeten. Hier sind sie:

1. _____

Das Leben auf der Mattscheibe entspricht unserem Alltag: Trends und aktuelle Ereignisse sind Markenzeichen der Serie. „Sie spielt in der Woche, in der sie auch gesendet wird, vermittelt eine Quasi-Echtheit, die der Zeitwahrnehmung der Zuschauer entspricht", erklärt TV-Forscher Bodo Brücher von der Uni Bielefeld.

2. _____

Ob Anna Ziegler einen Freund hat, Berta Griese Drogen schluckt oder Iffy Zenker erste sexuelle Erfahrungen sammelt, wir gucken zu. „Ganz legal, ganz legitim. Ein ‚Das gehört sich nicht' gibt's da nicht und Voyeure sind wir alle", so Medienexperte Prof. Heribert Heinrichs aus Hildesheim.

3. _____

„Allzu gut kann sich die Zuschauerin z. B. mit ‚Mutter Beimer' vergleichen. Welche Mutter kennt nicht die Probleme mit heranwachsenden Kindern, wem sind nicht schon mal Plätzchen im Backofen verbrannt? Genau das ist es, was die Figuren so echt macht, dass wir uns mit ihnen identifizieren", sagt Filmforscherin Anne Externbrink. Und diese Echtheit gilt für fast alle Helden der Serie.

4. _____

Die TV-Nachbarn kämpfen mit den gleichen Problemen wie wir: Schulden, Ärger am Arbeitsplatz, Eheprobleme. „Ihre Versuche und Strategien, damit klarzukommen, bieten uns Denkanstöße und Ansätze für Problemlösungen", so der Berliner Medienforscher Karl Prümm.

5. _____

Man kennt die „Lindensträßler" schon nach wenigen Folgen ganz genau. Ihre Ticks, ihre Vorlieben, ihre Schwächen. Anne Externbrink: „Sie haben Züge von Nachbarn angenommen, von Vertrauten. Wenn der Name ‚Else Kling' fällt, weiß jeder, wer gemeint ist – und dass man sich vor dieser schwatzhaften Waschfrau in Acht nehmen muss."

6. _____

Ob im Büro oder am Stammtisch – montags ist Tratschtag. Der Tag, an dem sich die große Fan-Gemeinde über neueste Affairen, Seitensprünge, Krisen ihrer TV-Stars austauscht und Spekulationen über den Fortgang der Dinge anstellt.

7. _____

Mit dem sogenannten „Cliffhanger" werden die Zuschauer im Moment größter Spannung aus jeder Folge entlassen. „Die Person, die sich gerade in einer Konfliktsituation befindet, erscheint in Nahaufnahme, Musik ertönt, es folgt der Abspann. Dieser Cliffhanger ist das Moment, das die Serie in den Alltag der Zuschauer hineinverlängert", so Filmforscherin Anne Externbrink.

2. Welches Schlagwort passt zu welchem Absatz?

A Der Vertrautheits-Faktor
B Der Schlüsselloch-Faktor
C Der Spannungs-Faktor
D Der Gesprächsstoff-Faktor
E Der Realitäts-Faktor
F Der Problemlöse-Faktor
G Der Identifikations-Faktor

III. Ehe in Gefahr

I. Lesen Sie den folgenden Text. Überlegen Sie dabei, wer schreibt, warum die Person schreibt, was das Problem ist, wofür Sie einen Ratschlag haben möchte.

Leserinnen suchen Rat – das FÜR SIE-Expertenteam hilft ihnen. Wenn auch Sie Sorgen in der Partnerschaft haben, schreiben Sie uns: Jeder Brief wird vertraulich behandelt.

Mein Mann gibt nur noch Geld für seinen Computer aus

Petra (32) aus Karlsruhe, seit fünf Jahren verheiratet mit dem Handelsvertreter Clemens (33), schildert ihr Problem:

Nie habe ich geglaubt, dass mein Mann und ich uns jemals über Geld streiten würden. In finanziellen Dingen waren wir uns früher immer einig. Als unser Wunschkind Tobias vor vier Jahren geboren wurde, beschlossen wir, dass ich bis zu seiner Einschulung zu Hause bleibe. Natürlich müssen wir uns seitdem etwas einschränken, aber trotzdem kommen wir mit dem Gehalt meines Mannes ganz gut zurecht. Wir gehen halt nicht mehr so oft aus und ich kaufe mir nicht mehr so viele Klamotten wie früher. Aber auf all das kann ich gut verzichten. Denn das Wichtigste in meinem Leben ist das Familienglück. Doch nun habe ich Angst, es zu verlieren.
Vor einem knappen Jahr kaufte sich mein Mann einen Computer. Seitdem verbringt er

seine ganze Freizeit vor diesem Ding und gibt ständig Geld dafür aus. Für mich und unseren Sohn hat er kaum mehr Zeit, dafür liest er sämtliche Computerzeitschriften und kauft jede neue Software. Mal sind es Text- und Grafikprogramme, dann wieder Spiele oder ein Wörterbuch Deutsch-Englisch. Vor kurzem brauchte er einen Farbmonitor und ein Faxmodem. Unser Haushaltsbudget wird dadurch natürlich belastet. Spreche ich ihn darauf an, meint er, er müsse schon aus beruflichen Gründen auf dem neuesten Stand sein. Trotzdem stört es mich, dass er diese hohen Summen einfach ausgibt, ohne mich zu fragen. Jetzt kam er sogar mit einem supermodernen tragbaren Laptop an. Das hätte er unbedingt kaufen müssen, damit er auf seinen vielen Reisen abends im Hotelzimmer daran arbeiten könne – behauptet er. Zweieinhalbtausend Euro hat er vom Sparbuch abgehoben, ohne mir vorher ein Wort zu sagen! Davon wollten wir uns eine neue Stereoanlage kaufen – das war längst beschlossene Sache. Wir hatten natürlich einen Riesenkrach. Zum Schluss schrie mein Mann, er könne mit dem Geld machen, was er will, schließlich sei er Alleinverdiener. Was soll ich jetzt bloß tun?

2. Im folgenden eine etwas andere Version des Leserbriefes.

Sie ist aber nicht vollständig. Lesen Sie den Text und suchen Sie das jeweils passende Wort oder die passende Wendung für die Lücke aus. Wenn Sie sich nicht ganz sicher sind, was passt, lesen Sie nochmals im Text nach. Der gesuchte Ausdruck muss inhaltlich dasselbe ausdrücken, wie der Originaltext.

Nie habe ich _____ (1), dass mein Mann und ich uns jemals über Geld streiten würden. _____ (2) _____ (3). Als unser Wunschkind Tobias vor vier Jahren _____ (4), beschlossen wir, dass ich zu Hause bleibe, _____ (5). Natürlich müssen wir seitdem _____ (6), aber trotzdem _____ (7) meines Mannes _____ (7). Wir gehen halt nicht mehr so oft aus und ich kaufe mir nicht mehr so viele _____ (8) wie früher. Aber auf all das _____ (9). Denn das Wichtigste _____ (10) ist das Familienglück. Doch nun habe ich Angst, es zu verlieren.

_____ (11) kaufte sich mein Mann einen Computer. Seitdem verbringt er _____ (12) vor diesem Ding und gibt ständig Geld dafür aus. Für _____ (13) hat er kaum mehr Zeit, dafür liest er _____ (14) Computerzeitschriften und kauft jede neue Software. Unser Haushaltsbudget wird dadurch natürlich _____ (15). Spreche ich ihn aber darauf an, meint er, er müsse schon aus beruflichen Gründen _____ (16). Trotzdem stört es mich, dass er diese hohen Summen einfach ausgibt, _____ (17).

Jetzt kam er sogar mit einem supermodernen tragbaren Laptop an. Zweieinhalbtausend Euro hat er vom Sparbuch abgehoben, _____ (18)! Davon wollten wir uns eine neue Stereoanlage kaufen – das _____ (19). Wir hatten natürlich einen Riesenkrach. Zum Schluss schrie mein Mann, er könne mit dem Geld machen, was er will, schließlich _____ (20). Was soll ich jetzt bloß tun?

1. A gefürchtet | B gehofft | C gedacht | D geheiratet
2. A in Bezug auf Geld | B bei finanziellen Problemen | C mit unserem Konto | D bei der Abrechnung
3. A gehörten wir immer zusammen | B hatten wir nie unterschiedliche Meinungen | C waren wir immer im Recht | D hatten wir immer viele Gemeinsamkeiten
4. A eine Geburt hatte | B die Welt kennenlernte | C auf die Welt kommt | D in die Arbeit ging
5. A bis er mit der Schule fertig war | B weil er in die Schule kam | C bis er in die Schule kam | D solange er in der Schule war
6. A unsere Ausgaben ein bisschen verringert | B kein Geld mehr ausgeben | C mehr mit dem Geld sparen | D etwas Geld ausgeben
7. A ist das ... ziemlich hoch | B reicht der Verdienst ... einigermaßen | C reicht das Geld ... nie ganz | D kommt das Gehalt ... immer rechtzeitig
8. A Lebensmittel | B Sachen zum Anziehen | C Sachen für den Haushalt | D Luxusgegenstände
9. A bin ich nicht angewiesen | B kann ich gut verlieren | C kann ich gut verpassen | D muß ich keine Rücksicht nehmen
10. A lebenslänglich | B zu meiner Zeit | C sinnvolles | D für mich
11. A Vor mehr als einem Jahr | B Vor genau einem Jahr | C Vor nicht ganz einem Jahr | D Vor einigen Monaten
12. A seinen ganzen Urlaub | B seine ganzen Ferien | C seine ganze Freizeit | D sein ganzes Interesse
13. A uns andere Familienmitglieder | B uns beide | C seine Kinder | D unsere Familienprobleme
14. A viele neue | B den ganzen Tag | C alle für ihn erreichbaren | D ausschließlich
15. A schwer macht | B zu schaffen gemacht | C in Anspruch genommen | D verschuldet
16. A über das Neueste informiert sein | B modern sein | C fraglos | D ohne etwas in Frage zu stellen
17. A trotz meiner Bedenken | B ohne meine Einwilligung | C fraglos | D ohne etwas in Frage zu stellen
18. A obwohl ihm die Worte fehlten | B weil er nicht viel Worte darüber verlieren wollte | C obwohl er nicht mit mir darüber gesprochen hatte | D trotzdem hat er nicht mit mir darüber gesprochen
19. A hatten wir längst abgeschlossen | B stand schon lange fest | C war schon lange eine Feststellung | D war eine sachliche Entscheidung
20. A verdiene ich nichts Besseres | B verdiene er am meisten | C bringe nur er Geld nach Hause | D arbeite er nicht umsonst

2

3. Und hier die Antwort, die auch in der Frauenzeitschrift zu lesen war. Diplompsychologin Sybille Weber rät:

Sie haben *ein* (1) Eheproblem, _____ (2) zwei unterschiedliche Aspekte umfasst. _____ (3) erste Punkt ist _____ (4) finanzielle Seite. _____ (5) zweite ist die Geborgenheit, _____ (6) Sie vermissen. _____ (7) beiden muss ich sagen, Sie sind _____ (8) Recht. Ihr Mann irrt, _____ (9) er glaubt, _____ (10) Alleinverdiener auch alleine _____ (11) das Einkommen verfügen zu können. _____ (12) rein rechtlich gesehen ist sein Gehalt _____ (13) gemeinsames Einkommen. Er arbeitet draußen _____ (14) Vertreter, Sie drinnen _____ (15) Hausfrau. Ihnen steht _____ (16) ein angemessenes Taschengeld (5–7 Prozent seines Nettoeinkommens) zu. Sie _____ (17) sich deshalb einmal _____ (18) Ihrem Mann zusammensetzen und ihm vorrechnen, was er ausgeben müsste, _____ (19) er all Ihre Tätigkeiten (sauber machen, waschen, bügeln kochen usw.) _____ (20) einer Hausangestellten erledigen _____ (21) würde. Machen Sie Ihrem Mann aber auch gleich _____ (22) konkreten Vorschlag: drei verschiedene Bankkonten.

Konto 1 ist _____ (23) alle Gemeinkosten, _____ (24) Miete, Strom, Telefon, Versicherungen, Haushalt, Rücklagen _____ (25) zusätzliche Anschaffungen _____ (26) besagte Stereoanlage oder Urlaub. _____ (27) diesem Konto darf niemand _____ (28) Absprache Geld abheben.

Konto 2 ist _____ (29) das Taschengeld Ihres Ehemannes. _____ (30) kann er seine Computerleidenschaft bestreiten.

Konto 3 ist _____ (31) das Taschengeld der Ehefrau, also _____ (32) Sie. Jeder _____ (33) kann _____ (34) sein Taschengeldkonto frei verfügen und ist dem anderen _____ (35) Rechenschaft schuldig.

Nun _____ (36) Ihrem zweiten Problem: Ihr Mann lebt eigentlich _____ (37) ein Junggeselle, _____ (38) tut und lässt, _____ (39) er will. Das zeugt _____ (40) Unreife. Und Sie haben _____ (41) Recht das Gefühl, _____ (42) zu kurz zu kommen. Schildern Sie Ihrem Mann _____ (43) Vorwurf Ihren Kummer _____ (44) sein mangelndes Interesse _____ (45) der Familie. Vermitteln Sie _____ (46) ganz freundschaftlich, _____ (47) zu einer Partnerschaft auch Verpflichtungen und Verantwortung gehören. Lassen Sie ihn vorschlagen, _____ (48) die jetzige Situation geändert _____ (49) kann. Zum Beispiel _____ (50) computerfreie Abende oder Sonntagnachmittage. Üben Sie jedoch _____ (51) Druck aus. Ihr Mann muss sich _____ (52) freien Stücken ändern. Und nehmen Sie – _____ (53) Vorwurf – eigene Interessen wahr. Wenn _____ (54) den Computer vorzieht, gehen _____ (55) eben eine Freundin besuchen.

IV. Hallo, hier spricht ...

I. Lesen Sie die folgenden kurzen Texte.

Anfänge der Telefongespräche

1 Buchhandlung Kindt, guten Tag.
2 Guten Tag. Sie haben Ihr privates Programm Antenne 1 gewählt: Die nächste freie Leitung haben wir für Sie reserviert.
3 Praxis Dr. Bülow. Guten Tag.
4 Und hier sind wir wieder mit unserer Sendung „Ihr Wunsch ist uns Befehl". Wir erfüllen Ihre Musikwünsche – wie jeden Montag um diese Zeit. Und da läutet auch schon das Telefon, der erste Hörer – Guten Tag, mit wem spreche ich?

Ende der Telefongespräche

A Gut, dann Donnerstag um 8. Danke.
B Also, dann: „Mylord", gesungen von Edith Piaf, zur Erinnerung an einen schönen Urlaub in Frankreich – vielen Dank für Ihren Anruf, Frau Hörbiger, und noch einen schönen Tag.
C Morgen, etwa ab 12 Uhr, können Sie es abholen.
  In Ordnung, ich komm' dann vorbei. Und vielen Dank.
D Tut mir Leid, ich habe hier keine genauen Informationen. Aber es ist kein Problem, wenn Sie sich schriftlich an uns wenden. Aber vergessen Sie nicht, Ihrem Schreiben einen frankierten Umschlag mit Ihrer genauen Anschrift für die Rückantwort beizulegen.

2. Rekonstruieren Sie die Telefongespräche. Welcher Gesprächsbeginn passt zu welchem Abschluss?

_____ Gespräch 1 _____

_____ Gespräch 2 _____

_____ Gespräch 3 _____

_____ Gespräch 4 _____

3. Überlegen Sie nun vorab, welche der hier beschriebenen Situationen Sie welchem Telefongespräch zuordnen würden?

ja/Gespräch _____/nein

1. Jemand möchte in der Bibliothek ein Buch ausleihen.
2. Jemand möchte sich eine Sendung im Fernsehen anschauen.
3. Jemand hat verschiedene Fernsehprogramme eingeschaltet.
4. Jemand möchte einen Arzttermin, um seine Blutwerte feststellen zu lassen.
5. Jemand möchte ein Buch als Geburtstagsgeschenk für seine/ihre Freundin kaufen, die gern liest.
6. Jemand hat einen Urlaub in Frankreich geplant.
7. Jemand möchte einem anderen eine musikalische Überraschung bereiten.

8. Jemand hat sich beim Arzt gründlich untersuchen lassen.
9. Jemand möchte nähere Informationen über eine Sendung, die er im Fernsehen gesehen hat.
10. Jemand möchte wissen, welche Bücher im Moment auf der Bestsellerliste sind.

4. Hören Sie jetzt die Gespräche von der Kassette. Waren Ihre bisherigen Lösungen richtig?

V. Porträt

I. Markieren Sie beim Hören oder danach: Habe ich das im Text gehört?
Ja oder *Nein* oder *darüber wird im Text nichts gesagt = ??*

Teil I

	Ja	??	Nein
1. Frau Statz hat in Freiburg und Köln Sport studiert.			
2. Sie hat ihre Karriere als Schauspielerin an einem kleinen Theater begonnen.			
3. Sie ist von einer Agentur angerufen worden, weil ihr Name schon bekannt war.			
4. Frau Statz ist die einzige weibliche Stuntfrau in Deutschland.			
5. Sie musste eine Ausbildung machen, bevor sie als Stuntfrau arbeiten konnte.			
6. Sie hat sich oft mit den Kollegen geprügelt, um zu lernen, wie man Sieger bleibt.			
7. Ein Sturz von der Treppe muss so echt wirken, dass er den Zuschauern einen Schock versetzt.			

Teil II

	Ja	??	Nein
8. Sportlichkeit ist nicht die einzige Voraussetzung für diesen Beruf.			
9. Bei vielen Auftritten als Stuntfrau muss Frau Statz schwimmen oder Rad fahren.			
10. Die körperliche Leistungsfähigkeit allein ist nicht genug, man muss sich auch geistig auf eine Leistung vorbereiten.			
11. Jeder Sprung muss beim ersten Mal klappen.			
12. Frau Statz muss das Gefühl haben, dass sie eine Aufgabe bewältigen kann, sonst nimmt sie den Auftrag nicht an.			
13. Ihre Mutter und ihr Freund schauen immer voller Angst zu, wenn sie im Fernsehen erscheint.			
14. Frau Statz möchte dafür kämpfen, dass ihr Name neben dem der Schauspielerin genannt wird.			

2. Beantworten Sie mit eigenen Worten die folgenden Fragen.

1. Wie kann man den Beruf von Frau Statz beschreiben?
2. Wie ist sie auf die Idee gekommen, Stuntfrau zu werden?
3. Wie hält sie sich fit?
4. Was ist die Grundlage dafür, diesen riskanten Beruf auszuüben, ohne sich zu verletzen?
5. Wie bekämpft sie ihr Lampenfieber?
6. Was ist wichtig bei einem „Sturz" von der Treppe?
7. Wie hat sie den Sprung vom Dach eines vierstöckigen Hauses vorbereitet?
8. Was hilft ihr bei der „Landung" nach einem Sprung?
9. Was überlegt sie sich, bevor sie einen Auftrag annimmt?
10. Wie verhält sich Frau Statz privat?

2

I. Wenn die Haifische Menschen wären

Lehrbuch Seite 93–94

I. Welche Ergänzung gehört zum Verb? Suchen Sie die jeweilige Formulierung heraus.

1. *an die Haifische* _____ glauben (Z. 5)
2. _____ sorgen (Z. 6)
3. _____ lernen (Z. 7)
4. sich _____ hüten (Z. 8)
5. _____ verraten (Z. 9)
6. _____ führen (Z. 10/11)
7. _____ erobern (Z. 11)
8. _____ führen lassen (Z. 12)
9. _____ lehren (Z. 12)
10. _____ besteht (Z. 13)
11. _____ verstehen (Z. 15)
12. _____ schweigen (Z. 17)
13. _____ töten (Z. 17)
14. _____ verleihen (Z. 18)
15. _____ schwimmen (Z. 23)
16. _____ strömen (Z. 25)
17. _____ bekommen (Z. 34)
18. _____ zu fressen bekommen (Z. 36)
19. _____ sorgen (Z. 37)

2. Wie heißt es im Text?

1. Man würde die Fischlein lehren, ... (Z. 6)
   Man würde den Fischlein beibringen _____

2. Die Fischlein müssten sich in Acht nehmen. (Z. 8–9)
   _____

3. Die Fischlein, würden sie bekannt machen, ... (Z. 14)
   _____

4. ..., in denen man sich wunderbar amüsieren kann, ... (Z. 21)

_____

5. ..., sie denken dabei nur an Schönes, ... (Z. 24)

_____

6. Einige ... würden zu ihren Chefs gemacht. (Z. 34)

_____

7. ..., da sie dann selber öfter was Besseres zu fressen bekämen. (Z. 36)

_____

8. Und die größeren Fischlein, die Posten haben, ... (Z. 27)

_____

3. Wie lauten die Hypothesen, die Brecht in seinem Text auf Seite 93 aufstellt?

> *Zum Beispiel:*
> Wenn die Haifische Menschen *wären*, dann *wäre* natürlich die moralische Ausbildung der Fischlein die Hauptsache.
>
> Wenn die Haifische Menschen *wären,* dann *würden* sie die anderen Fischlein *unterrichten.*

Suchen Sie je eine Hypothese in Bezug auf: 1. Unterricht, 2. Gehorsam, 3. Zukunft, 4. Neigungen, 5. Kriege, 6. Unterschiede, 7. Kunst, 8. Theater, 9. Musik, 10. Religion, 11. Ordnung.

II. Unsere Macht ist zerstörerisch

Lehr-buch Seite 97–98

Schreiben Sie den Text um. Die Anfänge der neuen Sätze sind jeweils vorgegeben.

1. Was in vier Milliarden Jahren gewachsen ist, kann heute _____

_____ .

2. Man muss sich immer wieder klar machen, _____

_____ .

3. Im Gegensatz zu früher _____

_____ .

4. Mit unserer zerstörerischen Macht kann zwar _____

_____ , so dass _____

_____ , aber kein einziger Mensch _____

_____ .

3

5. Nicht einmal _____

_____

_____

_____ , _____ deut-

lich, was uns heute am meisten fehlt: Selbsterkenntnis, Einsicht in unsere Grenzen.

6. Nicht jeder ist ein _____ .

7. Menschen _____ Auf-

gabe: in Bescheidenheit sich selbst erhalten.

8. Erfüllen _____ , wird _____

_____ : Dann _____

_____

_____

_____ geben.

III. Esoterik – ein Weg zum inneren Frieden?

Lehr-
buch Seite
99–102

Um mit dem Text besser arbeiten zu können, empfehlen wir Ihnen, die Zeilen zu numerieren.

I. Erstellen Sie eine grobe Gliederung des Textes.

1. Welche(r) Abschnitt(e) bilde(t/n) die Einleitung

(A = Z. _____ – Z. _____),

den Hauptteil (B = Z. _____ – Z. _____),

den Schluss (C = Z. _____ – Z. _____)?

2. Aus wieviel gedanklichen Abschnitten besteht der Hauptteil? Geben Sie jeweils die Zeilen für einen zusammengehörigen Gedanken an.

2. Lesen Sie jetzt die Einleitung (Z. 1–9). Ersetzen Sie die schräg gedruckten Wörter durch andere Wendungen mit gleicher Bedeutung

1. *Kennen Sie sich* mit Esoterik *aus?*
2. Dann *liegen Sie im Trend unseres Zeitgeistes.*
3. Esoterik war früher *eine Geheimwissenschaft.*
4. Heute ist die Flut der esoterischen Publikationen *nicht mehr zu übersehen.*
5. Die Esoterik *könnte man grob* in fünf Teilgebiete untergliedern.
6. Wir wollen *sie näher betrachten.*

3. Lesen Sie jetzt den ersten Abschnitt des Hauptteils (Z. 10–27).
Setzen Sie die Verben ein.

beherrschen, berichten, einbeziehen, entfalten, entwickeln, erhalten, fördern, gehen, haben, köpfen, lernen, lösen, los werden, machen, meinen, reifen, sehen, sein, sollen, suchen, trainieren, verlieren, werden

Viele Esoteriker _____, dass die Mystik das edelste Gebiet _____. Das Ziel der Mystik _____ es, die eigene Persönlichkeit zu _____, seelisch zu _____ und schließlich mit dem Göttlichen eins zu _____. Der Mensch wird als ein Abbild Gottes _____, der seine Göttlichkeit aber noch nicht _____ oder diese _____ hat. Um die mystische Entwicklung zu _____, _____ die Menschen ihren Körper gesund _____ und _____, Verspannungen der Muskulatur _____, Atmung und Körperhaltung _____ und sich geistig zu konzentrieren _____. Seelische Störungen bei dieser Entwicklung _____ von esoterischen Psychotherapeuten nicht nur in der frühen Kindheit _____, sondern sie _____ auch die Geburtserfahrung und die vorgeburtliche Zeit mit _____. In der Reinkarnationstherapie _____ es darum, Probleme aus einem früheren Leben wieder bewusst zu _____. So wird z. B. von einer Patientin _____, die seit Jahren unheilbare Nackenschmerzen _____ und diese erst _____, als sie ‚wiedererlebte‘, dass sie während der Zeit der Französischen Revolution mit der Guillotine _____ wurde.

4. Welche Erklärung passt zu welchem Wort? Setzen Sie die richtigen Wörter ein.

eso – guillo – in – karnation – kation – latur – musku – my – pa – psycho – publi – re – stik – therapie – terik – tient – tine

1.		im Druck erschienenes Werk
2.		nur für Eingeweihte bestimmte Lehre
3.	*Therapeut*	behandelnder Arzt, Heilkundiger

4.		Heilbehandlung durch geistig-seelische Einwirkung
5.		Gesamtheit der Muskeln einer Körpers, alle aktiven Bewegungsorgane eines Körpers
6.		Wiedergeburt, Wiederverleiblichung
7.		religiöse Richtung, die den Menschen durch Hingabe und Versenkung zu persönlicher Vereinigung mit Gott zu bringen sucht.
8.		Fallbeil (nach dem französischen Arzt Guillotin)
9.		Kranker in ärztlicher Behandlung

5. Lesen Sie nun den zweiten Abschnitt des Hauptteils (Z. 28–57).

1. Mit welchen „Hilfsmitteln" arbeiten die verschiedenen Methoden des Wahrsagens?

   1. Astrologie: _____

   2. Tarot: _____

   3. I Ging: _____

   4. Volksglaube: _____

2. **Ergänzen Sie mit eigenen Worten, ohne den Inhalt des Textes zu verändern.**

   1. Z. 30/31: Man hofft, _____

   _____

   2. Z. 32/33: Astrologen glauben, dass das, was _____ _____, nicht die Ursache sei, sondern dass es nur _____ spiegle.

   3. Z. 37/38: Die Anhänger des Tarot versuchen, Antwort zu vielfältigen Lebensproblemen zu finden, indem _____

   _____

   4. Z. 43–45: Meist _____ drei Münzen und ermittelt _____, in welcher Beziehung _____.

   5. Z. 45/46: Die Deutung der entstehenden Kombinationen kann man _____

   Die Deutung der entstehenden Kombinationen kann _____ ermittelt

   _____.

   6. Z. 48: Danach _____ bestimmt Glück bringen, wenn ...

7. Z. 54–56: Viele meinen, ———————————————————————
——————————————————————— vorhersagen.

Viele meinen, ———————————————————————
——————————————————————— vorhersagen könne.

6. Lesen Sie nun den dritten Abschnitt des Hauptteils (Z. 58–73). Steht das so im Text?

	Ja	Nein	Zeile(n)
1. Die Magie setzt Macht über Menschen voraus.			
2. Durch Magie möchte man meistens nur Vorteile für sich selber erreichen.			
3. Vielen Magiern ist es schon gelungen, auf geheimnisvolle Weise unsichtbar zu werden.			
4. Magier kann man besonders leicht hypnotisieren.			
5. Viele Menschen halten die Erdstrahlen für gefährlich.			
6. Schmuck ist ein altbewährtes Mittel, das vor Unglück schützt.			
7. Viele Menschen glauben, sie könnten ihr Leben durch ihre eigenen Gedanken beeinflussen.			

7. Was bedeuten folgende Wendungen? (Nehmen Sie ein Wörterbuch zu Hilfe.) Geben Sie die Bedeutung mit eigenen Worten wieder und bilden Sie weitere Beispielsätze oder andere Wortzusammensetzungen oder Wendungen.

1. . . . sollen es dem Magier ermöglichen, . . . ————————————
2. . . . das Gesetz der Entsprechung . . . ————————————
3. . . . das tut man dem Betreffenden . . . an. ————————————
4. . . . gilt als eine Gegend, . . . ————————————
5. . . . fertigen oft . . . an, . . . ————————————
6. . . . die Allmacht der Gedanken . . . ————————————
7. . . . ist weit verbreitet. ————————————
8. . . . versuchen, . . . zu stimulieren. ————————————

**8. Lesen Sie jetzt den vierten Abschnitt des Hauptteils (Z. 74–94).
Ergänzen Sie die fehlenden Wörter.**

_____ Spiritismus versteht man den _____ der Kontaktaufnahme mit Geistern _____ überirdischen Wesen. Zu den _____ werden die Seelen der _____ gezählt, aber auch Gespenster, _____ einen durchscheinenden Körper haben _____ und ihren Spuk treiben, _____ auch Vampire, die sich _____ in Fledermäuse verwandeln können. _____ Menschen versuchen auch, mit _____ Schutzengel in Kontakt zu _____. Die Geister äußern sich _____ einen in Trance versetzten _____, ein sogenanntes Medium, das _____ Verbindung zu ihnen herstellen _____. So werden durch das _____ Bilder automatisch gemalt oder _____ wie von selbst in _____ Geschwindigkeit geschrieben. Selbst die _____ großer Komponisten benutzen demnach _____ solches Medium, um neue _____ zu komponieren.

9. Ergänzen Sie mit eigenen Worten, ohne den Inhalt des Textes zu verändern.

1. Z. 84/85: Wenn _____
   bedienen sich viele Jugendliche heute _____
   _____.

2. Z. 85–87: Während die Teilnehmer _____
   ihre Hände auf die Tischplatte _____, beginnt der
   Tisch sich scheinbar _____.

3. Z. 87/88: _____ ständig von Geistern
   verfolgt, dann hat das oft psychische Störungen _____.

4. Z. 90/91: Sie benutzen inzwischen auch _____
   oder _____ für ihre Nachrichten.

5. Z. 92–94: Viele möchten _____ als Protest gegen
   die Kirche und unsere Welt _____ wissen.

**10. Lesen Sie jetzt den fünften Abschnitt des Hauptteils (Z. 95–122). Ergänzen Sie
die zusammengesetzten Wörter wieder zu dem richtigen Wort.**

1. Para_____	5. Zukunfts_____	9. _____gebiet
2. Gedanken_____	6. Zu_____	10. Gegen_____
3. _____übertragung	7. Ange_____	11. _____reisen
4. _____sehen	8. _____fluß	12. _____fuß

II. Ergänzen Sie mit eigenen Worten, ohne den Inhalt des Textes zu verändern.

1. Z. 95: Das Thema _____ .
2. Z. 97: Einige Phänomens kennen _____ .
3. Z. 98: ... Bekannten denken, werden _____
   _____
4. Z. 98/99: Sie machen Ihrem Freund _____ , ...
5. Z. 103: Es _____ , dass Sterbende ...
6. Z. 108–113: Man erforscht auch, wie groß _____
   und ob _____ .
7. Z. 114: ... wird auch in anderen Fähigkeiten _____ , ...

12. Lesen Sie jetzt den Schluß (Z. 123–125). Suchen Sie die Gegensatzpaare heraus, die der Text hier anbietet.

1. _____ – _____
2. _____ – _____

13. Beschäftigen Sie sich jetzt mit dem ganzen Text.

1. Der Verfasser beginnt und endet mit einer Frage („Und Sie?"). Was will er dadurch erreichen?
2. Vervollständigen Sie das Textgerüst mit den wichtigsten Informationen und Schlüsselwörtern aus dem Text.

Einleitung	
Hauptteil 1. Abschnitt	
Hauptteil 2. Abschnitt	
Hauptteil 3. Abschnitt	
Hauptteil 4. Abschnitt	

Hauptteil 5. Abschnitt	
Schluss	

3. Fassen Sie jetzt den Text Abschnitt für Abschnitt zusammen (pro Abschnitt 1–3 Sätze).

I4. Äußern Sie Ihre eigene Meinung zu dem Thema:

- Haben Sie selbst schon Erfahrungen auf diesem Gebiet gemacht?
- Haben Sie schon von Freunden/Verwandten ähnliche Erlebnisse gehört?
- Möchten Sie sich gern mit Esoterik beschäftigen?
- Glauben Sie, dass die Beschäftigung mit Esoterik dauerhaft oder nur eine Modeerscheinung ist?

IV. Lesebuchgeschichten

Lehrbuch Seite 103 –104

Fragen zum Textverständnis

1. Warum gibt Borchert seinen kurzen Texten die Überschrift „Lesebuchgeschichten"?
2. Was könnte Borchert schreiben, wenn er heute leben würde? „Alle Leute haben ..."
3. „Bomben, sagte der Erfinder" — Wir kennen heute noch viele andere Mittel der Kriegführung. Was könnte Borchert heute schreiben?
4. Was könnte der „Mann mit dem weißen Kittel" für einen Beruf haben? Was könnte er auf das Papier geschrieben haben?
5. Gibt es auch eine tödliche Bedrohung der Welt, ohne dass ein Krieg geführt wird? Entscheiden Sie sich für eine Antwort und begründen Sie Ihre Meinung.

V. Todesfuge

Lehrbuch Seite 105

Fragen zum Textverständnis

1. Schreiben Sie alle Wörter auf, die Ihnen im Zusammenhang mit „Milch" einfallen. Das kann z. B. ein Synonym, eine Farbe oder eine Funktion sein. Versuchen Sie dann möglichst genau zu beschreiben, was „Milch" ist.
2. Untersuchen Sie ebenso das Adjektiv „schwarz".
3. Lesen Sie in einem Lexikon über die „Fuge" in der Musik nach.
4. Untersuchen Sie genau den Satzbau und die Zeichensetzung.

5. Denken Sie an den Lexikonartikel. Die Fuge lebt von ihrem Thema, das von verschiedenen Stimmen immer wieder aufgenommen wird und von dem Gegensatz zu diesem Thema.
   a) Welches ist das Thema im Gedicht?
   b) Welches ist der Gegensatz?
   c) Welches sind die Zwischenspiele?
6. Versuchen Sie, alle Gegensätze herauszufinden, die im Gedicht dargestellt werden.
7. Suchen Sie die Antworten:
   a) Wessen Augen sind blau?
   b) Wer „trifft" mit bleierner Kugel? Wen trifft er?

Übungen zu Grammatik und Wortschatz   Reihe   3

I. Die Präpositionen „aus", „bei", „in", „mit", „vor", „zu"

Diese Präpositionen werden gebraucht, wenn etwas ausgesagt wird über Verhaltensweisen, Gefühle und inneres Befinden:

1. **aus** (ohne Artikel, mit Dativ)
   Ein Motiv (ein Verhalten) führt zu einer Handlung oder hat schon zu einer Handlung geführt (vgl. *vor*):
   Diesen Mord hat er *aus Eifersucht* begangen.
   Er antwortet nie, *aus Angst,* einen Fehler zu machen.

2. **bei** (häufig mit Possessivpronomen oder Adjektiv, mit Dativ)
   Das Verhalten eines Menschen ist eine Ursache oder stellt eine Einschränkung dar:
   Bei deinen Fähigkeiten dürfte dir diese Aufgabe doch leicht fallen.
   Bei aller Geduld — aber jetzt reicht's mir!

3. **in** (häufig mit Possessivpronomen, mit Dativ)
   Eine innere Befindlichkeit oder eine äußere Situation werden ausgedrückt:
   In seiner Verzweiflung vergaß er alles andere.
   In diesem Zustand solltest du dich nicht mehr ans Steuer setzen.

4. **mit** (oft ohne Artikel, mit Dativ)
   Ein Gefühl, aber auch ein Verhalten werden ausgedrückt:
   Mit großer Freude habe ich deinen Brief gelesen.
   Mit viel Fleiß wirst du es sicher schaffen.

3

5. **vor** (mit Dativ)
   Ein Gefühl oder Ereignis führt zu einer Reaktion, die nicht kontrollierbar ist (vgl. *aus*):
   Er weinte *vor Freude*, als er seine Kinder wiedersah.
   Er zitterte *vor Angst*, wenn ihn der Lehrer anblickte.

6. **zu** (häufig mit Possessivpronomen, mit Dativ)
   Ein Gefühl wird ausgedrückt:
   Zu meiner großen Freude habe ich endlich wieder einen Brief von dir erhalten.
   Zu meinem tiefsten Bedauern muss ich diesen Termin leider absagen.

I. Vergleichen Sie jeweils den Gebrauch der Präpositionen.

a) Aus Angst, einen Fehler zu machen, antwortete er nicht.
b) Vor Angst wusste er nicht mehr, was er tun sollte.

a) Zu meiner Freude habe ich gestern Nachricht von dir bekommen.
b) Mit großer Freude habe ich deinen Brief gelesen.

a) Bei deinem Fleiß wirst du es sicher schaffen.
b) Mit viel Fleiß wirst du das sicher schaffen.

a) In deiner Arbeit warst du ja schon immer sehr zuverlässig.
b) Vor lauter Arbeit vergisst du noch alles um dich herum.

2. Offene Fragen – Ergänzen Sie die Präpositionen.

1. Werden Kriege _____ Egoismus vom Zaun gebrochen?

2. Was muss jeder Einzelne _____ seinem Leidwesen im Krieg erfahren?

3. Warum verlieren die Menschen _____ ihrer Angst und _____ ihrer Verzweiflung oft jedes Maß?

4. Wer kann im Krieg _____ Gleichgültigkeit reagieren?

5. Wer stimmt dem Krieg _____ Schwäche zu?

6. Wer geht _____ Protest in den Untergrund?

7. Kann man – _____ aller Liebe zum Vaterland – sich seines Vaterlandes auch manchmal schämen?

8. Warum ist ein Krieg _____ allem guten Willen nicht immer zu verhindern?

9. Wer handelt wirklich _____ Gewissensgründen, der Soldat oder der Wehrdienstverweigerer?

10. Gibt es wohl auch heute noch Menschen, die _____ Zuversicht in die Zukunft sehen?

11. Können wir heute sagen, dass die Frage nach Krieg und Frieden _____ unser aller Zufriedenheit gelöst ist?

II. Der Konjunktiv II

Wiederholung der Formen

1. Der Konjunktiv II ist keine Zeitform, sondern ein „Modus", eine Aussageform. Er sagt aus, dass etwas nicht real, nicht wirklich ist (Irrealis, Konjunktiv der Nicht-wirklichkeit).

2. Die Formen des Konjunktivs II werden abgeleitet von den Präteritumformen der Verben,
   ich wusste ⟶ ich **wüsste**
   er kaufte ⟶ er **kaufte**

3. Der Konjunktiv II hat zwei Zeitstufen:

	Indikativ	Konjunktiv
1. *Gegenwart:*	ich kam	ich **käme**
2. *Vergangenheit:*	ich kaufte	
	ich habe gekauft	ich **hätte gekauft**
	ich hatte gekauft	

Eine Zukunftsform ist nicht gebräuchlich.

I. Ergänzen Sie die fehlenden Formen des Konjunktivs II in der Gegenwart.

	sein	*haben*	*werden*	schwaches Verb	starkes Verb	Modal-verb
ich	*wäre*					
du					*käm(e)st*	
er, sie, es				*fragte* *		
wir		*hätten*				
ihr			*würdet*			
sie, Sie						*könnten*

83

2. Ergänzen Sie die fehlenden Formen des Konjunktivs II in der Vergangenheit.

	sein	*haben*	*werden*	Verb mit *haben*-Perfekt	Verb mit *sein*-Perfekt	Modal-verb
ich	*wäre... gewesen*					
du		*hättest... gehabt*				
er, sie, es			*wäre... geworden*			
wir				*hätten... gefragt*		
ihr					*wär(e)t... gekommen*	
sie, Sie						*hätten... gewollt*

3. Auch der Konjunktiv II kann Passivformen bilden.
Setzen Sie die Formen der Gegenwart und der Vergangenheit ein.

	Gegenwart	*Vergangenheit*
ich	*würde gerufen*	
du		
er, sie, es		
wir		
ihr		
sie, Sie		*wären gerufen worden*

4. Kennzeichnen Sie alle Formen, in denen der Konjunktiv II nicht eindeutig zu erkennen ist, mit einem Sternchen (*). Diese Formen umschreiben wir mit „würde".

Beispiel: Er machte gern Urlaub ⟶ Er *würde* gern *Urlaub machen.*

1. Treffen zwei Konjunktivformen zusammen, umschreibt man eine Form mit *würde*:
   Wenn ich **könnte, käme** ich mit. ⟶ Wenn ich **könnte, würde** ich **mitkommen.**

2. Sehr viele Konjunktivformen wirken heute ungewöhnlich und werden kaum noch benutzt (z. B. *ich führe, ich stürbe . . .*); sie werden mit *würde* umschrieben: An deiner Stelle **tränke** ich nicht so viel Wein. ⟶ An deiner Stelle **würde** ich nicht so viel Wein **trinken.**

3. Die Umgangssprache benutzt die Formen des Konjunktivs II fast nur noch bei *sein, haben, werden* und den Modalverben *(Dürfte ich . . . , Du solltest . . .),* in allen anderen Fällen wird meist mit *würde* umschrieben.

4. Das Zusammentreffen von *. . . würde, würde . . .* sollte man vermeiden:
Wenn Sie **kommen würde, würde** ich sie **fragen.**
⟶ Wenn sie **käme, würde** ich sie **fragen.**
⟶ Wenn sie **kommen würde, fragte** ich sie.
⟶ Wenn sie **kommt, würde** ich sie **fragen.**
⟶ **Käme** sie, **würde** ich sie **fragen.**

Gebrauch

Der Konjunktiv II wird gebraucht,

1. um einen irrealen Wunsch auszudrücken:
Wüsste ich doch bloß die richtige Antwort!
Wenn ich doch bloß erwachsen **wäre!** (Nebensatzstellung)

Hier muss der Konjunktiv durch Modalwörter *(bloß, doch, nur)* verstärkt werden.

2. im irrealen Bedingungssatz (Konditionalsatz):
Wenn ich Geld **gehabt hätte, wäre** ich mit dir **gefahren.**
Hätte ich Geld **gehabt, wäre** ich mit dir **gefahren.**
Ich **wäre** mit dir **gefahren,** wenn ich Geld **gehabt hätte.**

Der Konjunktiv II steht häufig nach *sonst* und *andernfalls*:
Leider habe ich kein Geld, sonst **wäre** ich mit dir **gefahren.**

3. im irrealen Vergleichssatz:

Er läuft,
als ob er ein Hase **wäre.**
als ob man Hunde auf ihn **gehetzt hätte.** } (Nebensatz-stellung)
als wäre er ein Hase.
als hätte man Hunde auf ihn **gehetzt.** } (*als* + Verb)

4. im irrealen Folgesatz. Die Adverbien *zu* und *allzu* lassen die Folge nicht eintreten:
Die Musik ist **zu laut, als dass** man sie noch **genießen könnte.**

5. Außerdem . . .
   a) nach *beinahe* und *fast*:
   Beinahe **hätte** ich den Bus **verpasst.**
   b) zur Trennung von Realität und Irrealität:
   Ich **hätte** dich **besucht** (= irreal), aber dann bin ich krank geworden (= real).
   c) in Fragen, wenn man etwas nicht glauben kann:
   Würdest du das wirklich **riskieren?**

3

d) bei freundlichen, höflichen Bitten oder Fragen:
   Hättest du vielleicht Zeit für mich?
   Würdest du **mitkommen**?
e) *dürfen* im Konjunktiv II als Ausdruck der Vermutung:
   Sie **dürfte** etwa 30 Jahre als sein.
f) wenn etwas beendet ist:
   das **wäre geschafft**.
g) um eine Unsicherheit auszudrücken:
   Ich glaube nicht, dass ich das besser **gemacht hätte**.
h) in Abhängigkeit von einem negativen Beziehungssatz:
   Ich **wüsste nicht**, was ich lieber **täte**.

Aufgaben und Übungen

I. Wünsche, Wünsche, Wünsche ... Ergänzen Sie die Lücken.

*Was ist Unterricht?
Wenn alles schläft,
und einer spricht,
das nennt man
Unterricht.*

1. Wenn der Unterricht doch schon zu Ende *wäre* _____!   (sein)
2. Wenn Irene doch schon _____!   (kommen)
3. Wenn er doch nicht an die Hausaufgabe _____!   (denken)
4. Wenn er doch endlich _____!   (gehen)
5. Wenn er mich doch endlich mal in seinem schicken
   Wagen _____!   (mitnehmen)
6. Wenn Peter doch die Antwort _____!   (einfallen)
7. Wenn ich bloß _____, wann Goethe geboren ist.   (wissen)
8. Wenn wir doch heute keinen Test schreiben _____!   (müssen)
9. Wenn ich doch auch mal was sagen _____!   (dürfen)
10. Wenn ich doch bloß eine Ahnung _____,
    wo Passau liegt.   (haben)
11. Wenn Herr Fritsch doch immer bei uns _____!   (bleiben)
12. Wenn er uns doch diesen Gefallen _____!   (tun)
13. Wenn sich die Schüler doch auch mal was sagen
    _____!   (lassen)

2. Drücken Sie Ihre Wünsche aus.

Beispiel:

a) *Wenn doch bloß einer stehen bliebe!*

b) *Wenn mich nur einer mitnähme!*

c) *Wenn ich doch nicht so lange warten müsste!*

3

1. Situation: Ihr Freund arbeitet sehr viel und hat keine Zeit für Sie. Was wünschen Sie sich da manchmal?

_____ !

2. Situation: Sie sehen einen wunderschönen Bildband. Aber leider kostet er viel Geld.

_____ !

3. Situation: Sie haben den Hausschlüssel vergessen und stehen vor der Tür. Aber niemand öffnet.

_____ !

4. Situation: Sie rufen und rufen, aber niemand hört Sie.

_____ !

5. Situation: Sie haben ein wunderbares Essen gekocht, aber die liebe Freundin / der liebe Freund will keinen Bissen probieren.

_____ !

6. Situation: Ihre Nachbarin stört Sie ständig und lässt Sie nicht in Ruhe.

_____

7. Situation: Sie sind mit Ihrer Arbeit noch nicht fertig.

_____

3. ... dann wäre natürlich alles anders! Ergänzen Sie die Sätze.

Lehr-buch Seite 94–96

1. Wenn ich (nicht) verheiratet wäre, _____

2. Wenn ich zaubern könnte, _____

3. Wenn ich einen Wunsch frei hätte, _____

4. Wenn ich ein Mann / eine Frau wäre, _____

5. Wenn ich fliegen könnte, _____

4. Versuchen Sie, einige Hypothesen aufzustellen.

Was wäre, wenn es z. B. keine Sonne   gäbe

                          keine Gesetze
                          keine Waffen
                          keine Schule
                          kein Telefon
                          kein Auto
                          kein Fernsehen

Wenn es keine Sonne gäbe, könnten wir ... .

Wenn ... .

Fahren Sie ebenso fort.

5. Ergänzen Sie das Verb im Konjunktiv II der Vergangenheit.

Lehrbuch Seite 94–96

Infinitiv

1. sein   Wenn ich zu Haus _gewesen_ _wäre_ , _hätte_
   anrufen   ich dich _angerufen_ .

2. fahren   Wenn er mit dem Auto _____ _____,
   mitnehmen   _____ er euch bestimmt _____ .

3. bleiben   Wenn wir noch länger _____ _____, _____
   versäumen   _____ wir ganz sicher den Zug _____ .

4. werden   Wenn das Wetter besser _____ _____,
   spazierengehen   _____ wir am Nachmittag _____ .

5. wissen   Wenn es Anna _____ _____, _____
   sagen   sie es dir bestimmt _____ .

6. fliegen   Wenn wir _____ _____, _____ wir
   sein   einen Tag früher dort _____ .

7. kommen   Wir _____ ein paar Tage früher _____,
   regnen   wenn es nicht dauernd _____ _____ .

8. gerettet werden   Der Verletzte _____ nicht _____
                        _____, wenn nicht zufällig ein Arzt an der Unglücksstelle
   sein   _____ _____ .

9. angehalten   Wir _____ nicht _____,
   werden;   wenn wir uns an die Höchstgeschwindigkeit _____
   halten   _____ .

3

10. niedergerissen Das alte Haus _____ nicht _____
    werden; _____, wenn es nicht schon so baufällig _____
    sein _____ .

11. aufstehen Ihr _____ früher _____,
    müssen; wenn ihr ihn noch _____ _____ _____ .
    sehen wollen

12. bestehen können Du _____ diese Prüfung auch _____
    lernen _____ , wenn du mehr _____
    _____ .

13. kommen dürfen Ich _____ ganz bestimmt nicht _____
    sprechen _____ , wenn du nicht für mich _____
    _____ .

6. Ergänzen Sie die Sätze zu irrealen Vergleichssätzen. Verwenden Sie dabei die Angaben, die in Klammern stehen.

1. (Besuch bekommen) Es hat den Anschein, als *würden wir Besuch* *bekommen.*

2. (ihn schon irgendwo Mir ist, als ob _____
   gesehen) _____

3. (nichts davon Petra, tu nicht so, als wenn _____
   wissen) _____

4. (nicht zu Hause Wir tun jetzt so, als ob _____
   sein) _____

5. (er gleich wieder gehen)

Ich habe den Eindruck, als _____

_____

6. (er sehr enttäuscht gewesen)

Kommt es dir nicht auch so vor, als _____

_____

7. (sich in der Adresse geirrt)

Mir war, als ob er _____

_____

8. (etwas Bestimmtes gesucht)

Es sah so aus, als wenn er _____

_____

7. Ergänzen Sie passende Sätze mit „fast" oder „beinahe".

Birgit: Paul trägt seit neuestem eine Perücke. Fast *hätte ich ihn nicht erkannt.*

Renate: Was du nicht sagst!

1.

BANK
9.00 − 12.00 Uhr
14.00 − 16.00 Uhr

(zu spät kommen)

Martin: Hast du noch Geld geholt?

Stefan: Zwei Minuten vor vier war ich bei der Bank. _____ beinahe _____

_____.

2. (überfahren werden)

Sigrid: Ist dir was passiert?

Kaspar: Das Auto konnte gerade noch bremsen.

_____

_____.

3. (vergessen)

Jürgen: Hier, der Brief!

Monika: Danke, dass du mich erinnerst!

_____

_____.

4. (einschlafen)

Der Vortrag war so langweilig, dass _____

_____

5. (den Zug verpassen)

Heute morgen habe ich den Wecker nicht gehört.

_____

_____

6. (das Herz bleibt mir stehen)

Als ich meinen Chef so unerwartet sah, _____

_____

_____

7. (vor Angst sterben)   Es war ganz dunkel und kein Mensch mehr auf der Straße. Plötzlich kam eine schreckliche Gestalt auf mich zu. _____

_____

_____

8. (schiefgehen)   In der letzten Minute konnte der Fahrer das Steuer noch nach rechts reißen. Das _____

_____

9. (Boris Becker schlagen)   Mensch, war ich gestern gut! _____

_____

III. Lokaladverbien und unbestimmte Pronomen

Lehr-buch Seite 96

Ergänzen Sie bitte.

> irgendwo, nirgends, nirgendwo, irgendwohin, nirgendwohin, irgendjemand, niemand, irgendeiner, niemals

1. Wo wohnt er denn in München? – So genau weiß ich das auch nicht, _____ _____ im Zentrum.
2. Wohin fahrt ihr denn dieses Jahr? – _____, das Ziel steht noch nicht fest.
3. Wer wollte mich denn sprechen? – _____, er hat seinen Namen nicht gesagt.
4. Ich weiß nicht mehr genau, wer das gesagt hat, aber es war _____ aus der anderen Klasse.
5. Wer hat denn den Schlüssel? – Ich nicht! _____ hat ihn bestimmt wieder eingesteckt.
6. Wer war denn das? _____ muss ich ihn schon getroffen haben.
7. Hast du Peter gesehen? – Leider nicht! Ich habe ihn _____ gesehen!
8. Zum Wochenende fahren wir _____ ins Grüne.
9. Wirst du ihn noch einmal sehen? – Nein, _____ wieder!
10. Ich bin dort gewesen, aber _____ war zu Hause.
11. Dieses Jahr bleiben wir im Urlaub zu Hause, wir fahren _____.

Lehr-buch Seite 109

IV. Das Verb „werden"

I. Drücken Sie eine Vermutung mit „werden" aus.

Unser überraschender Besuch bei Ulrike

Wir malen uns aus, was passieren wird:

1. Wie wär's, wenn wir ganz plötzlich unangemeldet vor ihrer Tür stehen?
   (ganz schön   *Da wird sie aber ganz schön*
   überrascht sein)   *überrascht sein.*

2. Wir sagen ihr dann, dass wir drei Wochen bei ihr Urlaub machen wollen.
   (ganz schön   *Bestimmt*
   dumm schauen)

3. Schließlich haben wir uns lange nicht gesehen und es gibt viel zu erzählen.
   (ganz schön
   spät werden)

4. Nach der langen Autofahrt werden die Kinder durch Ulrikes Wohnung rennen und toben.
   (ganz schön
   Krach machen)

5. Bei dem Lärm können die Nachbarn sicher nicht schlafen.
   (ganz schön
   nervös werden)

6. Die Nachbarn sind sicher wütend.
   (ganz schön   *Ich fürchte, dass*
   schimpfen)

7. Wir müssen sicher etwas zu essen aus dem Restaurant holen, weil Ulrike nichts im Haus hat.

(ganz schön _____

teuer werden) _____

8. Um Mitternacht sagen wir ihr dann, dass wir doch nur für eine Nacht gekommen sind.

(sich freuen) *Wahrscheinlich* _____

Zu Hause erzählen wir einem Freund von unserem „Überfall".

Unser Freund meint dazu:

1. Wir standen plötzlich unangemeldet vor ihrer Tür.

    Da wird sie aber ganz schön überrascht gewesen sein.

2. Wir haben ihr gesagt, dass wir drei Wochen bei ihr Urlaub machen wollen.

    _____
    _____

3. Wir hatten uns lange nicht gesehen und es gab schrecklich viel zu erzählen.

    _____
    _____

4. Die Kinder sind durch die Wohnung gerannt und haben furchtbar getobt.

    _____
    _____

5. Bei dem Lärm konnten die Nachbarn natürlich nicht schlafen.

    _____
    _____

6. Sie waren ganz schön wütend.

    _____
    _____

7. Wir mussten etwas zu essen aus dem Restaurant holen, weil Ulrike nichts im Haus hatte.

    _____
    _____

8. Um Mitternacht haben wir ihr dann gesagt, dass wir doch nur für eine Nacht gekommen sind.

    _____
    _____

V. Verben mit dem Dativ

Lehr-buch Seite 117 –118

I. Setzen Sie die folgenden Verben sinngemäß ein, und zwar im Präteritum:

> ausweichen – entkommen – danken – fehlen – gefallen – gelingen – entsprechen – glauben – kommen – missfallen – nachlaufen – nützen – raten – widerstreben – zuhören

1. Er ___*begegnete*___ ihr zum ersten Mal in einem Supermarkt.
2. Sie _____ ihm außerordentlich gut.
3. Von da an _____ er ihr _____ wie ein kleiner Hund.
4. Sie _____ ihm immer _____, wenn er auf sie zuging.
5. Ihm _____ aber der Mut, sie auf eine Tasse Tee einzuladen.
6. Aber einmal _____ sie ihm nicht mehr.
7. Dieses Mal _____ es ihm, sich mit ihr zu verabreden.
8. Seine Liebeserklärung nach dem dritten Glas Wein _____ ihr sehr.
9. Dieses Geständnis _____ ihr sehr, weil es so plötzlich kam.
10. Außerdem _____ er gar nicht ihrem Ideal von einem Mann.
11. Sie _____ ihm deshalb nur mit halbem Ohr _____.
12. Sie _____ ihm kein einziges Wort, da sie von Natur aus sehr misstrauisch war.
13. Das alles _____ ihr zu plötzlich.
14. Sie _____ ihm für die Einladung und verabschiedete sich.
15. Ein guter Freund _____ ihm, die Finger von der Sache zu lassen.
16. Der gute Ratschlag _____ ihm wenig, denn Liebe macht bekanntlich blind.

2. „mir" oder „mich"? Setzen Sie die richtige Form ein.

1. Verzeih _____ bitte! Entschuldige _____ bitte!
2. Sie begegnete _____ gestern im Park. Er traf _____ ganz zufällig.
3. Kannst du _____ sehen? Der Kleine sieht _____ ähnlich.
4. Er rief _____ irgendetwas zu. Wer ruft _____?
5. Hast du _____ nicht gehört? Du gehört _____.

3. Ersetzen Sie das Verb durch ein anderes, ohne Inhalt und Form zu verändern.

1. Da *antwortete* sie mir Folgendes ...

   Da entgegnete sie mir folgendes ...

2. Wir konnten ihr nicht *helfen*. _____

3. Wollen Sie mir nicht *zustimmen*? _____

4. Das *hilft* mir nicht. _____

5. Er *gleicht* ganz seinem Vater. _____

6. Ich habe ihm nichts *geraten*. _____

7. *Verzeih* mir, wenn ich dich gekränkt habe. _____

4. Was bedeuten diese Wendungen?

> *Beispiel:* Das sieht dir wieder ähnlich.
> *Das ist wieder mal typisch für dich.*

1. Da bleibt mir wohl nichts anderes übrig.
2. Dazu fehlt mir aber der Mut.
3. Dem kann und will ich nicht zustimmen.
4. Da kann ich Ihnen nur beipflichten.
5. Das hilft keinem.
6. Das passt mir ganz und gar nicht.
7. Das steht dir nicht zu.
8. Dir fehlt überhaupt nichts.
9. Da kommen mir richtige Zweifel.

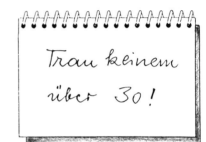

Trau keinem
über 30!

5. Setzen Sie die passende Wendung ein. Die Anweisungen helfen Ihnen dabei.

> *Beispiel:* Peter: Mutti, ich habe solche Kopfschmerzen und mir ist auch ganz
> übel. Kann ich heute nicht von der Schule zu Hause bleiben?
> Mutter: Du hast bloß wieder nichts gelernt und heute ist Klassenarbeit.
>
> Weißt du was? Ich glaube, *dir fehlt überhaupt*
> *nichts.*
>
> (..., du bist überhaupt nicht krank.)

1. Peter: Markus und Michael haben mich zum Zelten eingeladen. Wir fahren
   Samstag früh los und sind Sonntagabend wieder zurück.

   Mutter: _____

   (Damit bin ich nicht einverstanden.)

2. Vater: Geh einfach hin und beschwer dich!

   Thomas: _____

   (Ich habe aber Angst davor.)

3. Mutter: Unsere Bärbel will dieses Jahr mit ihrem Freund verreisen und nicht mit uns.

   Vater: _____

   (Dazu gebe ich meine Erlaubnis nicht.)

4. Edith: Ich werde einfach gar nichts mehr dazu sagen.

   Carmen: _____

   (Das bringt uns auch nicht weiter.)

5. Sie: Ich habe deine Post geöffnet.

   Er: _____

   (Dazu hast du kein Recht.)

6. Jochen: Ich glaube schon, dass unsere Entscheidung richtig war.

   Mutter: _____

   (Da bin ich nicht so sicher.)

7. Simone: Du musst sagen, wie es passiert ist.

   Silke: Ja, _____

   (Das muss ich dann wohl.)

8. Alter Mann: Früher war alles viel besser.

   Alte Frau: _____

   (Der Meinung bin ich auch.)

3 Reihe Mündlicher und schriftlicher Ausdruck

1. Sehen Sie sich die Collage S. 70 an. Versuchen Sie, folgende Fragen zu beantworten:

1. Welche Reaktionen rief die Wiedereinführung des Wehrdienstes damals hervor?
2. Wie lange dauert der Wehrdienst und wie lange der Zivildienst?
3. Aus welchen Gründen kann man den Wehrdienst verweigern?
4. Gab es anfangs genügend Plätze für den Zivildienst?
5. Wie ist die Situation heute?
6. Zu welchen Arbeiten werden die Zivildienstleistenden (Zivis) herangezogen?
7. Vergleichen Sie die Jahre 1958 und 1985 in Bezug auf die Anträge, die gestellt wurden, um als Kriegsdienstverweigerer anerkannt zu werden.
8. Sind Sie auch der Meinung, dass sich die Zivis vor der Arbeit drücken?

2. Wie beurteilen Sie die Entscheidung eines jungen Menschen ...

a) für den Wehrdienst, b) für den Ersatzdienst?

Tätigkeitsgruppen (Stand: 15.12.1985)	%
01 Pflegehilfe und Betreuungsdienste	58,4 %
02 Handwerkliche Tätigkeiten	12,2 %
03 Gärtnerische und landwirtschaftliche Tätigkeiten	2,1 %
04 Kaufmännische und Verwaltungstätigkeiten	3,4 %
05 Versorgungstätigkeiten	4,7 %
06 Tätigkeiten im Umweltschutz	1,4 %
07 Kraftfahrdienste	3,2 %
08 Krankentransport und Rettungsdienste	10,9 %
19 Individuelle Schwerstbehindertenbetreuung	3,9 %

Land	Rechtsgrundlage	Anerkennungsgründe	Dauer des Wehrdienstes	Dauer des Zivildienstes
Bundesrepublik Deutschland	Verfassung (Grundrecht), Gesetz	Gewissensgründe (absolutes Tötungsverbot; schwere seelische Belastung)	9 Monate Stand: 2000	11 Monate

Der Zivildienst

ICH BIN EIN DRÜCKEBERGER:

– Ich pflege Ihr behindertes Kind.
– Ich wasche Ihre bettlägerige Mutter.
– Ich füttere Ihren gelähmten Vater.
– Ich tröste Ihren sterbenden Bruder.
– Ich bin ein Drückeberger.

Anerkannte Kriegsdienstverweigerer

Jahr	Anzahl
1990	74 309
1991	151 214
1992	133 868
1993	131 057
1994	125 765
1995	160 569
1996	156 763
1997	154 972
1998	167 000

(Zahl für 1998 geschätzt, da Analyse noch nicht abgeschlossen)

Zivildienstplätze 1998
Deutsches Rotes Kreuz	18 769
Caritas	30 264
Diakonie	33 283
Wohlfahrtsverbände	47 443
Krankenhäuser	11 704
Sonstige	41 772
Gesamt	**183 235**

I. Max Frisch, Tagebücher 1946–1949

1. Lesen Sie bitte den ganzen Text ein- oder zweimal ganz genau. Machen Sie dann Aufgabe 2.

Über einem Städtchen, das wie unsere architektonischen Modelle anzusehen ist, entdecke ich unwillkürlich, daß ich durchaus imstande wäre, Bomben abzuwerfen. Es braucht nicht einmal vaterländische Wut, nicht einmal jahrelange Verhetzung; es genügt ein Bahnhöflein, eine Fabrik mit vielen Schloten, ein Dampferchen am Steg;
5 juckt einen, eine Reihe von schwarzen und braunen Fontänen hineinzustreuen, und schon ist man weg; man sieht, wie sich das Dampferchen zur Seite legt, die Straße ist wie ein Ameisenhaufen, wenn man mit einem Zweiglein hineinsticht, und vielleicht sieht man auch noch die Schlote, wie sie gerade ins Knie brechen und in eine Staubwolke versinken; man sieht kein Blut, hört kein Röcheln, alles ganz sauber, alles aus
10 einem ganz unmenschlichen Abstand, fast lustig. Nicht ohne eigene Gefahr; das meine ich nicht, daß es harmlos sei; ich denke auch die weißen Wölkchen, die jetzt ringsum aufplatzen, eine Staffel von Jägern, die hinter uns auftauchen und größer werden mit jedem Atemzug, lautlos, dann das erste Splittern in einer Scheibe, ein Gejaul wie in den Scheibenständen, verfolgt von einem verspäteten und verwehten Geratter. Das
15 alles inbegriffen! Ich meine nur den Unterschied, der darin besteht, ob ich Bomben streue auf ein solches Modell, das da unter den jagenden Wolken liegt, halb rührend, halb langweilig und kleinlich, oder ob ich ebenfalls dort unten stehe, mein Sackmesser öffne und auf einen Menschen zugehe, einen einzigen, dessen Gesicht ich sehen werde, beispielsweise auf einen Mann, der gerade Mist verzettelt, oder auf eine Frau, die
20 strickt, oder auf ein Kind, das barfuß in einem Tümpel steht und heult, weil sein papiernes Schifflein nicht mehr schwimmt. Das letztere kann ich mir nicht zutrauen. Beim ersteren, das ist der Unterschied, bin ich durchaus nicht sicher.

Schlot: Schornstein, Kamin
Scheibenstände: Stände mit Scheiben, auf die man im Training schießt
Sackmesser: Taschenmesser
Mist verzetteln: Mist auf den Feldern ausbreiten
Tümpel: kleiner Teich, sehr kleiner See

2. Beantworten Sie die Fragen zu Inhalt und Sprache.

a) Zeile 4–7: „... Bahnhöflein ... Dampferchen ... Zweiglein ...“
Welcher Sprache bedient sich Max Frisch hier?

b) Zeile 4–10: „... ein Bahnhöflein, eine Fabrik mit vielen Schloten, ein Dampferchen am Steg; ... das Dampferchen ... sauber ... fast lustig.“
Welche Vorstellungen und Erinnerungen werden im Leser wachgerufen?

c) Zeile 2: „ich", Zeile 6ff.: „man", Zeile 11ff.: „ich"
   Warum verwendet Max Frisch in seinem Text verschiedene Pronomen?

d) Zeile 19ff.: In welchen Situationen stellt Max Frisch hier die Menschen dar?

e) Zeile 13/14: „lautlos ... Splittern ... Gejaul ... Geratter"
   Was versucht Max Frisch hier wiederzugeben?

f) Zeile 16: Worauf bezieht sich „solches"?

g) Zeile 21/22: Worauf bezieht sich „Das Letztere" und „Beim Ersteren"?

3. Vergleichen Sie die Aussagen des Textes mit den folgenden Behauptungen. Wird das im Text gesagt, *Ja* oder *Nein?* Wenn ja, dann geben Sie bitte auch die Zeile an, wo das steht.

	Ja	Zeile/n	Nein
1. Vom Flugzeug aus wirkt eine Stadt wie das Modell eines Architekten.			
2. Wenn man Bomben auf eine Stadt wirft, ist sie sofort weg.			
3. Aus dem Flugzeug kann man ohne eigene Gefahr Bomben abwerfen.			
4. Töten ist leichter, wenn es anonym geschieht.			

4. Welcher Satz passt jeweils zwischen die Sätze 1–4, so dass sich ein fortlaufender Text ergibt?

1. Vom Flugzeug aus Bomben abzuwerfen wirkt fast wie ein Spiel.

   _____

2. Anders ist es, wenn man einem Menschen gegenübersteht.

   _____

3. Denn man sieht plötzlich, dass der andere kein anonymer Feind ist, sondern ein Mensch.

   _____

4. Jemand, der sich von einem selber gar nicht so sehr unterscheidet.

   _____

A Dann ist das Töten sehr viel schwieriger.

B Deshalb fühlt man sich viel weniger verantwortlich für die Zerstörung, die sie anrichten.

C Diese Begegnung macht es sehr viel schwerer, dem anderen wehzutun.

D Es ist jemand, der sich mit den alltäglichen Dingen seines Lebens beschäftigt.

II. Über Folter

I. Lesen Sie bitte den Text. Unterstreichen Sie in jedem Abschnitt 1–2 Sätze, die Sie am wichtigsten finden.

A Am 10. Dezember, dem Tag der Menschenrechte, wurde die Publizistin Carola Stern, Gründerin der deutschen Sektion von amnesty international, in Berlin ausgezeichnet mit der Carl-von-Ossietzky-Medaille. Mit ihrer Dankesrede vor der Liga für Menschenrechte eröffnete sie in Deutschland eine Kampagne gegen die
5 Folter.

B Ich spreche im Gedenken an Carl von Ossietzky. Ich spreche über Folter heute. Dem Durchschnittsbürger begegnet sie in unseren Tagen am häufigsten als nervenkitzelndes Element, als Würze eines Fernsehkrimis, des Gangster- oder Wildwestfilms, als Story ohne Realitätsbezug, die dem Mann im Polstersessel zeigt, wie
10 anderen Menschen Schmerzen zugefügt werden können, wie man sie fertigmacht und so etwas gerechtfertigt werden kann. Begegnet ihm die Folter als Nachricht aus der Wirklichkeit, reagiert er oft kaum darauf. Durch Unterhaltung ist er an dies Grauen psychologisch schon gewöhnt und durch die fast tägliche Berichterstattung über andere Gewalttaten, Terror, Massenmorde abgestumpft. „Der Abstump-
15 fungseffekt stempelt die Grausamkeit zum trivialen, banalen Alltagserlebnis.“ (Friedrich Hacker).

C Oder der Mensch erfüllt unbeabsichtigt die Spekulation von Folterern auf eine andere Weise. Er glaubt die Nachricht nicht. Die Unglaubwürdigkeit eines alle Vorstellungen übersteigenden Verbrechens ist immer noch auch seine beste Tarnung.
20 „Manchmal, wenn wir die Berichte von Folterungen erhalten“, schrieben selbst Widerstandskämpfer in Griechenland, „bekommen wir Angst – als sei das Ganze undenkbar, als seien wir das Opfer einer Kollektivhalluzination. In Wirklichkeit aber sind es nicht mehr die Beweise, die fehlen, sondern der Mut, ihnen zu glauben.“

25 D Wie im Mittelalter und im Gestapo-Deutschland gehört zur physischen Folter auch heute noch die Brachialgewalt: Fußtritte, Zusammenschlagen, Dauerprügel, Würgen, Ausreißen von Nägeln, sexuelle Quälereien. Zur psychischen Misshandlung gehört auch heute die Drohung mit Verstümmelung und Tod; die Scheinhinrichtung, Folter an Freunden und Verwandten mitanhören und mitansehen zu müssen.
30 Doch moderne Folterer haben das Mittelalter überholt.

E Was Herbert Marcuse etwa in seinem Aufsatz *Aggressivität in der gegenwärtigen Industriegesellschaft* (Neue Rundschau, 1967) beim Durchschnittsbürger konstatiert und was er die technologische Aggression nennt, wirkt sich pervertiert auch auf die Folter aus. In der modernen Form der physischen Folter erfolgt die Zer-
35 störung eines Menschen nicht unmittelbar durch einen anderen, sondern durch technische Werkzeuge, deren Anwendung keiner Körperkraft, sondern nur etwa eines Knopfdruckes bedarf. Die Elektroschocktortur z. B. ist von zweifachem Nutzen für die Folterer. Sie peinigt ohne Spuren, ohne Beweise zu hinterlassen,

und sie reduziert das Schuldbewusstsein der Täter durch die Vorstellung, nicht ich
40 als Person habe das angerichtet, sondern die Maschine, die Drähte da sind es gewesen. „Die neuen Formen der Aggression zerstören, ohne dass man sich die
Hände schmutzig macht" (Marcuse). Damit nimmt sicherlich die Zahl der potentiellen Täter zu.

2. Welcher Überschrift lässt sich einer der Textabschnitte A–E zuordnen? Schreiben Sie bitte die entsprechenden Buchstaben in die Kästchen. Drei Überschriften passen nicht.

1. Die Anonymität der Täter durch Verwendung neuer Technologien ☐
2. Eine Rede anlässlich einer Preisverleihung ☐
3. Die tägliche Gewöhnung an Brutalität und Gewalt ☐
4. Die Sensibilisierung für Gewalt durch Nachrichten aus aller Welt ☐
5. Das Ersetzen der physischen Folter durch moderne Methoden der Technik ☐
6. Die Unfähigkeit, sich etwas Unvorstellbares als Realität vorzustellen ☐
7. Die Angst der Widerstandskämpfer vor der Folter ☐
8. Die traditionellen Foltermethoden und ihre moderne Vervollkommnung ☐

3. Wo stehen die folgenden Aussagen im Text? Geben Sie bitte die Zeile(n) an.

1. Folter mit Hilfe technischer Geräte erlaubt es dem Folternden, sich unschuldig zu fühlen. Z. _____

2. Brutalität als „Stilmittel" sieht man täglich im Fernsehen. Z. _____

3. Wir glauben den Darstellungen von Folter nicht, weil sie unsere Vorstellungskraft übersteigen. Z. _____

4. Durch Unterhaltungssendungen an Brutalität gewöhnt, sind wir durch Nachrichten über tatsächlichen Terror kaum noch zu erschüttern. Z. _____

5. Körperliche Gewalt war schon immer ein Bestandteil der Folter. Z. _____

6. Moderne Foltermethoden erleichtern es sicherlich, aus Menschen Folterer zu machen. Z. _____

7. Carola Stern ruft alle Länder auf, die Folter zu bekämpfen. Z. _____

4. Vergleichen Sie die Aussagen des Textes mit den folgenden Behauptungen. Wird das im Text gesagt, Ja oder Nein? Wenn die Antwort Ja lautet, geben Sie bitte an, wo das im Text steht (höchstens 5 Zeilen).

	Ja	Zeile/n	Nein
1. Am 10. Dezember wurde die deutsche Sektion von amnesty international gegründet.			
2. In Unterhaltungssendungen werden Durchschnittsbürger gefoltert.			
3. Durch ständige Bilder und Berichte gewöhnt man sich daran, Gewalt und Terror hinzunehmen.			

3

	Ja	Zeile/n	Nein
4. Folterer rechnen damit, dass ihre Taten in der Öffentlichkeit kein Aufsehen erregen.			
5. Gefolterte Menschen haben häufig Halluzinationen.			
6. Neue Formen der Folter ersetzen heute den Einsatz körperlicher Gewalt.			
7. Technische Geräte verstärken die Aggressionen der Menschen.			
8. Heute kann der Folterer anonym bleiben, ein Knopfdruck genügt.			

5. Beantworten Sie die folgenden Fragen mit eigenen Worten und in grammatisch richtiger Form.

1. Z. 4: Welches Ziel verfolgt die Publizistin Carola Stern mit ihrer Rede?
2. Z. 17: Worauf „spekulieren" die Folterer?
3. Z. 37 ff.: Welche „Vorteile" hat die Anwendung technischer Geräte bei der Folter?
4. Z. 41: Wodurch könnte die Zahl der „potentiellen Täter" zunehmen?

6. Welche Bedeutung passt? Kreuzen Sie die richtige Antwort an.

1. Z. 2 f.: „... ausgezeichnet mit der Carl-von-Ossietzky-Medaille."
   a. sehr gut
   b. ausgewählt
   c. geehrt
   d. verliehen

2. Z. 6: „Ich spreche im Gedenken an C. v. Ossietzky."
   a. zur Erinnerung an
   b. in Gedanken an
   c. mit den Gedanken von
   d. im Sinne von

3. Z. 6: „Ich spreche über Folter heute."
   a. Am heutigen Tag spreche ich über Folter.
   b. Ich möchte heute an die Folter erinnern.
   c. Ich spreche darüber, ob und wie in unserer Zeit gefoltert wird.
   d. Heute möchte ich über Folter reden.

4. Z. 9: „... die dem Mann im Polstersessel zeigt, ..."
   a. den Menschen, die gern bequem sitzen
   b. den Menschen, die zuviel fernsehen
   c. den Menschen, die sich gern sadistische Brutalitäten anschauen
   d. den Menschen, die in der Sicherheit ihrer Wohnung sitzen

5. Z. 19: „... ist immer noch auch seine beste Tarnung."
   a. ist heute wie früher zugleich
   b. war auch schon immer
   c. ist auch heute besonders
   d. bleibt für immer

6. Z. 20f.: „... schrieben selbst Widerstandskämpfer ..."
   a. auch
   b. sogar
   c. persönlich
   d. selber

7. Worauf bezieht sich ...?

1. Z. 10: „..., wie man sie fertigmacht?"
2. Z. 11: „... und so etwas gerechtfertigt werden kann."
3. Z. 12: „..., reagiert er oft kaum darauf."
4. Z. 42: „Damit nimmt sicher ..."

8. Bei welchen Wörtern fehlt ein „Verbindungsstück"? Und wenn eins fehlt, schreiben Sie es bitte in die Lücke.

1. Mensch —— rechte
2. Dank —— rede
3. Durchschnitt —— bürger
4. Realität —— bezug
5. Polster —— sessel
6. Bericht —— erstattung
7. Gewalt —— taten
8. Masse —— mord
9. Abstumpfung —— effekt
10. Alltag —— erlebnis
11. Widerstand —— kämpfer
12. Kollektiv —— halluzination
13. Mittel —— alter
14. Industrie —— gesellschaft
15. Werk —— zeuge
16. Körper —— kraft
17. Knopf —— druck
18. Schuld —— bewusstsein

9. Suchen Sie im angegebenen Abschnitt ein Wort, das zu der Erklärung passt.

1. A: veranlassen, dass etwas beginnt, indem man selbst anfängt; eine Bewegung ins Leben rufen
2. B: a erregend, spannend, aufregend
   b besondere Geschmacksverfeinerung
   c jemandes Widerstandskraft brechen, zusammenschlagen, umbringen
   d gefühllos, teilnahmslos, unempfindlich
3. C: a Erwartung, die nicht auf Beweisen, sondern nur auf Annahmen beruht
   b Schutz vor dem Erkanntwerden, vor dem Bemerktwerden
4. D: rohe körperliche Gewalt
5. E: Person, die fähig ist, an etwas Schlechtem teilzunehmen, aktiv mitzumachen

103

10. Was ist das Gegenteil von ...?

1. unbeabsichtigt
2. eine Kampagne eröffnen
3. in unseren Tagen
4. Mut
5. unmittelbar

III. Zum Kriegführen zu gescheit

I. Lesen Sie den Text dreimal. Unterstreichen Sie bitte die Textstellen, über die Sie sich wundern. Besprechen Sie dann Ihre Ergebnisse in Arbeitsgruppen.

Versöhnungs- und Friedensstrategien bei Primaten

Frans de Waal, Wilde Diplomaten
Versöhnungs- und Entspannungspolitik bei Affen und Menschen
Aus dem Amerikanischen von Ellen Vogel
Carl Hanser Verlag, München 1991
Mit zahlreichen Schwarzweiß-Bildern
295 Seiten, 23 Euro

Sie sind denkende Wesen, berühmt für ihre Geschäftstätigkeit. Viele von ihnen besitzen eine starke, komplexe Persönlichkeit, einige eine fanatische Beschützermentalität ihren Kindern gegenüber. Ihre versöhnlichste Geste ist der Kuss. Einige haben die sexuelle Versöhnung zu einer wahren Kunst erhoben. Alle sind sie Meister in der Entschlüsselung nichtverbaler Signale. Vor allem aber sind sie zu gescheit, um sich auf zerstörerische Kämpfe und Kriege einzulassen.

Wer bei dieser Liste von Charakterzügen an einen friedfertigen Menschenstamm denken sollte, der ist einer Täuschung aufgesessen. Es handelt sich „nur" um Lebewesen, die dem Menschen sehr nahe stehen, um Menschenaffen, Primaten. Die moderne Tierverhaltensforschung geht von der begründeten Annahme aus, dass höhere Tiere durchaus in der Lage sind, das soziale Netz, in dem sie leben, nicht nur zu verstehen, sondern auch willentlich zu gestalten. Die bisherige Auffassung von der vermeintlichen Superstellung des Menschen ist zumindest weit übertrieben.

Primaten beispielsweise sind Lebewesen, die ein reiches soziales Wissen und augenscheinlich auch einen eigenen Willen besitzen, und es ist keineswegs abwegig anzunehmen, dass sie sich ihres Verhaltens auch bewusst sind. Bis zum Beweis des Gegenteils sollte dies als sicher gelten.

Der in den Vereinigten Staaten lebende niederländische Primatologe Frans de Waal versucht in seinem Buch, möglichst unvoreingenommen Gemeinsamkeiten im Primaten- und Menschenverhalten herauszuarbeiten, und sein Augenmerk gilt besonders den zum Teil raffinierten Strategien, mit denen Primaten ihre Aggressionen abbauen und Konflikte lösen. In dieser Hinsicht sind die jahrelangen Beobachtungen des Autors eine „wahre Goldmine für die Friedensforschung".

Ungemein anschaulich schildert de Waal die ausgefeilten Versöhnungs- und Friedensstrategien etwa bei den Bonobos, einer in Zentralafrika beheimateten Menschenaffenart, die erst Anfang dieses Jahrhunderts entdeckt wurde und vermutlich das intelligenteste aller Tiere ist. Ihnen würde es, anders als den Menschen, nicht im Traum einfallen, sich in irgendeine Form kämpferischer Auseinandersetzung verwickeln zu lassen. Von ihren kunstvollen Friedensstrategien könnte der Mensch manches lernen. „Wir dürfen uns nicht der Illusion hingeben, dass aggressive Neigungen uns jemals verlassen werden, doch sollten wir ebensowenig unser Erbe an Versöhnungsbereitschaft übersehen." Zu dieser neuen Betrachtungsweise trägt das kenntnisreich und zugleich unterhaltsam geschriebene Buch ein gut Teil bei.

2. Die folgende Zusammenfassung ist lückenhaft. Wählen Sie das jeweils passende Wort für jeden Leerraum aus.

In seinem Buch (a) _____ Frans de Waal, welche Strategien die (b) _____ entwickelt haben, um kämpferischen (c) _____ aus dem Weg zu gehen. Natürlich haben sie – ebenso wie die Menschen – (d) _____, aber sie lassen es nie so weit kommen, dass daraus ein offener Krieg wird, bei dem sie sich gegenseitig (e) _____ könnten. Sie haben offensichtlich ein Bewusstsein davon, dass sie in einem (f) _____ leben und wissen, dass sie einander brauchen, wenn sie sich wieder (g) _____ haben. Vom (h) _____ dieser Tiere könnten auch wir (i) _____ einiges lernen, meint Frans de Waal. Wir sind stolz auf unsere kulturelle Entwicklung, aber die Entwicklung unserer (j) _____ ist nichts, worauf wir stolz sein könnten.

(a) A diktiert	B schildert	C entdeckt	D vermutet
(b) A Menschenaffen	B Menschen	C Tiere	D Natur
(c) A Aggressionen	B Situationen	C Auseinander- setzungen	D Feinden
(d) A Aggressionen	B Krieg	C Friedens- strategien	D Angst
(e) A bekämpfen	B verurteilen	C zerstören	D fürchten
(f) A sozialen Netz	B Staat	C Leben	D Kultur
(g) A verletzt	B versöhnt	C entwickelt	D erkannt
(h) A Kampf	B Verhalten	C Netz	D Forschung
(i) A Menschen	B Zukunft	C Krieg	D Verhalten
(j) A Verhaltens- forschung	B Friedens- strategien	C Aggressionen	D Menschen- affen

IV. Lass doch deinen Frust ab, wo du willst!

Beantworten Sie die Fragen zum Hörtext.

1. Wie würden Sie die Stimmung des Gesprächs bezeichnen?
2. Worum dreht sich das Gespräch?
3. Auf wessen Seite würden Sie stehen?

V. Ob Corinna Silvia leiden kann?

1. Hören Sie sich die Gespräche an. Machen Sie Notizen: Welche Informationen über Silvia erhalten Sie?
2. Erstellen Sie eine Informationskette. Wie verläuft bei diesen Gesprächen der Informationsfluss? Wer sagt was? Wie wird das Gehörte weitergegeben?
3. Welche Informationen stimmen Ihrer Meinung nach?

VI. Soziales Jahr?

Aufgaben zu Teil I

Lesen Sie die Fragen, hören Sie noch einmal Teil 1 von der Kassette und notieren Sie die Antworten in Stichpunkten.

1. In welcher Situation sind die fünf jungen Gäste?
2. Was machen die beiden jungen Frauen?
3. Was machen die drei jungen Männer?
4. Wie ist der Ablauf, bevor man „Zivi" wird?
5. Geben Sie kurz wieder, wo die jungen Menschen jetzt arbeiten, bzw. wen sie betreuen.

Kathrin:

Nicole:

Christian:

Jürgen:

Frank:

Aufgabe zu Teil 2

Geben Sie wieder, was Sie an genaueren Informationen über die Arbeit erfahren.

Frank:

Jürgen:

Nicole:

Christian:

Kathrin:

Aufgabe zu Teil 3

Welche Probleme sprechen die jungen Leute an?

Kathrin:

Frank:

Christian:

Jürgen:

Nicole:

Aufgaben zu Teil 4

1. Am Ende der Sendezeit geben die jungen Leute einige Empfehlungen an Abiturienten, die vor ähnlichen Entscheidungen stehen. Notieren Sie, welche Gesichtspunkte genannt werden.

2. Versuchen Sie, die Satzanfänge sinnvoll zu ergänzen.

   1. Die jungen Leute im Studio ──────────────────────

   2. Nach dem Abitur kann man ──────────────────────

   3. Die jungen Leute haben die Erfahrung gemacht ──────────────

   4. Die jungen Leute finden ──────────────────────

   5. Wenn man Zivildienst oder ein soziales Jahr macht, sollte man ───────────

Technik und Fortschritt

Lehr-
buch
Seite
145
–148

I. Schauen Sie sich die Abbildungen an.

1. Notieren Sie Erfindungen, die der Mensch gemacht hat und die Ihnen wichtig erscheinen.
   Welche Erfindung halten Sie für bedeutend und warum?
2. Von welchen elektrischen und elektronischen Geräten sind Sie täglich umgeben? Halten Sie all diese Geräte für nötig / für nützlich / für überflüssig / für ...? Begründen Sie Ihre Meinung.
   Auf welches Gerät würden Sie leichten Herzens verzichten können? Welches möchten Sie absolut nicht entbehren?
3. Was empfinden Sie persönlich in Bezug auf die technische Entwicklung als ...?

positiv	*negativ*

2. Lesen Sie den Text und sagen Sie dann, ob Sie die folgenden Aussagen gelesen haben oder nicht. Wenn ja, geben Sie bitte die Zeilen an, in denen Sie die Information gefunden haben.

	Ja	Zeile(n)	Nein
1. Das Industriezeitalter begann am Ende des 18. Jahrhunderts.	✗	3-4	
2. Heute fragen wir uns, wie die Wunderwerke der Antike entstanden sind.			
3. Jede weitere technische Errungenschaft ist aber nur zu unserem Schaden.			
4. Bis jetzt hat uns der technische Fortschritt das Leben in vielerlei Hinsicht angenehmer gemacht.			
5. Besonders Kommunikation, Transport, Reisen und Bildung wurden uns dadurch erleichtert.			
6. Es gibt niemand, der den weiteren Fortschritt nicht begrüßen würde.			
7. Mit der fortschreitenden Technik haben sich auch Moral und Ethik in demselben Maß entwickelt.			
8. Die Gefahr eines Vernichtungskrieges wird immer größer.			
9. Unsere Vorfahren waren handwerklich geschickter als wir.			
10. Über die negativen Auswirkungen im Arbeitsprozess wird heute viel gesprochen.			
11. Die Fortschritte in der Medizin durch den Einsatz von technischen Geräten sind ebenfalls umstritten.			
12. Für unsere Kinder werden noch genug Rohstoff- und Energiequellen vorhanden sein.			
13. Jeder Umweltsünder muss sich für seine Missetaten verantworten.			
14. Der technische Fortschritt macht auch nicht vor den Ländern der Dritten Welt halt.			
15. Dadurch wird aber ihr kulturelles Leben zerstört.			
16. Die Industrieländer stehen in einem technologischen Wettstreit.			

3. Ersetzen Sie die kursiv gesetzten Satzteile durch Wendungen aus dem Text.

> *Beispiel:* Die industrielle Revolution *begann* vor etwa 200 Jahren in England.
>
> *Die industrielle Revolution nahm vor etwa 200 Jahren in England ihren Anfang.*

1. Der Technisierungsprozess *ist* bis heute noch nicht *beendet.*
2. Mit den positiven Wirkungen der Technik *hat sich* ein alter Traum der Menschheit *erfüllt.*
3. Heute *bezweifelt* niemand mehr, dass uns der Einsatz von Technik einen hohen Lebensstandard gebracht hat.
4. Damit müssen wir aber auch so manchen Nachteil *akzeptieren.*
5. Dennoch *wird* der optimistische Fortschrittsglaube zunehmend *kritisiert.*
6. *Die* Rüstungstechnologie *fordert* täglich viele Menschen*leben.*
7. Und ein Ende des Rüstungswettlaufs ist nicht *absehbar.*
8. Die Menschen *werden* immer *abhängiger* von komplizierten technischen Systemen.
9. Wer *kann* denn heute noch seine Schuhe selbst reparieren?
10. Die zunehmende Entfremdung vom natürlichen Leben *hängt* mit der Spezialisierung und Arbeitsteilung *zusammen.*
11. *Über* moderne Arbeitsbedingungen *wird* sehr oft *diskutiert.*
12. Die Verwirklichung der technischen Möglichkeiten *entspricht* nicht immer den Bedürfnissen des Menschen.
13. Menschliche Wärme und Zuwendung sind *viel wichtiger* als technischer Fortschritt.
14. Es ist aber nicht immer leicht, *sich zu entscheiden*, wann technische Mittel sinnlos werden.
15. Wir *sind gerade dabei*, die Rohstoff- und Energiereserven auf Kosten unserer Kinder auszubeuten.
16. Viele Umweltsünder *werden nicht bestraft*, obwohl *es* schon längst entsprechende Gesetze *dafür gibt.*
17. Nicht nur alternative Wissenschaftler *sind* deshalb schon längst *davon überzeugt*, dass wir unser bisheriges Wachstumsdenken *aufgeben müssen.*

4. Aufgabe: Suchen Sie sich aus dem Text zehn feste Verbindungen heraus und bilden Sie damit Sätze.

> *Beispiel:* in Kauf nehmen
>
> *In der Hauptreisezeit muss man an den Grenzübergängen lange Wartezeiten in Kauf nehmen.*

I. „Doppel"-Präpositionen: „bis"/„von" + Präposition

1. **bis**
   a) *bis zu* (mit Akkusativ bei Zahlenangaben):
   Hier verdient man **bis zu 5000 Euro.**
   b) alle Wechselpräpositionen: *bis an, bis hinter, bis in* (auf die Frage *bis wohin?*, mit Akkusativ):
   Ich begleite dich **bis an die Tür / bis vor die Tür / bis hinter das Tor / bis ins Haus.**
   c) *bis auf* (= *außer ein-*, mit Akkusativ):
   Bis auf eine Aufgabe habe ich alle Lösungen gefunden.
   d) *bis auf den letzten / das letzte / die letzte* (= völlig, mit Akkusativ):
   Sie hatte das Geld **bis auf den letzten Cent** ausgegeben.
   e) *bis in* (auf die Frage „bis wann?", mit Akkusativ):
   Sie schlief **bis in den Tag hinein / bis in die Puppen** (ugs.).
   f) *bis nach* (auf die Frage „bis wann?", mit Dativ):
   Kannst du nicht **bis nach dem Film** warten?
   g) *bis vor* (auf die Frage „bis zu welchem Zeitpunkt?", mit Dativ):
   Bis vor kurzem habe ich mir darüber noch keine Sorgen gemacht.
   h) *bis zu/nach* (auf die Frage „bis wohin?", mit Dativ):
   Ich begleite dich **bis zur Haltestelle / bis nach Haus.**

2. **von**
   a) *von … bis / bis nach / bis zu* (eine Zeitspanne):
   Sie singt **von morgens bis abends.**
   b) *von … ab* (ein Grenzpunkt, mit Dativ):
   Von der Kreuzung ab geht es dann immer geradeaus weiter.
   c) *von … aus* (eine Perspektive, mit Dativ):
   Von Dänemark aus liegt Frankfurt im Süden.
   d) *von … an* (angefangen bei einem Zeitpunkt, mit Dativ):
   Von 6 Uhr morgens an herrscht hier schon Lärm.
   Von Anfang an war ich mit der Wohnung unzufrieden.

Setzen Sie die fehlenden Präpositionen ein.

Am 23. August fand in Westerstedt ein Volksfest statt. Schon *vom* frühen Morgen
an waren alle Zufahrtsstraßen zum Zentrum gesperrt; die Autos konnten nur noch

_____ _____ Rathausplatz fahren; _____ da _____ beherrschten die Fußgänger und die Schausteller die Stadt. Wo sich _____ _____ kurzem die Autos durch die Straßen geschoben hatten, da drängten sich jetzt die Schaulustigen.

Am aufgeregtesten waren die Kinder. Sie saßen in der Schule vor ihren Büchern und es fiel ihnen schwer, _____ _____ Schulschluss zu warten, denn der Lärm vom Festplatz drang _____ _____ ihre Klassenzimmer hinein und begleitete sie später auch noch _____ _____ Haus, wo sie hastig ein paar Bissen herunterschlangen, um sich dann _____ _____ Abend in dem Tumult zu vergnügen. _____ da _____ waren alle Häuser leer und still, denn _____ _____ einige wenige, die entweder zu klein oder krank waren, blieb kein Kind zu Hause.

Am interessantesten waren die Schaubuden; sie waren meistens _____ _____ den letzten Platz ausverkauft und die Stimmen der Ausrufer klangen weit über den Markt, _____ _____ die umliegenden Straßen hinein. Auch die Karussells waren faszinierend; _____ _____ die Nacht hinein waren sie besetzt, und das nicht nur von Kindern! Leider waren die Preise _____ einem Jahr _____ anderen immer weiter gestiegen: _____ _____ 2,50 Euro kostete eine Fahrt mit den neuesten Wunderwerken der Technik. Die meisten Kinder konnten sich eine so teure Fahrt höchstens einmal leisten, _____ _____ diejenigen, denen die Großeltern heimlich noch ein bisschen Taschengeld zugesteckt hatten. Am schönsten war der Platz abends; zu Beginn der Dämmerung wurden nämlich alle bunten Lichter angezündet und dann konnte man _____ Riesenrad _____ herunterschauen auf eine farbenprächtige leuchtende Welt, die wie verzaubert wirkte. Am liebsten wären alle Besucher gleich dageblieben _____ _____ nächsten Morgen.

II. Funktionsverbgefüge

1. Ergänzen Sie sinngemäß: „in eine bestimmte Situation / Verfassung geraten".

1. Viele Jugendliche sind _____ von Drogen geraten.

2. Er ist mit seinen Arbeiten _____ geraten, weil er so lange krank war.

3. Wer kennt denn heute noch diesen Mann? Sein Name ist im Laufe der Zeit _____ _____ geraten

4. Wer Absperrungen mutwillig durchbricht, kann leicht _____ geraten.

5. Als alle über seine Ungeschicklichkeit lachten, geriet er _____ _____ .

6. Viele, die heute im Gefängnis sitzen, sind schon als Kinder mit der Polizei _____ _____ geraten.

7. Als das Kind die unterste Konservendose herauszog, geriet der ganze Stapel _____ und alle Dosen rollten auf den Boden.

8. Wenn man Schulden über Schulden hat und nicht viel verdient, kann man leicht _____ geraten.

in Abhängigkeit	in Rückstand
in Bewegung	in Schwierigkeiten
in Gefahr	in Vergessenheit
in Konflikt	in Verlegenheit

2. „stehen" oder „stellen"? Ergänzen Sie das passende Verb.

1. Man bedauert sehr, dass man uns keinen größeren Raum zur Verfügung _____ _____ kann.

2. Bedauerlicherweise _____ uns kein größerer Raum zur Verfügung.

3. Der Termin für den Abschluss der Bauarbeiten _____ noch in Frage.

4. Das Ausscheiden zweier Mitarbeiter _____ das ganze Projekt erneut in Frage.

5. Die Kostenfrage der Theaterinszenierung _____ nicht mehr zur Diskussion.

6. Diese Frage kann nicht einer allein entscheiden, man muss sie öffentlich zur Diskussion _____ .

7. Das Verunreinigen von Seen und Gewässern _____ unter Strafe.

8. Die Diskussion darüber, ob man die Abtreibung unter Strafe _____ soll, hört nicht auf.

3. Ergänzen Sie sinngemäß die passende Ergänzung zu dem Verb „stehen".

1. Wir können nicht das ganze Geld ausgeben. Pro Schüler stehen uns nur 10,– Euro _____ .

2. Das letztere steht _____ mit dem, was vorher gesagt wurde.

3. Das Eingreifen der Polizei steht _____ zu § ... des Grundgesetzes.

4. Die Billigprodukte aus dem Ausland stehen _____ zu denen des einheimischen Marktes.

5. Wir stehen ziemlich _____ . Die Arbeiten müssen termingerecht abgegeben werden.

6. Darüber wollen wir heute nicht sprechen, dieses Thema steht überhaupt nicht _____ .

7. Kultur und Moral stehen nicht _____ mit der Entwicklung des technischen Fortschritts.

8. Wir stehen noch _____ und wissen nicht, wohin uns die Gentechnik führen wird.

am Anfang	in Konkurrenz
zur Diskussion/Debatte	zur Verfügung
unter Druck	im Widerspruch
im/in Einklang	in keinem Zusammenhang

4. „zu ... kommen" – Ergänzen Sie die passende Wendung.

1. Endlich ist der Lavafluss _____ gekommen, für die umliegenden Dörfer besteht keine Gefahr mehr.

2. Es hat lange gedauert, bis seine Ideen _____ gekommen sind.

3. Nach langer Debatte kam man _____ , das Ganze sei wohl nur ein Missverständnis gewesen.

4. Seid ihr nach eurer langen Beratung wenigstens _____ gekommen?

5. Ist dir noch nie _____ gekommen, dass die Sache gefährlich werden kann?

114

6. Bei der letzten Sitzung kam endlich auch dieses Problem _____.

zum Bewusstsein	zu einem Ergebnis	zur Sprache
zum Durchbruch	zu dem Schluss	zum Stillstand

5. Ersetzen Sie den kursiv hervorgehobenen Ausdruck durch ein Funktionsverbgefüge.

> *Beispiele:* Sie müssen sich mehr *bemühen.*
>
> *Sie müssen sich mehr Mühe geben.*
>
> Er *versprach* ihr eine gute Stelle. (Aussicht)
>
> *Er stellte ihr eine gute Stelle in Aussicht.*

1. Da *irren* Sie *sich* gewaltig.
2. Ich *habe mich* noch nicht *entschieden.*
3. Ich *muß mich* noch von meinen Kameraden *verabschieden.*
4. Niemand *hat* den Verunglückten *geholfen.*
5. Er *hat eingesehen*, dass Jammern nichts nützt.
6. Über Politik *wollen* wir jetzt nicht *diskutieren.*
7. Im letzten Krieg *sind* viele Menschen *umgekommen.* (Opfer)
8. Das neue Scheidungsgesetz *ist* seit 1. Juli 1977 *gültig.* (Kraft)
9. Endlich *hat sich* mein Wunsch *erfüllt.*
10. Viele berühmte Namen *kennt* man heute nicht mehr. (Vergessenheit)
11. Er *konnte* nicht *aufstehen.* (Lage)
12. Wir *wollen* gerade *gehen.* (Begriff)
13. Liebe, Wärme und Herzlichkeit *sind viel wichtiger* als technischer Fortschritt. (Bedeutung)
14. Ein Ende des sinnlosen Krieges *ist* noch nicht *zu erkennen.* (Sicht)
15. Gegen die Kälte *kann* man *nichts tun.* (Kauf)
16. Ich *glaube* ihm kein Wort.

III. Trennbare und untrennbare Verben

Lehr- buch Seite 159 –160

Verschiedene Vorsilben können die Bedeutung des Verbs verändern.

1. Vorsilben, die fest und untrennbar mit dem Verb verbunden sind:
   be-, emp-, ent-, er-, ge-, miss-, ver-, zer- u. a.

2. Vorsilben, die nicht fest an das Verb gebunden und demzufolge trennbar sind:
   ab-, an-, auf-, aus-, bei-, ein-, fest-, fort-, her-, hin-, los-, mit-, vor-, weg-, zu-, zurück-, zusammen u. a.

   Diese Silben z. B. die Präpositionen *an, mit* usw., existieren auch als selbständige Wörter in der deutschen Sprache.

4

I. Versuchen Sie herauszufinden, welche Verben trennbar und welche untrennbar sind.

(Denkhilfe: Welche Vorsilbe ist ein selbständiges Wort?)

Beispiel ist hier das Verb „gehen" in allen nur möglichen Zusammensetzungen:

abgehen	entgehen	losgehen	vorangehen
angehen	ergehen	mitgehen	vorbeigehen
aufgehen	hergehen	nachgehen	vorgehen
auseinandergehen	hervorgehen	nahegehen	zergehen
ausgehen	hinausgehen	übergehen	zugehen
begehen	hingehen	umgehen	
durchgehen	hinweggehen	untergehen	
eingehen	hochgehen	vergehen	

Bei einer festen Zusammensetzung wird das Verb betont *(unterbréchen)*, bei trennbaren Verben der Verbzusatz *(únterkommen)*.
Untrennbare Verben sind transitiv; die Passivbildung ist möglich.

2. Setzen Sie das Verb in der richtigen Form ein.

1. unterbréchen   Man hat die Radiosendung unter_____ .

2. únterkommen   Wir sind in einer billigen Pension unter_____ .

3. úntergehen   Die Sonne ist unter_____ .

4. unterságen   Das Betreten der Baustelle ist unter_____ .

5. unterstéllen   Man hat mir die Schuld an dem Unfall unter_____ .

6. unterstreíchen   Er hat die Bedeutung seiner Worte nochmals unter_____

7. unterláufen   Bedauerlicherweise ist ihm ein Fehler unter_____ .

8. überwáchen   Man hat die Feinde über_____ .

9. úmrühren   Die Köchin hat die Suppe um_____ .

10. úmsteigen   Wir sind in Mannheim in den Intercity um_____ .

11. úmwenden   Die Bratwürste müssen um_____ werden.

12. dúrchfallen   Er ist wieder bei der Prüfung durch_____ .

13. durchkréuzen   Mutter hat unsere Pläne wieder mal durch_____ .

14. durchsúchen   An der Grenze wurde unser ganzes Gepäck durch_____ .

15. dúrchmachen   Silvester haben wir bis zum Morgen durch_____ .

16. úmbringen   Eine der Geiseln wurde um_____ .

17. úmgraben   Der Gärtner hat den Garten um_____ .

3. Setzen Sie das Verb in der richtigen Form ein.

> *Beispiel:* unterbringen   Peter hat uns in diesem kleinen Hotel **untergebracht**.

1. sich unterordnen   Vielen fällt es schwer, sich _____ .

2. sich unterstellen   Als es zu regnen anfing, haben wir uns _____
_____ .

3. unterstellen   Man hat ihm schon öfters _____ ,
dass er seine Arbeit nicht ernst nimmt.

4. untertauchen   Der Terrorist ist in einer Großstadt _____
_____ .

5. sich überanstrengen   Die Reise war mörderisch. Alle Teilnehmer haben sich
_____ .

6. überblicken   Wir haben die Lage nicht mehr _____ .

7. übereinstimmen   Seine Ansichten haben mit den ihren nicht _____
_____ .

8. übersiedeln   Unsere Nachbarn sind in die Schweiz _____
_____ .

9. überweisen   Der Betrag ist schon längst _____
worden.

10. übertreffen   Paul hat seinen Bruder immer an Ausdauer _____
_____ .

11. überwachen   Die Flughäfen werden ständig _____ .

12. überzeugen   Mit diesem Argument ist es ihm gelungen, alle Anwesen-
den _____ .

4. Setzen Sie das richtige Verb in der richtigen Form ein.

1. *anstreichen / unterstreichen*
   Hast du den Zaun schon __angestrichen__ ?
   Ich habe gerade angefangen, ihn _____ .
   Warum ist in diesem Buch etwas __unterstrichen__ ?
   Es ist nicht erlaubt, in Schulbüchern etwas _____ .

2. *fortsetzen / übersetzen*
   Die Vortragsreihe wird in der nächsten Woche _____ .
   Der Redner ist bereit, seine Ausführungen _____ .
   Das Buch ist schon in viele Sprachen _____ worden.
   Es war nicht immer leicht, den Text _____ .

3. *festlegen / hinterlegen*
   Die Zinsen werden von der Bank _____ .
   Die Bank war bereit, die Zinsen für fünf Jahre _____ .
   Ich habe für dich beim Pförtner einen Brief _____ .
   Leider war es mir nicht möglich, auch etwas Geld _____ .

4. *überlesen / vorlesen*
   Diesen Fehler habe ich glatt _____ .
   Es passiert jedem einmal, dass er aus Müdigkeit Fehler _____ .
   Warum hast du mir den Brief _____ ?
   Ich habe dich nicht darum gebeten, ihn mir _____ .

5. *mitgehen / hintergehen*
   Warum bist du _____ ?
   Niemand hat dich gezwungen _____ .
   Er hat nicht gemerkt, dass man ihn _____ hat.
   Es ist leicht, einen Ahnungslosen _____ .

6. *überfahren / abfahren*
   Die alte Dame hatte schreckliche Angst, _____ zu werden.
   Auch der Autofahrer befürchtete, jemand _____ .
   Der Bus ist längst _____ .
   Das ist nicht der richtige Moment, um _____ .

Bildet man mit den Präfixen (Vorsilben) *durch-, über-, um-, unter-, wider-, wieder-* trennbare bzw. untrennbare Formen, so entstehen Verben mit unterschiedlicher Bedeutung: Wir haben die Möbel **umgestellt**. (= den Platz verändert)
Die Polizei hat das Haus **umstellt**. (= Die Polizei steht rund um das Haus herum.)

5. Setzen Sie jeweils die trennbare bzw. die untrennbare Form des Verbs ein.

1. *durchsetzen*

   Die Vernunft hat sich endlich _____. (= hat gesiegt)

   Das Brot ist von Schimmel _____. (= Überall im Brot findet sich Schimmel.)

2. *durchbrechen*

   Ich habe nicht aufgepasst: das Lineal ist _____. (= in zwei Teile zerbrochen)

   Das Volk hatte die Absperrung _____. (= hat sich von der Absperrung nicht zurückhalten lassen)

3. *durchschauen*

   Der Lehrer hat alle Hefte _____. (= kontrolliert)

   Ich habe ihn längst _____. (= ihn wirklich erkannt)

4. *übergehen*

   Wegen seiner Unfähigkeit wurde er bei Entscheidungen immer wieder _____. (= nicht berücksichtigt)

   Nach dem Essen ist die Gesellschaft zu „härteren Getränken" _____. (Sie hat etwas anderes zu sich genommen.)

5. *umgehen*

   Vorschriften können manchmal leicht _____ werden. (= außer Acht lassen)

   Früher soll in diesem Schloss ein Gespenst _____ sein. (= darin herumgelaufen)

6. *wiederholen*

   Ich habe mir das Buch, das ich verliehen habe, gestern _____. (= wieder zu mir)

   Deshalb habe ich auch die Grammatik noch nicht _____. (= noch einmal gelernt)

IV. Unbestimmte Pronomen

	Nominativ	Genitiv	Dativ	Akkusativ
man	man	(nicht gebräuchlich)	einem	einen
jemand	jemand (er)		(jemandem) ihm	(jemanden) ihn

I. Ergänzen Sie den Text mit den entsprechenden Formen.

1. Wenn man zum Essen eingeladen wird, setzen die Gastgeber _____ meistens etwas besonders Gutes vor, Sachen, die _____ nicht jeden Tag geboten werden. Sie verwöhnen _____ richtig, damit _____ sich bei ihnen wohl fühlt. Man macht es ja selber auch so, wenn jemand zu Besuch kommt, denn _____ möchte dem Gast natürlich eine Freude machen.

2. Wenn man sich nicht um seine Freunde kümmert, vergessen sie _____ irgendwann. Wenn _____ sie nicht wenigstens ab und zu einmal anruft, rechnen sie nicht mehr mit _____ und suchen sich neue Bekannte. Wenn _____ dann so allein in seiner Wohnung sitzt und wartet, dass sich jemand bei _____ meldet, hat _____ das Gefühl, als würde alles über _____ zusammenbrechen und _____ unter sich begraben.

3. Warum mischt sich immer jemand in Sachen ein, die _____ gar nichts angehen? Hat man nicht das Recht, in Ruhe gelassen zu werden? Aber nein — ständig werden _____ Fragen gestellt und man soll sagen, wie es _____ zumute ist. Aber wenn man selber jemand fragt, was er denn so treibt und wie es _____ geht, dann schaut er _____ an, als wolle er sagen, man solle _____ doch endlich in Ruhe lassen!

4. Ich habe neulich jemand(en) kennen gelernt, den ich gern wiedersehen möchte, denn ich konnte mit _____ über alles sprechen und _____ alles Mögliche fragen. Es passiert _____ selten, dass _____ jemand so auf Anhieb bei der ersten Begegnung gefällt. Wenn man nur wüsste, ob der andere _____ auch sympathisch findet! Diese Frage kann _____ ganz schön zu schaffen machen.

2. Setzen Sie das passende unbestimmte Pronomen ein: „man", „jemand", „ein-", „kein-", „welch-" oder „etwas" (umgangssprachlich „was"). Ergänzen Sie auch das Personalpronomen oder das Reflexivpronomen.

1. Schon seit drei Monaten hast du meinen Regenschirm.
   Hast du denn nicht selber _____?
   Warum kaufst du _____ _____?
   Wenn du kein Geld hast, lass _____ doch _____ schenken.
   Jedenfalls musst du _____ _____ bald zurückgeben.
2. Peters Freund hat wirklich viel Geld.
   Peter dagegen hat _____.
   Aber er braucht immer _____.

Warum schenkt _____ sein Freund denn _____?

Wenn man mit _____ befreundet ist, sollte _____ auch mit _____ teilen.

3. Könntest du mir ein paar Sachen mitbringen, wenn du zum Einkaufen gehst?

Ich habe keine Kartoffeln mehr. Bringst du _____ _____ mit?

Ich habe keine Milch mehr. Bringst du _____ _____ mit?

Ich habe kein Brot mehr. Bringst du _____ _____ mit?

Ich hätte auch gern noch eine Zeitung. Bringst du _____ _____ mit?

Außerdem brauche ich noch einen Kugelschreiber. Bringst du _____ _____ mit?

Ich möchte ein Heft. Bringst du _____ _____ mit?

Kannst du das Geld für mich auslegen? Ich gebe _____ _____ später wieder.

4. Wo sind denn eure Bilder und Schallplatten? — Die hat _____ _____ vor einer Woche gestohlen.

5. Wenn Sie das Kleid, das _____ im Katalog gesehen haben, hier nicht finden, können sie _____ _____ schicken lassen.

6. Kann man für einen Euro Zigaretten kaufen? – Ich glaube nicht, dass _____ dafür _____ bekommt.

7. Herbert sammelt Briefmarken und fragt alle Freunde: Habt _____ _____ _____ für _____?

8. Sie haben doch ein Zimmer frei. Bitte, geben _____ _____ _____, ich suche schon so lange.

9. Wenn jemand viele Schulden hat, sollte _____ _____ lieber kein Geld leihen. Es könnte sein, dass _____ _____ _____ nicht wiedergibt.

10. A: Habt ihr schon Kinder?

B: Nein, wir haben noch _____, obwohl wir _____ schon lange _____ wünschen.

A: Und ihr, wünscht _____ _____ auch _____?

B: Stell dir vor, wir werden bald _____ haben. Hoffentlich wird es ein Mädchen!

V. Syntax: Die Umformung präpositionaler Fügungen in Nebensätze

Trotz geringer Mittel entstanden schon im Altertum erstaunliche Werke.
(Präposition *trotz* + Nomen = Hauptsatz)
Obwohl nur geringe Mittel **vorhanden waren**, entstanden schon im Altertum ...
(Konjunktion *obwohl* + Verb = Nebensatz)

Formen Sie die präpositionalen Fügungen in Nebensätze um.

1. *Seit Beginn der industriellen Revolution vor etwa 200 Jahren* schritt die technische Entwicklung schnell voran.   (seit/seitdem)
2. *Bei positiver Betrachtung der Technik* kommt man zu dem Schluss, dass mit ihrer Hilfe ein alter Traum der Menschheit in Erfüllung geht.   (wenn)
3. *Durch den Einsatz der Technik* ist unser Lebensstandard zweifellos gestiegen. (indem/weil)
4. *Wegen der zunehmenden Abhängigkeit von technischen Systemen* geraten überlieferte Fähigkeiten des Menschen in Vergessenheit.   (weil/da)
5. Viele Umweltsünder werden *trotz strenger Überwachung der Flüsse* nicht zur Rechenschaft gezogen.   (obwohl)
6. *Wegen der Risiken der technischen Entwicklung* fordern viele Wissenschaftler ein Umdenken.   (weil/da)
7. Viele Länder der Dritten Welt hoffen auf höheren Lebensstandard *durch den Einsatz moderner Technik*.   (indem/wenn)

„Ist es verantwortbar, weltweit auf den Einsatz der Kernenergie zu verzichten?"

4

Wir meinen nein, denn eine wachsende Weltbevölkerung braucht alle Energiearten; deshalb hat sich auch die UNO einstimmig für die weitere Nutzung der Kernenergie ausgesprochen

Der Weltenergiebedarf wird auch künftig ansteigen, denn die Weltbevölkerung wächst rapide, und für bessere Lebensbedingungen benötigen gerade die Entwicklungsländer mehr Energie. Wir brauchen also alle Energiearten, um den wachsenden Energiehunger der Menschheit zu befriedigen. Dabei tragen die Industrieländer eine besondere Verantwortung. Sie können die moderne Technik der Kernenergie einsetzen und damit dafür sorgen, dass die Preise für fossile Energieträger nicht zu stark steigen. Damit helfen Sie den Entwicklungsländern, die noch lange auf Energieträger wie Öl und Gas angewiesen sind. Vor diesem Hintergrund ist die Resolution der Vereinten Nationen vom November 1986 zu verstehen. Die Vollversammlung aller 159 Mitgliedsländer hat sich darin einstimmig dafür ausgesprochen, die Internationale Atomenergiebehörde bei ihrer Aufgabe zu unterstützen, die friedliche Nutzung der Kernenergie weiter zu fördern und die Sicherheit der Nuklearanlagen zu verbessern.

Ein Verzicht auf die Kernenergie würde nicht nur den Industrieländern schaden, er hätte auch schwerwiegende Auswirkungen auf die Lebensbedingungen der Menschen in Afrika, Asien und Südamerika, von denen viele heute schon aus Energiemangel ihre elementarsten Lebensbedürfnisse nicht befriedigen können.

Wenn Sie mehr über Kernenergie, z. B. Sicherheit, Strahlenbelastung, zukünftige Energieversorgung wissen wollen, fordern Sie unsere Informationsbroschüre an: Die Betreiber und Hersteller von Kernkraftwerken, In der Raste 14, 53129 Bonn 1.

Name

Straße: Ort:

Aufgaben

1. Was fällt ins Auge, wenn Sie die Anzeige anschauen, ohne den Text zu lesen?
2. Arbeiten Sie die Argumente heraus, die hier zugunsten der Kernenergie angeführt werden.
3. Untersuchen Sie, ob zwischen Form, Bild und Text ein Zusammenhang besteht.
4. Nehmen Sie Stellung zu dem Inserat.
   a) Wie ist es gemacht?
   b) Was halten Sie von seiner Aussage?

I. Wo sind Text 4 und 5 versteckt?

I. Lesen Sie die Artikel I bis III aufmerksam. Sie finden darin Sätze, die nicht in den Text passen.

Text 1: Tabakpflanzen machen hohe Ozonwerte sichtbar

1 Flecken und Verfärbungen auf den Blättern von speziellen Tabakpflanzen zeigen einen hohen Ozongehalt der Luft an. 2 Die Umweltstiftung World Wild Fund for Nature (WWF) will, so heißt es in einer Pressemitteilung, in diesem Sommer die sensible Pflanze in Schulgärten in Deutschland, Österreich, der Schweiz und Polen ansiedeln und damit ein Netz von Beobachtungsstationen errichten. 3 *Der Regenwurm lockert als Nützling den Boden auf und ermöglicht durch seine Gänge, dass Regenwasser abfließen kann.* 4 Die Schüler sollen die Pflanzen regelmäßig auf die verräterischen Schäden untersuchen. 5 Zum Herbst hin will der WWF die Ergebnisse in eine Ozonbelastungskarte eintragen. 6 Wasser staut sich dort und kann nur langsam versickern. 7 Das Ziel der Kampagne, an der sich die Bundesregierung mit 160 000 Euro beteiligt, sei es, das Engagement für die Umwelt zu fördern. 8 Teilnehmerunterlagen und Samentütchen können beim WWF, Am Güthpol 9, 28757 Bremen, angefordert werden. 9 Die Zoologin Monika Joschko vom Institut für Bodenbiologie der Braunschweiger Forschungsanstalt für Landwirtschaft füllte Plexiglaszylinder mit Erde, auf die sie Regenwürmer setzte. 10 Die Entwicklung der US-Forscher könnte die energiesparende und umweltschonende Herstellung von Nylon ermöglichen.

Text 2: Jahres-Vorhersage

1 Bis zum Jahr 2007 wollen Meteorologen soweit sein, das Wetter für einen Zeitraum von einem Jahr vorhersagen zu können. 2 Der Schlüssel dazu, so Nic Fleming vom Institute of Oceanographic Sciences im englischen Wormley, läge im Meer. 3 Diese ist ein wichtiger Rohstoff für die Synthese von Polyamid – besser bekannt als Nylon. 4 Es speichere die Energie, die an die Atmosphäre abgegeben werde, und bestimme alle Wettervorgänge, die über drei Monate hinausreichen. 5 Fehlen die Wurmgänge ganz, kann es nach starken Regenfällen zu Erosionen der Krume kommen. 6 Nun sollen die Ozeane innerhalb des Global Ocean Observing System mit Satelliten, Bojen und Tiefsee-Sonden untersucht und ein weltweites Informationsnetz für Wetterdaten aufgebaut werden. 7 Bei der Untersuchung zeigte sich, dass die Gänge von Regenwürmern kein durchgehendes Netz bilden: Sie werden streckenweise vom Kot der Tiere verstopft. 8 Dadurch würden auch 7-Tage-Vorhersagen sicherer.

Text 3: Grau raus – Leben rein
Analyse zeigt: Großsiedlungen sind besser als ihr Ruf

1 Großsiedlungen sind besser als ihr Ruf. 2 Außerdem rückt ihn die Wissenschaft in ein neues Licht: ins Röntgenlicht eines Computertomographen, der sonst in der Medizin zur Diagnose eingesetzt wird. 3 Dies ist das Fazit eines „Großsiedlungsberichtes", der vom Bundesbauministerium im Auftrag des Deutschen Bundestages erarbeitet wurde. 4 Beleuchtet werden darin Großsiedlungen unter städtebaulichen, wohnungspolitischen und bautechnischen Aspekten. 5 Die Bewohner akzeptieren „ihre" Siedlung, das beweist die steigende Zahl von Langzeitmietern und die wachsenden Bürgeraktivitäten. 6 An dem Projekt, einem Schwerpunktprogramm der Deutschen Forschungsgemeinschaft, sind neben der Zoologin auch die beiden Mediziner Peter Lindner, Städtisches Krankenhaus Hildesheim, und Wilhelm Döhring, Radiologe an der Medizinischen Hochschule Hannover, beteiligt. 7 Bewohner und Außenstehende kritisieren allerdings zu Recht monotone Fassaden, eintöniges Wohnumfeld und insgesamt fehlende Lebendigkeit; hier gilt es also, Nachbesserungen vorzunehmen. 8 Chemiker der Purdue University in Indiana entwickelten ein Verfahren, mit dem sich der Zellulosebestandteil D-Glucose in Adipinsäure verwandeln lässt. 9 Grün-, Freizeit- und Sportflächen lassen sich mit verkehrsberuhigten Straßen verbinden. 10 Freizeiteinrichtungen für Kinder und Jugendliche und Begegnungsstätten für Erwachsene verbessern die soziale und kulturelle Infrastruktur. 11 Nach 13 Tagen wurden die Bodensäulen mit dem Computertomographen im Städtischen Krankenhaus Hildesheim schichtweise durchleuchtet und die gewonnenen Daten in ein dreidimensionales Bild umgesetzt. 12 So könnten die Großsiedlungen schrittweise von Schlafstätten zu lebendigen städtischen Gebieten entwickelt werden. 13 Der Stoff, der Frauenbeine anzieht, wird möglicherweise bald aus Zucker hergestellt. 14 Dazu freilich ist nicht nur Geld, sondern insbesondere Phantasie erforderlich. 15 Um Ideen zu sammeln und modellhafte Anstöße zu geben, will das Bundesbauministerium im Frühjahr einen Bundeswettbewerb über die Weiterentwicklung der Großsiedlungen veranstalten.

2. Lesen Sie Überschriften und Anfänge der beiden Zeitungsartikel, die Sie vervollständigen sollen.

Text 4: Regenwurm im Röntgenlicht
Der Regenwurm lockert als Nützling den Boden auf und ermöglicht ...

Text 5: Nylons: Zucker-Strümpfe
Der Stoff, der Frauenbeine elegant anzieht, wird möglicherweise ...

3. Notieren Sie alle Sätze, die zu Text 4 oder Text 5 gehören.

Text 4:
Der Regenwurm lockert ...

Text 5:

4. Schreiben Sie die Zeitungstexte neu.

Versuchen Sie, die Sätze in eine sinnvolle Reihenfolge zu bringen. Achtung: Wörter wie „dort", „nach" usw. drücken bestimmte Zusammenhänge aus!

II. Landschaft im Blick der Geschichte

I. Lesen Sie bitte den Text einmal und schreiben Sie die wichtigsten Gedanken, die Ihnen auffallen, als Stichwörter auf ein separates Blatt.

Von der Urlandschaft zur Kulturlandschaft

A Die Urlandschaft im mitteleuropäischen Raum bestand überwiegend aus Wald. Mit dem Anstieg der Bevölkerung haben Generationen von Bauern in harter Arbeit das Land gerodet und für die Erzeugung von Nahrungsmitteln nutzbar gemacht. Es entstanden Äcker und Wiesen. Sie boten entsprechend den Boden- und Klimaverhältnissen neuen Lebensraum für viele Tier- und Pflanzenarten. Unsere Kulturlandschaft ist das Ergebnis einer jahrhundertelangen Landbewirtschaftung. Sie ist geprägt durch einen häufigen Wechsel von Äckern und Wiesen, Weiden, Bäumen, Sträuchern und Wäldern. Dazwischen liegen Weiler, Dörfer und Städte: eine abwechslungsreiche Landschaft, die den Bauern als Lebensgrundlage dient und den Ansprüchen aller Bürger gerecht wird.

B Über Jahrhunderte hinweg stellte die Landwirtschaft einen in sich geschlossenen Funktionskreislauf dar. Der Beruf des Bauern in der Handarbeitsstufe war mühselig und schwer, das Leben häufig von Armut und Not geprägt. Jahrhundertelang verliefen die Veränderungen unserer Landschaft langsam und kaum wahrnehmbar.

C Nach dem 2. Weltkrieg setzte mit der Mechanisierung der Landarbeit eine Entwicklung ein, die zu einem gewaltigen Umbruch in der Landwirtschaft geführt hat. Innerhalb von einer Generation vollzog sich der Weg vom Pferdegespann zum Großschlepper, von der Sense zum Mähdrescher und vom Gesindehof zum Einmannbetrieb. Als es darum ging, die Nahrungsmittelproduktion um jeden Preis zu steigern, weil die Menschen Hunger hatten, wurde ökologischen Belangen und Veränderungen der Landschaft kaum Bedeutung beigemessen.

D Der Beitritt zur Europäischen Gemeinschaft* mit einer einseitig ökonomisch ausgerichteten Agrarpolitik zwang die Bauern, immer mehr zu erzeugen, um konkurrenzfähig zu bleiben. Der Strukturwandel der Landschaft nahm drastisch zu. Seit 1965 ist in der Bundesrepublik die Zahl der Bauernhöfe um 41 % zurückgegangen. Die verbliebenen Landwirte versuchen mit großen Anstrengungen, an der allgemeinen Einkommensentwicklung teilzunehmen und den Bestand ihrer Höfe zu sichern. Sie nutzen den wissenschaftlich-technischen Fortschritt und erzeugen mit weniger Arbeitskräften immer mehr Nahrungsmittel. Während um die Jahrhundertwende ein Bauer nur vier Menschen ernährte, sind es jetzt 50. Die Landwirtschaft ist als Teil der Wirtschaft gezwungen, ökonomisch zu handeln. Besorgt fragen sich Bürger, ob moderne Formen der Landbewirtschaftung mit den Zielen der Landschaftspflege und des Naturschutzes noch in Einklang stehen.

E Die Geschichte lehrt, dass ehemals fruchtbare Gebiete, z. B. in den Mittelmeerländern, durch falsche Bewirtschaftung, Raubbau und Abholzung zerstört wurden. Auch heute stehen agrarische Produktionsmethoden häufig im Widerspruch zu ökologischen Gesetzmäßigkeiten. Monokulturen und Produktionssteppen sind ökologisch verarmte, instabile, eintönige und menschenunfreundliche Landschaften. Es kann nicht übersehen werden, dass die Mechanisierung und der wirtschaftliche Druck auch bei uns dazu geführt haben, dass Wiesen in Ackerland umgewandelt, erosionsfördernde Fruchtarten angebaut, ökologische Ausgleichsflächen wie Feldraine und Hecken zurückgedrängt und Feuchtflächen entwässert wurden.

F In der Vergangenheit haben auch zunehmende Ansprüche der Gesellschaft und die Industrialisierung von der Landschaft ihren Tribut gefordert. Viele Flächen wurden für Siedlungen, Fabriken, Straßen, Bahnen, Kanäle, Kies- und Sandgruben, Golfplätze, Skipisten, Badewiesen usw. verbraucht. Äcker und Wiesen mussten weichen, um den Flächenbedarf zu decken.

G Land- und Forstwirte erbringen unentgeltliche Leistungen für viele Erholungsaktivitäten der Bürger in der freien Natur. Dafür erwarten sie, dass auch ihre Belange von den Erholungssuchenden gewahrt und respektiert werden. Rücksichtsvolle und umsichtige Bürger werden deshalb keine aufwachsenden Kulturen betreten oder befahren, die Wirtschaftswege nicht mit parkenden Fahrzeugen versperren und Überreste des Picknicks, wie Flaschen, Büchsen und Tüten, wieder mitnehmen. Das Verständnis für die Probleme, Ansprüche und Notwendigkeiten der Landwirtschaft und des Naturschutzes ist Voraussetzung, dass wir auch in Zukunft einen Lebensraum und eine Landschaft erhalten, die allen Ansprüchen gerecht wird.

* seit Nov. 1993 sprechen wir von der Europäischen Union

2. Ordnen Sie die Überschriften jeweils einem Textabschnitt zu. Falls eine Überschrift nicht passt, markieren Sie gar nichts.

1. Boden für Landwirte nach dem zweiten Weltkrieg nicht nutzbar ☐
2. Gemeinsame Anstrengungen von Landwirten und Bürgern zur Bewahrung des ökologischen Gleichgewichts notwendig ☐
3. Aufmerksamkeit der Europäischen Gemeinschaft richtete sich verstärkt auf die Erhaltung der Umwelt ☐
4. Abwechslungsreiche Kulturlandschaft ist im Laufe vieler Jahrhunderte entstanden ☐
5. Freizeitverhalten der Menschen richtet große Schäden in der Natur an ☐
6. Der Boden – „zweckentfremdet", asphaltiert und zubetoniert ☐
7. Harte Arbeit und wenig Geld – das harte Leben der Bauern in der Vergangenheit ☐
8. Verstärkter ökonomischer Druck durch Beitritt zur Europäischen Gemeinschaft ☐
9. Intensive, einseitige Bearbeitungsmethoden verursachen verkarstete Landschaften ☐
10. Nach 1945: Mechanisierung der Landarbeit, Vernachlässigung ökologischer Gesichtspunkte ☐

3. Vergleichen Sie die folgenden Behauptungen mit den Aussagen im Text. Wird das im Text gesagt, *Ja* oder *Nein?*

	Ja	Nein
1. Mitteleuropa war ursprünglich von Wäldern bedeckt.	☐	☐
2. Als die Bauern immer mehr Land gerodet hatten, wanderten auch mehr Menschen nach Mitteleuropa ein.	☐	☐
3. Nach dem zweiten Weltkrieg wuchs das Bewusstsein für ökologische Zusammenhänge.	☐	☐
4. Die Europäische Gemeinschaft ist hauptsächlich auf Steigerung der Produktivität ausgerichtet.	☐	☐
5. Die Zahl der Bauernhöfe ist in den letzten dreißig Jahren um ca. 40 % zurückgegangen.	☐	☐
6. Vor rund hundert Jahren konnte ein Bauer nur soviel produzieren, dass er davon vier Menschen ernähren konnte.	☐	☐
7. Heute sind die Bearbeitungsmethoden zwar sehr effektiv, aber die ökologischen Folgen bereiten Probleme.	☐	☐
8. Die Industriegesellschaft hat viele landwirtschaftliche Flächen für ihre Ziele genutzt und u. a. bebaut.	☐	☐
9. Land- und Forstwirte verdienen sich zusätzlich Geld, indem sie dafür sorgen, dass die Spuren der Erholungssuchenden immer wieder beseitigt werden.	☐	☐

4. Führen Sie die Sätze mit verschiedenen Gedanken aus dem Text zu Ende.

1. Bis zum zweiten Weltkrieg _____

2. Eine einseitige, menschenunfreundliche Landschaft entsteht durch _____

3. Ökologisch schädlich sind Maßnahmen wie _____

4. Im Rahmen der Europäischen Gemeinschaft _____

5. Natürlich haben die Landwirte den Wunsch, _____

6. In den Mittelmeerländern _____

7. Zu den alten Landschaftsformen gehören _____

8. Ökologie und Ökonomie _____

III. Nicht nur im Zoo

I. Lesen Sie bitte die Überschrift und den ersten Abschnitt. Überlegen Sie sich, um welche Tiere es sich dabei handeln könnte.

Lustiges Leben

Trotz Menschennähe und Verkehrslärm betrachten immer mehr Arten von Wildgetier die Stadt als erstrebenswerten Standort.

2. Lesen Sie jetzt weiter. Kommen die von Ihnen genannten Tiere vor? Steht irgendetwas in dem Text, worüber Sie sich besonders wundern?

Die Anrufer meldeten sich aus dem Bahnhof Hamburg-Altona: Im Gemäuer habe sich „ein riesiger, schrecklicher Vogel" niedergelassen.

Berufsjäger Harald Nieß, als Leiter der städtischen Schwanenstation für derartige Fälle zuständig, stieß am Bahnhof auf einen Menschenauflauf. Sechs Meter über den Köpfen der Großstädter erblickte der Jäger in einer Mauernische einen Uhu, mit einer Flügelspannweite von 1,70 Meter größter Vertreter aller heimischen Eulenarten.

Nieß verzichtete darauf, den gefiederten Asylanten einzufangen und ihn in einem artgerechten Biotop auf dem Lande wieder auszusetzen. Die Wahlheimat des Uhus war offensichtlich artgerecht genug. Üppig herumliegende Taubenreste zeigten den Vogelfängern an: „Der kann sich im Bahnhof von Altona ja wunderbar selber ernähren, den lassen wir in Ruhe."

Kein Einzelfall. Wenigstens vier weitere Exemplare der sonst so scheuen Nachtvögel haben sich, zwischen Büroriesen und Häuserblöcken, im Stadtparkbereich der Hansestadt Hamburg angesiedelt. Ähnliches beobachten Wildheger an Böschungen, auf Türmen und in Parkanlagen anderer deutscher Städte, ob Köln, München oder Berlin: Das Stadtleben lockt Tiere aus freier Wildbahn offenbar unwiderstehlich an.

Allen voran haben Rabenvögel wie Elstern und Eichelhäher sowie Felltiere wie Wildkaninchen und Steinmarder sich in die Städte begeben – überaus vermehrungsfreudige Dauergäste, die mancherorts längst als Plage empfunden werden. Und immer häufiger riskieren auch behaarte Räuber wie Füchse, Dachse und Waschbären dreiste Beutezüge ins Stadtgebiet – Verhaltensweisen, die den Biologen Rätsel aufgeben.

„Merkwürdig, dass keiner der Falken in die freie Landschaft auswanderte," fragte sich der Hobby-Ornithologe Claus Doering bei der Beobachtung von Wanderfalken, die in den Zinnen einer Kölner Kirche hausen. Diese Vogelart ist weltweit gefährdet. Die Falken, auch anderwärts wieder heimisch, haben kapiert, was die Stadt auch für Uhus und Kolkraben sowie für Hunderte von Elstern und Eichelhähern neuerdings so interessant macht: Dort gibt es massig und mühelos zu fressen, die Nester von Amsel, Drossel, Fink und Star sind nicht vor ihnen sicher.

Mittlerweile geht es ihnen aber auch an die eigenen Eier. Das machen die immer zahlreicher durch die Gärten turnenden Eichhörnchen. Mancher Jäger glaubte schon, die roten Kobolde seien vom Aussterben bedroht, weil in den Wäldern kaum noch welche anzutreffen sind. Aber keine Angst – die sind alle in der Stadt, wo das Tierleben die reine Lust geworden ist.

Dort gibt es auch außerhalb der Eiersaison im Frühling nahrhafte Köstlichkeiten in Hülle und Fülle: Pommes direkt aus der Tüte, weggeworfene Schulbrote, vor die Tür gestelltes Katzenfutter, vor allem aber die Mengen an Körnern und Brotkrümeln, die von Opas und Omas Tag für Tag in den städtischen Parks und Grünanlagen ausgestreut werden.

Aber nicht nur das Futterangebot treibt Wildtiere in die Städte, wo ein neues Ökosystem entstanden ist. Nach Ansicht der Experten haben vor allem die Landwirte mit ihren Flurbereinigungen und Giften die Landflucht der Tiere ausgelöst. Kaskaden von Gülle*, Wolken von Kunstdünger, Unkrautvertilgern und Insektiziden brachten die ländlichen Biotope aus dem Lot, die Tiere finden keine Deckung mehr, die pflanzlichen

Monokulturen erschweren ihnen das Überleben. Der Hase zum Beispiel, Liebhaber eines ordentlich gemischten Feldsalates, hoppelt hoffnungslos zwischen Feldern mit Mais oder Zuckerrüben umher. Seine gewohnte „Kräuterapotheke" am Feldrain, früher mit weit über 100 verschiedenen Gewächsen köstlich ausstaffiert, wurde chemisch vernichtet.

In den Städten dagegen beobachten die Botaniker ein immer stärkeres Aufblühen einer neuen pluralistischen Pflanzengesellschaft, mit nicht weniger als 380 verschiedenen Kräutern und Gräsern beispielsweise im Zentrum von Berlin. Die Stadt bietet außerdem, abstrahlend von den geheizten Häusern, mehr Wärme zur Winterszeit. Wegen ihrer zurückgezogenen Lebensweise fällt kaum auf, dass sich inzwischen außer den Vögeln auch zahlreiche Säugetiere als Stadtbewohner etabliert haben. Nach Ansicht der Fachleute hausen sogar mehr Steinmarder, Igel und Eichhörnchen in der Stadt als in ländlichen Gebieten. Hamburgs oberster Wildheger Harald Nieß hat längst herausgefunden, auf welche schlauen Überlebensstrategien die Tiere verfallen sind, wie zum Beispiel der Feldhase: Da er neben Deckung und Nahrung auch Ruhe und freien Raum braucht, findet der in Hamburg wohnhafte Meister Lampe** sein Auskommen am bequemsten auf dem Ohlsdorfer Friedhof.

* Gülle = flüssiger Dünger aus tierischen Fäkalien
** Meister Lampe = Name für Hasen in Märchen und Fabeln

3. Verwenden Sie die Informationen aus dem Text für die folgenden Aufgaben.

1. Welche Arten von Tieren findet man heute in den Städten? (Ordnen Sie die Tiere zu Gruppen.)
2. Warum leben die Tiere vermehrt in den Städten? (Nennen Sie mehrere Gründe.)
3. Was hat sich in den Städten verändert?
4. Beschreiben Sie, welche Bedürfnisse ein Feldhase hat.

4. Setzen Sie die folgenden Sätze so zusammen, dass sich ein fortlaufender Text ergibt.

1. Voller Überraschung beobachten Biologen, dass sich in unseren Städten immer mehr Wildtiere heimisch fühlen.
2. Außerdem ist durch die moderne Landwirtschaft der Lebensraum vieler Tiere so verändert worden, dass er ihren Bedürfnissen nicht mehr entspricht.
3. Die schlauen Tiere haben daraus ihre Konsequenzen gezogen: Sie „wohnen" jetzt in den Städten.

A So gefährden zum Beispiel Monokulturen und der Einsatz von chemischem Dünger das Überleben der Wildtiere in der freien Natur.
B Hauptsächlich liegt es daran, dass sie hier ein reichlicheres Nahrungsangebot finden als auf dem Land.
C Dort nutzen Sie geschickt die Möglichkeiten, die sie als „Stadtbewohner" haben.

IV. Was „Look" 1962 voraussah

Blick zurück in die Zukunft

Im Jahre 1962 fragte die Redaktion der amerikanischen Zeitschrift *Look* Leser und Experten: Wie wird es auf unserer Erde in 25 Jahren aussehen? Die 25 Jahre sind längst verstrichen. Über die Prognosen aus einer Zeit der Technikeuphorie und Wissenschaftsgläubigkeit darf man heute lächeln. 1987 – so die Look-Propheten – schweben wir auf Luftkissenfahrzeugen über Wiesen und (gesunde) Wälder. „Stolz, Wagemut und Neugier" haben uns ins Weltall gejagt. Selbstverständlich haben wir das Karzinom unter Kontrolle. Organverpflanzungen und elektronische Steuerung kranker Körperteile sind ein Klacks für unsere Doktoren. Janet Travell, Ärztin im Weißen Haus, freut sich 1962, als das fröhliche Gen-Manipulieren gerade begonnen hat: „Die Aufgaben einer Medizin der Zukunft liegen in den Möglichkeiten, menschliche Verhaltensmuster zum Wohl der Allgemeinheit zu verändern."

Look prophezeit auch all die wunderbaren Dinge, deren wir uns tatsächlich erfreuen könnten, wenn wir nur wollten: den vollautomatischen Arbeitsplatz, die vollautomatische Küche: Selbstverständlich ist *sie* es, die auf die Taste drückt, wenn *er* mit fünf Geschäftsfreunden überraschend zum Essen kommt. Es gibt den Segen des maschinenlesbaren Ausweises, der zugleich über die Kreditwürdigkeit Auskunft gibt. Weniger progressiv ist die Mode, die ein lahmer Look-Computer in 40 Minuten aus den Silhouetten der zurückliegenden 25 Jahre als letzten Schrei für 1987 errechnet: Glockenrock, Empiretaille und das unvergängliche Folterinstrument Pfennigabsatz. Ölkrise und Vietnam, Flower-Power, der Ayathollah, die Pille, Umweltverpestung und Frauenbewegung sind fern. Die fröhlichen Jungs in ihren großen Autos fahren ohne Sicherheitsgurte spazieren. Die Dritte Welt ist ganz weit weg: Überbevölkerung und Hunger sind Angelegenheiten unterirdisch wirkender Kräfte („Wir wissen beim Teufel nicht, wohin mit den Überschüssen der amerikanischen Landwirtschaft").

1961 war Lumumba ermordet worden und die Berliner Mauer gebaut, 1962 war das Jahr der Kubakrise. Weder stand der Weltfrieden vor der Tür, noch stieß „die Ausbreitung der westlichen Ideale von Freiheit" in der Welt auf ungeteilte Begeisterung. Dennoch prognostiziert John F. Kennedy ein Anwachsen des demokratischen Geistes. Sean O'Casey wähnt alle Kriegstreiber im Wachsfigurenkabinett und Frauen auf allen Gipfeltreffen. Martin Luther King erwartet ein christliches Zeitalter und ein Erröten der Welt über die vergangene Rassendiskriminierung. Erich Fromm schwankt zwischen den Voraussagen, entweder hätten die Überlebenden eines Nuklearkrieges eine Weltdiktatur errichtet oder eine Renaissance der vereinten Menschheit habe begonnen. Billy Graham sagt, was immer stimmt: Satanische Kräfte sind am Werk und deuten auf den Weltuntergang.

Woher die bodenlosen Prognosen? Zeigte ein Blick 25 oder 50 Jahre zurück nicht, dass es weder mit der Technik noch mit dem Frieden, noch mit der Veredelung der Menschheit so rauschhaft vorangehen würde? „Selbstverständlich habt ihr fürs tägliche Leben dreihundert nichtige Maschinen mehr als wir, und im übrigen seid ihr genauso dumm, genauso klug, genau so wie wir." Die Botschaft ist noch ein Vierteljahrhundert älter – von Kurt Tucholsky, 1926.

I. Vergleichen Sie die folgende Zusammenfassung mit dem vollständigen Text. Wählen Sie bei den Aufgaben das jeweils passende Wort für jede Lücke aus.

1962 startete die Zeitschrift *Look* (a) _____ zum Thema: Wie wird es auf (b) _____ in einem Vierteljahrhundert aussehen? Die 25 Jahre sind längst (c) _____. Heute kann man über viele dieser (d) _____ nur lachen. Die Menschen glaubten vor allem daran, dass (e) _____ riesige Fortschritte machen würde, Krebs und unheilbare Krankheiten gäbe es dann kaum noch. Auch (f) _____ sahen die Menschen nicht voraus, dass die Probleme eher größer als kleiner werden würden, denn die (g) _____ durch die vielen (h) _____ war damals noch kein Thema. Die Rolle (i) _____ wurde nicht in Frage gestellt, allerdings sollte die moderne Küche vollautomatisch funktionieren. Besonders traurig ist es, dass alle Vorhersagen, die die politischen und wirtschaftlichen Verhältnisse auf unserer Welt betreffen, so wenig (j) _____ geworden sind: Demokratie, Frieden, Selbstbestimmung und Chancengleichheit gibt es noch längst nicht für alle Menschen.

(a) A einen Artikel | B eine Umfrage | C Reporter | D Leser und Experten

(b) A dem Weltall | B Amerika | C unserem Planeten | D der Dritten Welt

(c) A vergangen | B bekannt | C vergessen | D verändert

(d) A Berichte | B Vorhersagen | C Fragen | D Reportagen

(e) A die Krankheiten | B die Medikamente | C die Medizin | D die Ärzte

(f) A beim Wetter | B beim Verkehr | C beim Fahren | D beim Benzin

(g) A Autobahnen | B Verkehrssicherheit | C Geschwindigkeit | D Umweltverschmutzung

(h) A Unfälle | B Autos | C Verkehr | D Menschen

(i) A der Maschinen | B des Essens | C der Frau | D der Köche

(j) A Zukunft | B Wirklichkeit | C Vergangenheit | D Prognosen

V. Buchbesprechung

I. Eine Buchbesprechung gibt in der Regel den Inhalt eines Buches wieder, gibt eine Bewertung des Inhaltes und beschreibt den Nutzen, den der Leser durch die Lektüre hat. Überlegen Sie beim Lesen, für wen das Buch gedacht ist.

Immobilienangebote – Lieblingslektüre des modernen Erfolgsmenschen – sind mit höchster Vorsicht zu genießen. „Seriöses Umfeld" zum Beispiel muss man etwa mit „totes Bankviertel" übersetzen; „zentrale Lage" heißt so viel wie „laut und schmutzig". Der Wahrheitsgehalt der Texte jedenfalls sei zutiefst hintergründig, stellte der in Düsseldorf ansässige Zentralverband der Deutschen Haus-, Wohnungs- und Grundeigentümer e.V. fest. „Positiv ausgedrückt" handle es sich um Branchenlyrik, die da in Anzeigenspalten erscheine. Die raffinierte Verschleierungstaktik, die hinter den Worten stehe, sei nur zwischen den Zeilen zu erkennen. Verbandspräsident Friedrich-Adolf Jahn sagte der Deutschen Presse Agentur: „Oft schönt die Dichtkunst der Inserenten das Verkaufsobjekt zum Luftschloss, um so schmerzhafter, wenn dann die Wirklichkeit die Illusion zerstört."

Enttäuscht sind in der Regel die Laien. Für Eingeweihte – Leute also, die die gängigen Chiffren kennen – liest sich die Immobilien-Poesie etwa wie für Personalchefs die Geheimsprache der Zeugnisse von Stellenbewerbern. Haus & Grund rät Interessenten jedenfalls: „Augen auf beim Hauskauf". So lautet auch der Titel des „Wörterbuchs", das Verbandsjustitiar Frank-Georg Pfeifer zusammengestellt hat, um potentiellen Hauskäufern den Schlüssel zum Verständnis des Werbejargons zu liefern. „Lebhafte Umgebung" bedeute, dass Schlaf erst im Morgengrauen möglich sei, übersetzt der Jurist. Und „wenige Autominuten von der City" besage nichts anderes als Stadtrandlage ohne Bahn- und Busverbindung. „Gut erhalten" dürfte man mit renovierungsbedürftig gleichsetzen und „in unberührter Natur" mit „Ackerlage". Wenn „herrlicher Seeblick" gepriesen werde, sei Wasser meist nur mühsam erkennbar. „Stilvolles jugendliches Ambiente" verheiße ein Kneipenviertel, und wenn ein Haus einen verkorksten Wohnungszuschnitt aufweise, sprächen Angebote von „individueller Bauweise".

Schlimmer komme es nur noch beim „experimentellen Wohnungsbau". Hinter diesem Begriff verberge sich regelmäßig eine Planungskatastrophe. Hinter dem Hinweis „unter Denkmalschutz" stecke nichts anderes, als dass sich wesentliche Eigentümerrechte in der Hand des Denkmalpflegers befänden. „Nähe Stadtpark" ist laut Haus & Grund die Ecke, die selbst Mitglieder der örtlichen Boxstaffel nach Einbruch der Dunkelheit meiden", und „Nähe Supermarkt" wolle sagen: „Ab fünf Uhr morgens Lieferlärm". Vorsicht sei bei idyllischer Hanglage geboten. Pfeifer: „Hier gibt es meist Feuchtigkeit gratis." Auch bei bestimmten Gemarkungsnamen* müsse sofort die Alarmanlage aufleuchten. Beispiel: „Am Zinkgrubenweg". Dort habe sicher kein Rosengarten gelegen. Wahrscheinlicher seien Altlasten. Apropos Garten. „Mit Wintergarten" sei ein verfänglicher Hinweis, meinte Pfeifer. Meist sage das nur „im Winter hohe Heizkosten, im Sommer Sauna".

Pfeifers Wörterbuch, das demnächst in allen gut tausend in Haus & Grund Deutschland zusammengeschlossenen Vereinen zu haben sein wird, enthält aber beileibe nicht nur den Vokabelteil. Vermittelt werden auch Lebenserfahrungen von grundsätzlicher Bedeutung. So sollte man das Objekt der Begierde „nur bei fiesem Regenwetter" besichtigen. „Denn bei schönem Wetter hat der Mensch meist gute Laune. Dann ist er nicht kritisch. Die goldene Abendsonne eines schönen Herbsttages überstrahlt all seine Bedenken", warnt Pfeifer. Daher: „Entweder Augen oder Beutel auf!"

* Gemarkung = das Gebiet, die Fläche einer Gemeinde (Dieser Wald gehört zur Gemarkung Neustadt)

2. Mit welchen Worten, Begriffen oder Umschreibungen werden die folgenden Ausdrücke im Text beschrieben? (Die Definitionen entsprechen der Reihenfolge des Vorkommens im Text.)

1. was man am liebsten liest
2. jemand, der sehr erfolgreich ist und Erfolg für sehr wichtig hält
3. was in den Texten nicht gelogen oder übertrieben ist
4. seinen festen Wohnsitz/Firmensitz haben
5. poetische Verklärung, die einen Firmenzweig betrifft
6. Teil der Zeitung, in dem Annoncen blockartig abgedruckt sind
7. Methode, Versuch, etwas zu verstecken, Missstände nicht aufzudecken
8. etwas nicht ausdrücklich Gesagtes erkennen, lesen
9. so unrealistisch und positiv darstellen, dass es der Realität nicht entspricht
10. Nichtfachleute, nicht auf einem Spezialgebiet ausgebildete Menschen
11. Menschen, die von geheimen Dingen Kenntnis haben, die nicht jedem bekannt oder zugänglich sind
12. künstliche Sprache, die nur für Eingeweihte verständlich sein soll
13. Mittel, Methode, sich zu etwas Zugang verschaffen, was man sonst nicht versteht, Auflösung eines Geheimnisses
14. zu Beginn des Tages
15. mit Haltestellen für Bahn oder Bus in nächster Nähe
16. Stadtteil mit vielen Restaurants und Lokalen, Amüsierviertel
17. schlecht gemacht, unsachgemäß ausgeführt
18. wenn es dunkel geworden ist
19. Krach, den die Lastwagen beim An- und Abfahren machen, Lärm beim Be- und Entladen
20. giftige Abfälle, die früher dort gelagert wurden und den Boden verseucht haben
21. der Gegenstand intensiver Wünsche, das Ziel der Sehnsucht
22. Achtung! Aufpassen!
23. Portemonnaie, Geldbörse

3. Geben Sie mit eigenen Worten wieder, was Sie sich zunächst unter den folgenden Begriffen vorstellen oder vorstellen würden und was Sie (nach Pfeifer) in Wirklichkeit über das jeweils angebotene Objekt aussagen.

1. seriöses Umfeld
2. zentrale Lage
3. lebhafte Umgebung
4. wenige Autominuten von der City
5. gut erhalten
6. in unberührter Natur
7. herrlicher Seeblick
8. stilvolles jugendliches Ambiente
9. individueller Bauweise
10. experimentellen Wohnungsbau
11. unter Denkmalschutz
12. Nähe Stadtpark
13. Nähe Supermarkt
14. idyllischer Hanglage
15. Am Zinkgrubenweg
16. mit Wintergarten

4. Ergänzen Sie die Vokale

–nf–m–lienhäuser

Passau, r–m–nt–sch–s H–lzbl–ckh––s –n r–h–g–r L–g–, –nd–v–d––ll– B––w––s–, W–nt–rg–rt–n, m–t P–n–r–m–bl–ck, B––j–hr 84, 250 m² W–hnfl–ch– m–t ––nl––g–rw–hn–ng, v–n Pr–v–t, s–f–rt b–z––hb–r DM 850 000,–

VI. Frauen und Wohnungsbau

I. Lesen Sie die Fragen. Hören Sie dann die Sendung.

Frau Brettinger äußert sich zu Fragen des Wohnungsbaus und der Städteplanung.
a) Welche Kritikpunkte äußert Frau Brettinger bezüglich
- der Städteplanung?
- der Wohnungsplanung?
b) Welche Vorschläge macht sie zur
- Städteplanung?
- Wohnungsplanung?

2. Was würde eine Kollegin/ein Kollege von Frau Brettinger in Ihrem Heimatland zum gleichen Thema sagen können?

3. Was würden Sie Frau Brettinger antworten?

VII. Von Flaschen, Tüten und Kartons

Antworten Sie mit eigenen Worten.

1. Welche Gründe werden dafür angegeben, dass Kunden Milch in Flaschen kaufen?
   a. Frau Bahnsen:
   b. Herr Erler:
   c. Frau Maßberg:
2. Wo arbeitet Herr Lohse?
3. Wie unterscheiden sich die heutigen Milchflaschen von den früheren?
4. Welche Probleme entstehen bei der Reinigung der Flaschen?
5. Welchen Vorteil hat die Kartonverpackung?
6. Welche Schwierigkeiten ergeben sich bei der Wiederverwendung der Flaschen?
7. Welche Umweltbelastungen entstehen beim Transport der Flaschen?
8. Welche Vorteile bieten die Kartonverpackungen im Hinblick auf die Lagerung?
9. Welche Vorteile hat die Kartonverpackung für die Kunden?
10. Welche Motive für den Kauf von Milch in Flaschen vermutet Herr Lohse bei den Käufern?

VIII. Klar, doch nur mit dem Flieger!

Welche der folgenden Behauptungen haben Sie im Text gehört?

Ja Nein

1. Der Flugverkehr wird sich bis zum Jahr 2000 verdoppeln. ☐ ☐
   Im Jahr 2000 werden täglich 500 Flugzeuge den Nordatlantik
   überqueren. ☐ ☐
   Der Luftverkehr wächst langsamer als andere Verkehrsbereiche. ☐ ☐

2. Jeder Bundesbürger fliegt mindestens einmal im Jahr tatsächlich
   in Urlaub. ☐ ☐
   Auch wenn viele Menschen selten oder nie fliegen, kommt auf einen
   Bundesbürger durchschnittlich eine Flugreise pro Jahr. ☐ ☐
   Jeder Bundesbürger bevorzugt das Flugzeug, weil es am billigsten ist. ☐ ☐

3. In geringer Höhe richten die Flugzeuge noch keinen Schaden an,
   wenn die Sonne nicht scheint. ☐ ☐
   In etwa 40 Kilometern Umkreis von Flughäfen tritt der Sommersmog
   auf. ☐ ☐
   Beim Starten und bei niedrigen Flügen bildet sich ein gefährliches
   Gas in den unteren Luftschichten. ☐ ☐

4. Bei Langstreckenflügen dringt Ozon in die Flugzeuge ein. ☐ ☐
   Je höher die Flugzeuge fliegen, desto mehr Ozon wird gebildet. ☐ ☐
   Was die Flugzeuge in großer Höhe ausstoßen, schädigt die schützende
   Ozonschicht. ☐ ☐

5. In höheren Schichten der Atmosphäre halten sich die Schadstoffe
   sehr viel länger als am Boden. ☐ ☐
   Die Schadstoffe sinken aus den höheren Schichten langsam auf den
   Boden. ☐ ☐
   Die Schadstoffe, die durch Autoverkehr und Kraftwerke produziert
   werden, steigen in die höheren Schichten auf und bleiben dort lange
   erhalten. ☐ ☐

6. Der Schleier aus gefrorenem Wasserdampf verhindert, dass die Erde
   ihre Wärme ins All zurückstrahlt. ☐ ☐
   Der Schleier aus gefrorenem Wasserdampf verhindert, dass die
   Wärme der Sonne zur Erde dringt. ☐ ☐
   Die Temperatur auf der Erde steigt an, weil die Sonnenstrahlen durch
   den Schleier aus gefrorenem Wasserdampf verstärkt werden. ☐ ☐

7. Die Fluggesellschaften bemühen sich, es ihren Passagieren immer
   bequemer zu machen. ☐ ☐
   Trotz der Bemühungen der Fluggesellschaften wächst die Bedrohung
   durch den Flugverkehr. ☐ ☐
   Der Flugverkehr hat seit 1970 um 40 Prozent zugenommen. ☐ ☐

8. Naturschutz- und Umweltschutzverbände werden von den Gesetz-
   gebern bevorzugt. ☐ ☐

4

Das Allgemeinwohl ist wichtiger als das stetige Anwachsen des Flugverkehrs. ☐ ☐

Es müsste neu diskutiert werden, was für das Allgemeinwohl wirklich wichtig ist. ☐ ☐

9. Die Regierungen sollten die Fluggäste fragen, ob der Flugverkehr ausgeweitet werden soll. ☐ ☐

Flugzeuge werden oft benutzt, um unseren luxuriösen Lebensstandard aufrechtzuerhalten. ☐ ☐

Die Regierungen sollten nur noch Flüge genehmigen, mit denen Menschen befördert werden müssen. ☐ ☐

Ende des Wachstums?

Lehr-buch Seite 178 –179

**I. Die folgenden Begriffe kommen im Text vor.
Versuchen Sie, diese Begriffe den Erklärungen zuzuordnen:**

Arbeitsplatzrisiko (n) — Binnenmarkt (m) — Devisenknappheit (f) — Gesundheits-wesen (n) — Handelsbeziehungen (f, hier: Pl.) — Kaufkraft (f) — Marktsättigung (f) — Wachstumsdroge (f) — Wachstumsschub (m) — wildes Wachstum (n) — Zahlungsnöte (f, hier: Pl.)

> *Beispiel:*
> _das Bruttosozialprodukt_ = der Wert aller Güter, die in einem Land produziert werden und der Wert aller Dienstleistungen

1. _____ = die Gefahr, den Arbeitsplatz zu ver-lieren.

2. _____ = der Markt innerhalb eines Staates.

3. _____ = Man produziert und produziert, ohne sich zu fragen, ob man all diese Produkte auch verkaufen kann.

4. _____ = die umfangreiche Produktion von Gütern innerhalb eines kurzen Zeitraums.

5. _____ = Gesamtheit der staatlichen Einrich-tungen zur Förderung und Erhaltung der Gesundheit, zur Bekämpfung von Krankheiten und Seuchen.

6. _____ = der Wert des Geldes, mit dem man Waren und Dienstleistungen bezahlen muss.

7. _____ = der Zeitpunkt, zu dem ausreichend Güter auf dem Markt sind.

8. _____ = Anreize für eine Ankurbelung der Wirtschaft.

9. _____ = Beziehungen zwischen den Staaten, die den Austausch von Waren und Geld betreffen.

10. _____ = Mangel an Zahlungsmitteln in fremder Währung.

11. _____ = Es ist kein Geld vorhanden, um die
(bereits erhaltenen) Waren zu bezahlen.

**2. Haben Sie das im Text gelesen? Kreuzen Sie bitte „ja" oder „nein" an.
Bei „ja" notieren Sie bitte die entsprechende(n) Zeilen(n).**

	Ja	Zeile(n)	Nein
Beispiel: Die westdeutsche Wirtschaft müsste regelmäßig wachsen, dann wäre es möglich, wieder alle Menschen zu beschäftigen.	X	3-4	
1. Die Bundesbürger haben sich in den letzten Jahren reichlich mit Konsumgütern versorgt.			
2. Für den „kleinen Mann" bietet der Konsumgütermarkt viel Neues.			
3. Auch weil das Öl teurer geworden ist, wurde weniger gekauft.			
4. Die Verteuerung der Energie führte zu einem weiteren Wirtschaftswachstum.			
5. Nur höhere Einwohnerzahlen, steigende Ausfuhren und neue Erfindungen hätten erneut zu einem guten Umsatz führen können.			
6. In den neuen Bundesländern müssen höhere Steuern gezahlt werden.			
7. Mit dem Fall des Kommunismus entstand im Osten ein neuer bedeutender Markt für die deutsche Wirtschaft.			
8. Die wirtschaftliche Rezession beschränkt sich nur auf die Bundesrepublik Deutschland.			
9. Mikroelektronik verkauft sich zwar gut, aber es gehen dadurch viele Arbeitsplätze verloren.			
10. Weil viele Länder kein Geld haben und die Konkurrenz immer stärker wird, geht der Export der deutschen Wirtschaft zurück.			
11. Die Umweltschützer möchten, dass jedes weitere Wachstum sorgfältig geplant und kontrolliert wird.			

3. Finden Sie Synonyme. Beziehen Sie sich auf den Text.

1. (Z. 5) Risiko
2. (Z. 8) anschaffen
3. (Z. 10) regelmäßig
4. (Z. 15) Konsum
5. (Z. 16) Binnenmarkt
6. (Z. 19) Expansion
7. (Z. 21/22) Innovation
8. (Z. 36) Zahlungsnöte
9. (Z. 28/29) Souveränität
10. (Z. 38) schrumpfen
11. (Z. 38) Konkurrenz
12. (Z. 41) vernichten

4. Wie heißt das Gegenteil?

1. Aufschwung
2. Marktsättigung
3. Import
4. Zahlungsnöte
5. zurückgehen
6. Ausgaben
7. Zuwachs
8. der kleine Mann
9. Steuererhöhung
10. Expansion

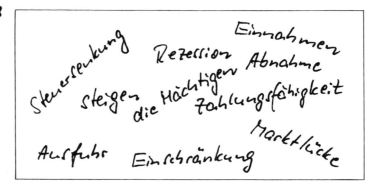

Steuersenkung Einnahmen Rezession Abnahme steigen die Mächtigen Zahlungsfähigkeit Marktlücke Ausfuhr Einschränkung

5. Formen Sie die folgenden Sätze um, ohne den Sinn zu verändern.

> *Beispiel:*
> Aber woher soll Wachstum denn noch kommen?
> Aber ___wodurch___ soll Wachstum denn noch entstehen?

1. Die wirtschaftswissenschaftlichen Institute meinen damit ja nicht hier und da mal ein Prozent Zuwachs des Bruttosozialproduktes.

   a) Die wirtschaftswissenschaftlichen Institute verstehen _____ ja nicht hier und da mal ein Prozent Zuwachs des Bruttosozialproduktes.

   b) Die wirtschaftswissenschaftlichen Institute _____ ja dabei nicht hier und da mal ein Prozent des Bruttosozialproduktes _____ Auge/Sinn.

   c) Die wirtschaftswissenschaftlichen Institute gehen ja dabei nicht _____ aus, dass das Bruttosozialprodukt hier und da mal _____ ein Prozent zunimmt.

2. Um Vollbeschäftigung zu erreichen, müsste Westdeutschlands Wirtschaft Jahr für Jahr um 6 Prozent wachsen.

   a) Wenn Vollbeschäftigung _____ soll, müsste Westdeutschlands Wirtschaft _____ Jahr um 6 Prozent wachsen.

   b) Nur ein jährliches _____ von 6 Prozent könnte _____ Vollbeschäftigung führen.

3. Die Gründe dafür sind ganz einfach.

Dafür gibt _____ Gründe.

4. Zumindest der vom Arbeitsplatzrisiko betroffene kleine Mann versteht sie sofort.

   a) Zumindest der kleine Mann, _____ vom Arbeitsplatzrisiko _____ ist, versteht sie sofort.

   b) Zumindest _____ vom Arbeitsplatzrisiko betroffenen kleinen Mann sind sie sofort verständlich.

   c) Zumindest _____ dem kleinen Mann, der den Arbeitsplatz _____ könnte, _____ sofort verstanden.

5. Er kann nämlich das Ende des Wachstums im eigenen Haushalt ablesen.

Das Ende des wilden Wachstums _____ sich nämlich in seinem eigenen Haushalt ablesen.

6. Jeder einzelne Gegenstand steht für jeweils einen neuen Wachstumsschub, dem regelmäßig der nächste gefolgt war.

Jeder einzelne Gegenstand steht für jeweils einen neuen Wachstumsschub, _____ regelmäßig den nächsten _____ sich gezogen hatte.

6. Betrachten Sie die Statistik auf Seite 178, ergänzen Sie die richtigen Zahlen und ersetzen Sie „haben" durch folgende Verben:

ausgestattet sein mit — besitzen — sich befinden — es gibt — verfügen über — zur Verfügung stehen — zu finden sein

> *Beispiel:*
> In 98 von 100 Haushalten ___*gab es*___ im Jahre 1991 eine Waschmaschine.

1. _____ Haushalte _____ über ein Telefon.
2. Mit einem Tiefkühlgerät _____ Haushalte _____.
3. In _____ Küchen _____ sich ein Kühlschrank.
4. _____ Haushalten _____ ein Farbfernseher zur _____.
5. In _____ von 100 Haushalten _____ ein Heimcomputer _____.
6. _____ Hausfrauen _____ eine Geschirrspülmaschine.

Führen Sie diese Übung mit den anderen Angaben der Statistik fort. Sie können natürlich auch andere Verben benutzen.

7. Welche Geräte befinden sich in Ihrem eigenen Haushalt? Notieren Sie, was Ihnen einfällt.

8. Überlegen Sie, was Sie antworten würden:

a) Welche Geräte sind für Sie entbehrlich/unentbehrlich?

b) Worauf würden Sie auf gar keinen Fall verzichten?

c) Welches Gerät benutzen Sie am häufigsten?

d) Welches Gerät würden sie leichten Herzens wieder hergeben?

9. Könnte die im Buch angeführte Statistik

a) heute noch so gelten?

b) auch für Ihr Land gelten?

Übungen zu Grammatik und Wortschatz   Reihe   5

I. Die Präpositionen „durch" und „von"

durch (mit Akkusativ) wird verwendet ...

1. um den Vermittler, die Ursache, das Werkzeug, das Mittel anzugeben, wenn es sich nicht um Personen handelt (= Angabe der Ursache im Passivsätzen):
   Durch Argumente lässt sich niemand überzeugen.
   Sein Vater ist *durch den Unfall* arbeitsunfähig geworden.

   Das gilt auch für Personen, wenn sie nur in einer bestimmten Rolle, Funktion oder als Ausführende eines Auftrags gesehen werden:
   Er ließ den Freund *durch einen Boten* benachrichtigen.

2. zur Ortsangabe:
   Wir fuhren *durch die ganze Stadt.* (= von einem Ende zum anderen)
   Er betrat das Haus *durch die Hintertür.*

3. um anzugeben, wie etwas gemacht wird (= Nebensatz mit *indem*, z.B.: Indem man Sand und Wasser mischt ...):
   Durch Mischen von Sand und Wasser ...
   Durch langjährige Übung ...

4. Zur Angabe einer Zeitdauer:
   den ganzen Sommer (hin)durch ...

5. in festen Wendungen:
   Das ging mir *durch und durch, durch Mark und Bein.*

von (mit Dativ) wird verwendet ...

1. um den Urheber anzugeben (besonders in Passivsätzen), wenn dieser wie eine Person betrachtet wird:
   Das Zeugnis wurde ihm *von der Schulleitung* zugeschickt.

   Von wird aber nur benötigt, wenn es wirklich wichtig ist, den Urheber oder die Ursache anzugeben:

Ein Arzt operierte gestern meine Schwester.	→	Gestern wurde meine Schwester (von einem Arzt) operiert.
Gestern operierte ein ganz berühmter Spezialist meine Schwester.	→	Gestern wurde meine Schwester *von einem ganz berühmten Spezialisten* operiert.

   Der Mann wurde *von einem Blitz* getroffen.

2. zur Ortsangabe (auf die Frage *woher*):
   Ich bin gerade *von Hamburg* zurückgekommen.
   Das Licht kam *von allen Seiten*.

3. in zusammengesetzten Fügungen (vgl. Reihe 4):
   von ... ab, von ... aus   zur Ortsangabe
   von ... an, von ... ab   zur Zeitangabe

4. um einen Genitiv oder ein Adjektivattribut zu ersetzen:

die Theaterstücke Schillers	→	die Theaterstücke *von Schiller*
eine bedeutende Frage	→	eine Frage *von Bedeutung*
meines Vaters Zimmer	→	das Zimmer *von meinem Vater*

   (Besonders in der Umgangssprache wird der Genitiv vermieden und durch *von* ersetzt.)

5. in festen Wendungen:
   von heute auf morgen, in der Nacht *von Freitag auf Samstag*, in der Nacht *vom Freitag zum Samstag, von Tag zu Tag, von Fall zu Fall, von Ort zu Ort*

I. Setzen Sie die Präposition „durch" oder „von" ein.
Ergänzen Sie, wenn nötig, den Artikel.

1. Wenn man _____ Flensburg ins Allgäu reist, fährt man quer _____ ganz Deutschland.

2. Im Haus war so lange nicht mehr geputzt worden, dass man nicht mehr _____ Fenster hinausschauen konnte.

3. Der Fußgänger wurde _____ Auto erfasst und in die Luft geschleudert. _____ Aufprall wurde er schwer verletzt.

4. Das ist eine Frage _____ zentraler Bedeutung, die man nur _____ intensive Beratungen lösen kann.

5. Die Nachricht wurde mir nicht persönlich übermittelt, sondern _____ Boten.

6. Meine Nachbarin liebt es, _____ grelle Kleidung Aufsehen zu erregen.

7. Viele Menschen vertrauen nur auf ihre eigenen Erfahrungen und lassen sich nicht _____ Argumente überzeugen.

8. _____ Schaden wird man klug.

9. Seine Angst kommt _____ seine zitternden Hände deutlich zum Ausdruck.

10. Gib es doch zu: Du hast _____ Anfang an Bescheid gewusst.

11. Manche deutschen Eigenarten sehen in den Augen _____ Ausländern sicher sonderbar aus.

12. Die Spenden werden _____ freiwilligen Helfern eingesammelt und kommen dann _____ das Rote Kreuz zur Verteilung.

13. „Lernen _____ Versuch und Irrtum" ist eine pädagogische Methode.

14. _____ dein vieles Geschwätz lasse ich mich überhaupt nicht beirrren. Warum sollte ich mich _____ dir verunsichern lassen?

15. Mein Bruder hat erst _____ seine Frau _____ der Erbschaft erfahren. Er hatte viel Geld _____ ein_____ Onkel geerbt.

16. Nach vielen Erfolgen kann man immer noch _____ einen einzigen Miss- erfolg zu Fall kommen.

17. _____ regelmäßiges Training ist es dem Sportler schließlich doch ge- lungen, sich _____ den Folgen seines Unfalls auch körperlich wieder zu erholen.

18. Die ganze Woche hin _____ hatte es geschneit und dann schlug plötzlich in der Nacht _____ Sonntag auf Montag das Wetter um.

19. Auf der Rückfahrt _____ England bin ich _____ Belgien gefahren.

20. Der Unfall war _____ dichten Nebel verursacht worden. Die Reparatur des beschädigten Autos wurde _____ der Versicherung bezahlt.

21. _____ Schießerei hatte die Bankangestellte einen gefährlichen Schock erlitten. Sie musste ins Krankenhaus gebracht werden, obwohl sie nicht _____ einer Kugel getroffen worden war.

22. Wenn ich abends im Bett liege, schießen mir immer allerhand Gedanken _____ Kopf.

23. Zum Sparen reicht unser Geld nie; wir leben nur _____ Hand in den Mund.

2. Entscheiden Sie, ob Sie den „Urheber" in den folgenden Sätzen erwähnen würden oder nicht, wenn Sie das Passiv benutzen.

1. Als es dem Kranken immer schlechter ging, brachten ihn die Sanitäter ins Krankenhaus.
2. Ein Maler hatte alle Mitarbeiter der Familie porträtiert.
3. Der Chef persönlich begrüßte den neuen Mitarbeiter.
4. Alle seine Anhänger ließen ihn im Stich, als er sein Vermögen und seinen Einfluss verloren hatte.
5. Selbst eine große deutsche Illustrierte hat mein Foto veröffentlicht.

Lehr-buch | Seite 181

II. Pronominaladverbien

I. In den folgenden Strukturen ist das Pronominaladverb obligatorisch:

| *Beispiel:* (die Stelle wechseln) | Er war natürlich sofort __*dafür*__, __*seine Stelle zu wechseln*__. |

1. (er kündigt)   Seine Frau war strikt _____, _____ _____.

2. (ins Ausland gehen)   Seine Mutter hatte etwas _____, _____ _____.

3. (vieles ist anders)   Matthias muss sich erst _____ gewöhnen, _____.

4. (er geht)   Ich habe auch nichts _____ gewusst, _____ _____.

5. (eine eigene Firma gründen)   Er denkt _____, _____ _____.

2. Ergänzen Sie bitte das Pronominaladverb.

1. Da kann ich wirklich nichts _____.
2. _____ habe ich wirklich nicht gedacht.
3. _____ kann man nie genug haben.
4. _____ kann ich aber nichts anfangen.
5. _____ weiß ich ja gar nichts.
6. _____ ändert sich auch nichts.
7. _____ ist mir jetzt nicht zumute.
8. Er hat sich bestimmt nichts _____ gedacht.

9. _____ wird nichts.

10. _____ sehe ich keinen Sinn.

11. _____ kann ich nichts sagen.

12. Was soll ich _____?

3. Welche Antwort passt?

1	f
2	
3	
4	
5	
6	
7	
8	
9	
10	

1. Morgen bekommen wir eine neue Lehrerin.
2. Hast du die Vase zerbrochen?
3. Morgen fahren wir zum Königsee. Du kommst doch auch mit?
4. Wie sind denn die Prüfungen ausgefallen?
5. Komm, lass den Kopf nicht hängen! Wir gehen jetzt in die Disco, dann vergisst du diese blöde Geschichte.
6. Meine Mutter kommt zum Wochenende. Ich habe sie eingeladen.
7. Hier, nimm die zehn Euro!
8. Weißt du was? Wir fangen noch einmal von vorne an.
9. Hier! Ein wunderschönes Stück Stoff.
10. Hast du mein Buch mitgebracht?

a) Daran habe ich nicht gedacht.
b) Ja, aber ich kann wirklich nichts dafür.
c) Darüber kann ich noch nichts sagen. Ich habe noch nicht alle korrigiert.
d) Sei nicht böse! Aber danach ist mir im Moment nicht zumute.
e) Nein, daraus wird jetzt leider nichts. Ich habe übermorgen Prüfung und muss was lernen, sonst falle ich wieder durch.
f) So? Davon weiß ich noch gar nichts.
g) Und warum hast du mir nichts davon gesagt?
h) Und was soll ich damit?
i) Damit kann ich wirklich nichts anfangen.
j) Darin sehe ich wirklich keinen Sinn. Es ist zu spät für uns beide.

III. Das Passiv

Lehrbuch Seite 190 –194

Wiederholung der Formen

I. Ergänzen Sie die fehlenden Formen von „gerufen werden".

	Präsens	Präteritum	Perfekt	Plusquam- perfekt	Futur I	Futur II
ich			bin gerufen worden			
du	wirst gerufen					

	Präsens	Präteritum	Perfekt	Plusquam-perfekt	Futur I	Futur II
er, sie, es					*wird gerufen werden*	
wir		*wurden gerufen*				
ihr						*werdet gerufen worden sein*
sie, Sie				*waren gerufen worden*		

2. Ergänzen Sie die fehlenden Formen von „geholt werden müssen"
(Passiv mit Modalverb).

	Präsens	Präteritum	Perfekt	Plusquam-perfekt	Futur I	Futur II*
ich	*muss geholt werden*					
du					*wirst geholt werden müssen*	
er, sie, es			*hat ge-holt werden müssen*			
wir		*mussten geholt werden*				
ihr				*hattet ge-holt werden müssen*		
sie, Sie						

* nicht konstruierbar

Aufgaben und Übungen

I. Bestimmen Sie in den folgenden Sätzen die Zeitstufe, in der „werden" steht.

Entscheiden Sie, ob es sich um das Aktiv oder das Passiv handelt. Tragen Sie Ihre Ergebnisse in die Liste ein. (Vergleichen Sie auch „werden" in Lektion 3.)

	Zeit	Passiv	Aktiv
Beispiel: Die alte Fabrikhalle *wird* schon lange nicht mehr *benutzt.*	*Präs.*	✗	
1. Das Wetter wird immer schlechter.			
2. Das Wetter wird sich bald ändern.			
3. Mit einer Wetteränderung muss gerechnet werden.			
4. Die Lage auf dem Arbeitsmarkt ist in den letzten Jahren immer schwieriger geworden.			
5. Viele Arbeitsplätze sind wegrationalisiert worden.			
6. Besonders ältere Leute merken plötzlich, dass sie nicht mehr gebraucht werden.			
7. Wo Fabriken geschlossen wurden, da sind viele Menschen arbeitslos geworden.			
8. Mit Sicherheit werden nie alle Menschen in ihrem Traumjob Arbeit finden können.			
9. Durch steigende Arbeitslosenzahlen wurden die Menschen in den industrialisierten Ländern stark verunsichert. Viele wurden von heute auf morgen arbeitslos.			
10. Der Betrieb musste geschlossen werden, nachdem die Kredite von den Banken zurückgezogen worden waren.			

2. Versetzen Sie sich in die Lage von Herrn Glück.
Verwenden Sie in Ihrem Bericht die nebenstehenden Verben im Passiv Perfekt:

Herr Glück war einige Zeit verreist. Als er wieder zurückkam, da fand er sein Haus leer vor. Er rief die Polizei an und berichtete, was passiert war.

zerbrechen
beschädigen
ausräumen
leeren
stehlen
entwenden
mitnehmen
klauen (umgangssprachlich)
wegtragen
abtransportieren
durchwühlen
aufbrechen
auf den Kopf stellen

Bei mir ist eingebrochen worden. Die Tür ist ...

3. Streichen Sie alle Verbformen, die überflüssig sind, so dass Sie einen grammatisch richtigen Passivsatz erhalten.

> *Beispiel:* Ist mein Auftrag schon
> | erledigt | ~~gehabt~~ |
> | ~~erledigen~~ | ~~werden~~ |
> | | worden |

1. Ich möchte wissen, ob mein Fernseher schon ....
reparieren	geworden	ist
repariert	werden	hat
	worden	

2. Immer wenn ich in der Werkstatt anrufe, ... dort gerade Pause ... .
werden	machen
hat	geworden
wird	gemacht

3. Der Kunde ist so unverschämt geworden, dass die Polizei . . . .

rufen	worden	müssen
gerufen	geworden	musste
ruft	werden	hat
	gewesen	

4. Zu diesem günstigen Preis wird der Fernseher sicher bald . . . .

kaufen	worden	ist
verkaufen	werden	haben
verkauft	gewesen	

5. Der Kunde behauptet, der Stereoturm sei ihm nicht pünktlich . . . .

liefern	werden	hat
geliefert	geworden	ist
	worden	

6. Ich finde, dass man als Kunde in diesem Geschäft immer gut . . . .

| beraten | geworden | sind |
| | werden | wird |

4. Lesen Sie den folgenden Text.

Vulkanausbruch in Kolumbien: Eine Stadt wird verschlungen

Ein Schicksal, wie es einst Pompeji traf

1. Seit Monaten schon hatte die Erde am Nevado del Ruiz, einem der schneebedeckten Vulkane in der südlichen Zentralkordillere Kolumbiens, gezittert. 17 Erdstöße am Tag waren es manchmal, und bis Ende September zählte man insgesamt 962. Asche und Schwefeldämpfe spie der Ruiz aus, der schon seit rund 500 000 Jahren aktiv ist und durch Lava und Schlamm, die er die Flüsse Guali und Lagunilla hinabschickte, schon manche Dörfer in Gefahr brachte.

2. „Der Bürgermeister erklärt, dass bereits 500 000 Ku-bikmeter Wasser aufgestaut sind und dass Armero in der Gefahr ist, verschlungen zu werden, wenn sich das Wasser noch erhöht", berichtete am 21. 9. die Zeitung *La Patria.*

3. Armero ist heute das Pompeji Kolumbiens. Als die „Weiße Stadt" war es überall bekannt. Ein hellgetünchtes, lebhaftes Landstädtchen, zur Erntezeit umgeben von weißschimmernden Baumwollplantagen. Von den 21 000 Einwohnern, die Armero nach der Volkszählung von 1985 hatte, sind nach offizieller Annahme mindestens 85 Prozent umgekommen.

4. Auf einem Plateau, wo ein Notlazarett eingerichtet worden ist und Hubschrauber unter den tief hängenden Regenwolken landen, versuchen Helfer des Roten Kreuzes, der Bürgerschaft und der Armee, die geretteten Opfer zu säubern, zu impfen und mit Medikamenten zu versorgen. Die Gesichter, die Glieder sehen aus, als seien diese Menschen durch Geröll geschleift worden: verkrustet von Schlamm und Blut.

5. Das Land erlebt Beispiele von Hilfsbereitschaft, wie sie offenbar kaum noch jemand erwartet hat. Ein Hauptmann

der Luftwaffe telephonierte von seiner Farm im Gebiet von Armero und bot nicht nur seine 800 Meter lange Privatlandepiste für Hilfsaktionen an, sondern auch Gebäude als Unterkunft für 300 Menschen und dazu noch sein Vieh, das für die Hungernden geschlachtet werden könnte. Erregt und verbittert wird aber auch im Radio und im Fernsehen über jene üblen Landsleute geschimpft, die angesichts des Mangels im Katastrophengebiet Lebensmittel und Treibstoff zu Wucherpreisen zu verkaufen beginnen.

6. Auch nach Westen zu, den Rio Chinchiná hinab, der zum Rio Cauca fließt, überschwemmten die losgerissenen Massen von Vulkangeröll und Erde das Land. Mehrere Ortsteile des Städtchens Chinchiná wurden unter den Lawinen begraben. Mehrere hundert Menschen starben. Dort, im Departement Caldas, das wegen seiner landschaftlichen Schönheit berühmt ist, waren vorher bereits die 300 000 Einwohner der Hauptstadt Manizales durch den wachsenden Aschenregen beunruhigt worden.

7. Das Echo in Lateinamerika und Europa war denn auch entsprechend stark. Aus den USA wurden sofort Hubschrauber in das Land geflogen, mit dem Washington wegen des Rauschgiftschmuggels seit Jahren so viele Probleme hat. „Nie hat es in Kolumbien soviel Solidarität und Hilfsbereitschaft gegeben", ruft überrascht ein Fernsehkommentator aus, bei dem das Staunen noch die Dankbarkeit überwiegt.

Freiwillige Helfer retten ein 14jähriges Mädchen aus dem Schlamm.

5. Notieren Sie in Stichworten weitere Informationen.

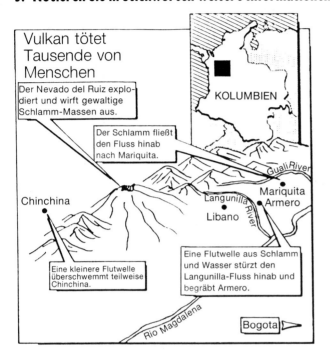

Vulkan tötet Tausende von Menschen

Der Nevado del Ruiz explodiert und wirft gewaltige Schlamm-Massen aus.

KOLUMBIEN

Der Schlamm fließt den Fluss hinab nach Mariquita.

Guali River

Chinchina

Langunilla River

Mariquita
Armero

Libano

Eine kleinere Flutwelle überschwemmt teilweise Chinchina.

Eine Flutwelle aus Schlamm und Wasser stürzt den Langunilla-Fluss hinab und begräbt Armero.

Rio Magdalena

Bogota

Vor der Katastrophe: Der schneebedeckte Vulkan Nevada del Ruiz in der südlichen Zentralkordillere Kolumbiens — seit 500 000 Jahren aktiv — *bis zu 17 Erdstöße am Tag —*

Ausbruch: Ungeheure Massen von Vulkangeröll, Lava und Wasser begruben Armero — _____

Nach der Katastrophe: Bergung der Toten und Überlebenden — __

6. Versuchen Sie, diese Beispiele mit dem Passiv wiederzugeben.

Beispiel: Expeditionen untersuchten in den vergangenen Jahren immer wieder den Krater.

In den vergangenen Jahren wurde der Krater immer wieder (von Expeditionen) untersucht.

1. 1985 zählt man bis September 962 Erdstöße.
2. Man stellte Messgeräte auf und kontrollierte sie durch Fernvermittlung.
3. Wissenschaftler sagten einen Ausbruch voraus.
4. Man warnte die Bewohner der gefährdeten Dörfer vor einem Ausbruch.
5. Sie missachteten aber die gutgemeinten Warnungen.
6. Sie unterschätzten die Gefahr.
7. Ungeheure Wassermassen begruben am 15. November 1985 das Dörfchen Armero.
8. 85 % der Bevölkerung von Armero kamen bei der Katastrophe ums Leben.
9. Die Aufrufe der kolumbianischen Regierung lösten eine Welle der Hilfsbereitschaft aus.
10. Schon 1593 und 1845 verursachte der Vulkan ähnliche Katastrophen.

7. Geben Sie diese Beispiele im Passiv wieder.

> *Beispiel:* Nach der Katastrophe musste man sofort Notunterkünfte und Notlazarette einrichten.
>
> *Nach der Katastrophe mussten sofort Notunterkünfte und Notlazarette eingerichtet werden.*

1. Man konnte die Menschen nicht rechtzeitig evakuieren.
2. Man musste Medikamente und Lebensmittel ins Katastrophengebiet transportieren.
3. Die Toten musste man sofort beerdigen.
4. Die Verletzten musste man ärztlich versorgen.
5. In der Hauptstadt musste man Sammelstellen für Hilfsgüter einrichten.
6. Man konnte nicht alle Opfer bergen.

8. Setzen Sie ins Passiv.

> *Beispiel:* Man glaubte den Wissenschaftlern nicht.
>
> *Den Wissenschaftlern wurde nicht geglaubt.*

1. Man misstraute den Warnungen der Experten.
2. Man half den Überlebenden, so gut es ging.
3. Man riet den Dorfbewohnern, das Dorf schnellstens zu verlassen.
4. Die Regierung von Kolumbien dankte allen Helfern für ihre beispiellose Hilfe.

9. Sagen Sie jetzt Ihre Meinung.

> *Beispiel:* Hätte man die Katastrophe verhindern können?
>
> *Nein, die Katastrophe hätte bestimmt nicht verhindert werden können.*

1. Hätte man die Bewohner zwingen können, ihr Dorf zu verlassen?
2. Hätte man mehr Menschen retten können?
3. Hätte man die Bewohner besser aufklären müssen?
4. Hätte man die Dorfbewohner früher evakuieren müssen?
5. Hätte man die Überflutung noch verhindern können?
6. Hätte man die Warnungen unbedingt beachten müssen?

Passiv und Passiversatz

I. „können" oder „müssen"? Formen Sie bitte ins Passiv um.

> *Beispiel:* Butter ist durch nichts zu ersetzen.
>
> *Butter kann durch nichts ersetzt werden.*
>
> Für Luxusartikel ist eine Abgabe zu entrichten.
>
> *Für Luxusartikel muss eine Abgabe entrichtet werden.*

1. Der Verfall des Dollars war nicht mehr aufzuhalten.
2. Die Lage auf dem Arbeitsmarkt ist weiterhin im Auge zu behalten.
3. Die Exportzahlen vergangener Jahre sind nicht mehr zu erreichen.
4. Eine Absatzsteigerung ist nicht mehr zu erwarten.
5. An eine Besserung der wirtschaftlichen Lage ist noch nicht zu denken.
6. Die Produktion eines bestimmten Autotyps ist einzustellen.
7. Eine schrittweise Einstellung der Fertigung ist vorzunehmen.
8. Für das Werk ist so schnell wie möglich ein Käufer zu finden.
9. Die sozialen Auswirkungen für die Beschäftigten und die Region sind in den Griff zu bekommen; auf jeden Fall sind sie so weit wie möglich zu begrenzen.
10. Die Folgen dieser Schließung für den Konzern sind im Augenblick noch nicht zu übersehen.

„man kann + Infinitiv" und *„können* + passiver Infinitiv" werden sehr oft auch durch *„sich lassen* + Infinitiv" ausgedrückt.

> *Beispiel:* Die Zahl 4 **kann man** durch zwei **teilen.**
> Die Zahl 4 **kann** durch zwei **geteilt werden.**
> Die Zahl 4 **lässt** sich durch zwei **teilen.**

Hier sind einige Redewendungen mit *„sich lassen* + Infinitiv":

Das *lässt sich machen.*
Das *lässt sich denken.*
Das *lässt sich hören.*
So leicht *lässt sich* das nicht *erklären.*
So schnell *lässt sich* da nichts *machen.*
Nicht jeder Schaden *lässt sich ersetzen.*
Das *lässt sich* nicht *vermeiden.*
Das *lässt sich* nur schwer *beweisen.*
Dagegen *lässt sich nichts einwenden.*
Ich will mal sehen, was *sich* da *machen lässt.*
Der Wein *lässt sich trinken.*
Das Fenster *lässt sich* nur schwer *öffnen.*

2. Antworten Sie bitte, indem Sie „sich lassen + Infinitiv" verwenden.

> *Beispiel:* Können Sie mir erklären, was in dem Brief steht? — So schnell *lässt sich das nicht erklären*___. Das muss ich mir erst in aller Ruhe durchlesen.

1. Könntest du bitte die Tür schließen? — Ich hab's schon versucht, aber die _____ _____ einfach _____.

2. Wie schmeckt dir der Wein? — Ausgezeichnet! Der _____ _____.

3. Kann man denn da gar nichts machen? — Leider nicht! Jetzt ist es zu spät. Da _____.

4. Nächste Woche hätte ich ganz gern ein paar Tage Urlaub. _____ _____ irgendwie einrichten?

5. Ich habe zwar überhaupt keine Lust, aber ich muss am Samstag zu Onkel Egons Geburtstag. — Ja, das _____.

6. Als uns das Ferienhaus angeboten wurde, haben wir sofort zugegriffen. — Das _____.

7. Ab nächsten Monat gibt's mehr Geld! — Das _____.

8. Kannst du mir für den Umzug dein Auto leihen? — Ja, das _____ _____.

Häufig kann man das Passiv durch ein Adjektiv ersetzen, das mit der Endung -*bar* gebildet wird. Man vermeidet so den manchmal unschönen, schwerfälligen Passivsatz:

waschen — **waschbar**
Dieser Rock kann gewaschen werden. — Dieser Rock ist **waschbar**.

Für die Negation setzt man *un-* oder *nicht* vor das Adjektiv:
Das Atom **kann man nicht teilen** (, so glaubte man bis in unsere Zeit).
Das Atom hielt man für **unteilbar**.
Das Atom hielt man für **nicht teilbar**.

---

3. Leiten Sie aus den kursiv gedruckten Verben Adjektive ab und formulieren Sie den Satz mit diesem Adjektiv.

> *Beispiel:* Viele Krankheiten können heute *geheilt werden*.
> Viele Krankheiten sind heute schon ____ *heilbar* ____.

1. Die neue Serie ist wiederum teurer geworden. Solche Autos sind nicht mehr zu *bezahlen*.

2. Kann man den Schrank *zerlegen*?
3. Im Gefrierfach *hält* sich das Fleisch bis zu vierzehn Tagen.
4. Dieses Wörterbuch kann man ganz gut (ge)*brauchen*.
5. Die Infrastruktur mancher Städte darf nicht weiter *belastet* werden.
6. Dieser Plan kann doch nicht *durchgeführt* werden!
7. 2 500 km in neun Tagen und dazu noch ein anstrengendes Besichtigungsprogramm — das kann niemand *zugemutet* werden.
8. Dieses Fernsehgerät ist besonders praktisch, denn man kann es *tragen*.
9. Im Leben kann nicht alles *erreicht* werden; man muss sich manchmal auch mit Geringerem zufrieden geben.
10. Hinterher war sehr schwer *festzustellen*, was in dieser Nacht alles gestohlen worden war.
11. Hehlerei wird (be)*straft*.
12. Fehler lassen sich nicht *vermeiden*, wenn man eine Fremdsprache lernt.
13. Manche Menschen lassen sich einfach nicht *belehren*.

Das Zustandspassiv

```
+++++++++++++++++++++++++++++++++++
+                                 +
+        DR. WINFRIED HUBER       +
+          praktischer Arzt       +
+                                 +
+          10. — 31. August       +
+        wegen Urlaub geschlossen. +
+      In dringenden Fällen wenden +
+        Sie sich an Dr. Ellmaurer. +
+++++++++++++++++++++++++++++++++++
```

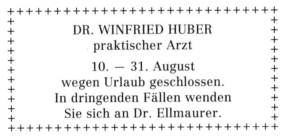

Zeitpunkt z. B. *am 9. August, in der nächsten Zeit*	Dr. Huber **hat** seine Praxis am 9. August **geschlossen.** Die Praxis **wurde** am 9. August **geschlossen.** Am 1. September **wird** sie wieder **geöffnet.**
Zeitdauer/Zustand *seit* *von ... bis* für eine bestimmte Zeit	*mit „sein + Partizip II"* Die Praxis **ist** drei Wochen **geschlossen.** (Präsens) Letztes Jahr **war** sie auch so lange **geschlossen.** (Präteritum) 1986 **ist** sie auch so lange **geschlossen gewesen.** (Perfekt)

Ergänzen Sie „sein" oder „werden".

Anna: Wie geht's denn Peter? _____ er bald operiert?

Ruth: Ach, das _____ schon längst vorbei.

Anna: Wann _____ er denn entlassen?

Ruth: Wenn alles gut geht, nächsten Montag.

Anna: Hast du schon gehört, in den nächsten Tagen soll hier eine Boutique eröffnet _____.

Ruth: Ja! Komm mit! Ich muss nur noch schnell zur Post.

Anna: Hier, lies mal! „Dieser Schalter _____ vorübergehend nicht besetzt. Schalter 7, bitte!"

Ruth: Heute Abend gehe ich zu Peters Geburtstagsparty. Du kommst doch mit?

Anna: Nein, ich _____ leider nicht eingeladen.

Ruth: Ich kann auch nicht lange bleiben. Morgen _____ Prüfung und ich _____ gleich als Erste geprüft.

Anna: Wie wär's mit einem Kaffee? Ich lade dich ein.

Ruth: Wohin setzen wir uns denn? Alle Tische scheinen besetzt zu _____.

Anna: Wir warten noch einen Moment. Dort _____ gerade bezahlt.

(etwas später)

Ruth: Herr Ober, die Rechnung bitte!

Ober: Meine Damen, Ihre Rechnung _____ schon bezahlt. Bedanken Sie sich nicht bei mir, sondern bei dem Herrn dort.

IV. „Arbeit" und „arbeiten"

Am Abend wird der Faule fleißig.

Wer die Arbeit kennt und sich nicht drückt, der ist verrückt.

Arbeit macht das Leben süß, Faulheit stärkt die Glieder

I. Hier sind einige Redensarten. Welche drücken aus, dass man viel arbeitet, und welche, dass man nicht gern arbeitet?

1. Er hat die Arbeit nicht erfunden.		*nicht gern*
2. Er geht der Arbeit aus dem Wege.		
3. Er arbeitet für zwei.	*viel*	
4. Er ist ein Arbeitstier.		
5. Er drückt sich vor der Arbeit.		
6. Er macht um die Arbeit einen Bogen.		
7. Er ist fleißig wie eine Biene.		

2. Setzen Sie ein: ab-, aus-, be-, durch-, ein-, er-, über-, um-, zusammenarbeiten.

1. Was, du hast kein Geld dabei? Wenn du nicht bezahlen kannst, wirst du die Zeche in der Küche _____ müssen.

2. „Es ist noch kein Meister vom Himmel gefallen." Im Laufe der Zeit hat sich der Sänger eine gute Technik _____.

3. Wie gefällt es dir an deinem neuen Arbeitsplatz? — Ich bin doch erst drei Tage da und muss mich erst _____. In vierzehn Tagen kann ich dir mehr sagen.

4. Der Aufsatz gefällt mir einfach nicht. Ich möchte den letzten Teil noch einmal _____.

5. Was hast du denn mit dem Pelzmantel gemacht, den du von deiner Mutter geerbt hast? — Ich habe ihn _____ lassen und jetzt sieht er wie neu neu aus.

6. Das sind einige Punkte, die ich in meinem Referat ansprechen will. Ich werde das Ganze aber bis in die Einzelheiten _____.

7. Mit diesem Kollegen habe ich immer schon sehr gerne _____ _____.

8. Wir haben keine Pause gemacht und haben mittags _____ _____.

9. Wir haben ihn lange _____, bis er endlich „ja" gesagt hat.

3. Wo man überall arbeiten kann.

1. Susanne arbeitet _____ einem Krankenhaus.
2. Die Bauern arbeiten _____ dem Feld.
3. Carlo arbeitet _____ Fließband.
4. Iris arbeitet _____ Dr. Reulen.
5. Herr Holz arbeitet _____ der Volkshochschule.
6. Frau Lang arbeitet _____ dem Landratsamt.
7. Herr Kummer arbeitet _____ der Bahn.

an   auf
in   am
bei

4. „arbeiten an" — „arbeiten über"? Setzen Sie die passende Präposition ein.

1. Im Moment arbeitet Frau Herwig _____ einem Lehrbuch für Physik.
2. Herr Safley hat _____ den 30-jährigen Krieg gearbeitet.
3. Golo Mann arbeitet gerade _____ zweiten Band seiner Biographie.
4. Die Studentin arbeitet _____ das Revolutionsjahr 1948.

5. Später hat sie vor, _____ Bismarck, den Eisernen Kanzler, zu arbeiten.

5. „arbeiten für" – „arbeiten gegen"? Setzen Sie die passende Präposition ein.

1. Dieser Mann arbeitet nur _____ seine Familie.

2. Früher haben viele Menschen _____ „einen Apfel und ein Ei" gearbeitet.

3. Der Tauschhandel ist heute vorbei. Jetzt wird nur _____ Bezahlung gearbeitet.

4. Wer nicht _____ mich arbeitet, der arbeitet _____ mich.

6. „sich bewerben" und „arbeiten" – Ergänzen Sie die Präpositionen.

1. Matthias interessiert sich _____ dieses Angebot.

2. Jetzt arbeitet er _____ einer anderen Firma.

3. Er schreibt also _____ die Firma Kirchner, weil er sich _____ diese Stelle bewerben möchte.

4. Schon als Kind hat er sich immer _____ das Technische interessiert.

5. Schon früh hat er sich _____ Computertechnik beschäftigt.

6. _____ Datenverarbeitung versteht er wirklich was.

7. In seinem Schreiben bittet er _____ ein persönliches Gespräch.

8. _____ Euro 2300, – im Monat wäre er zufrieden.

9. Matthias erkundigt sich auch _____ den Arbeitszeiten.

10. Hier handelt es sich wirklich _____ einen interessanten Job.

11. Jetzt wartet er _____ ein Antwortschreiben.

Für unsere Abteilung EDV und Organisation suchen wir eine/n

Industrie- oder Datenverarbeitungskaufmann/frau

Neben der Pflege der bestehenden Programme wird es Ihre Aufgabe sein, zusammen mit den Fachabteilungen neue DV-Bausteine zu projektieren, einzuführen und zu betreuen.

Ihre Bewerbungsunterlagen mit Angabe des Gehaltswunsches senden Sie bitte an:

Kirchner Textilwerke GmbH
z. Hd. Frau Weber
Industriestr. 110
81245 München

I. Wie schreibt man Geschäftsbriefe?

1. Sie haben per Katalog einen Fernsehapparat gekauft, der aber nicht funktioniert, als Sie ihn zu Hause anschließen. Sie schreiben einen Beschwerdebrief an die Versandfirma und bitten um Abhilfe. Verwenden Sie dabei folgendes Muster:

Name Anschrift	Ort, Datum

formaler Betreff	*Kauf eines … am …*

Anrede

Darstellung des Sachverhalts	*Bestellung vom … / im Katalog … / Farbfernseher / Modell / Lieferung / Transport / Bezahlung*
Inhalt der Beschwerde	*kein Bild / kein Ton / unscharf / keine Farbe / Bild wackelt*
weitere Probleme	*Kundendienst? / Niederlassung in der Nähe? / Garantie? usw.*
Forderung	*Kundendienst / Rücknahme / Gelderstattung / die Angelegenheit einem Anwalt übergeben*

Schlussformel

Unterschrift	*Die in den verschiedenen Spalten eingetragenen Begriffe sollen nur eine Hilfe für Sie sein. Suchen Sie sich diejenigen heraus, die Sie in Ihrem Brief verwenden wollen.*

**2. Sie beziehen seit einigen Jahren die Zeitschrift „Wissenschaftsforum",
möchten dieses Abonnement jetzt aber kündigen.**

Schreiben Sie einen entsprechenden Brief an den Verlag.

**3. Hier folgen einige Ausschnitte aus typischen Geschäftsbriefen.
Welcher Brief ist eine Kündigung, welcher eine Beschwerde und welcher ein Einspruch?**

Ergänzen Sie den Betreff.

Sehr geehrte Damen und Herren,
hiermit möchte ich fristgerecht zum 31.12.88
meine Haftpflichtversicherung bei Ihnen kündigen.
Bitte bestätigen Sie mir kurz die Aufhebung der
Versicherung zu diesem Zeitpunkt.
Mit freundlichen Grüßen

Sehr geehrter Herr Doktor Albers,
hiermit kündige ich fristgerecht zum 30.6. meinen Arbeitsvertrag mit der Firma .... Ich
habe die Absicht, mich in Kürze selbständig zu machen. Für diese Entscheidung bitte ich
um Verständnis. Ich werde das gute Betriebsklima und die gute Zusammenarbeit mit meinen
Kollegen in angenehmer Erinnerung behalten.
Mit freundlichen Grüßen

Sehr geehrte Damen und Herren,
im Nebenhaus wurde vor vier
Wochen eine Disco eröffnet. Der
unerträgliche Lärm, der bis in
die Morgenstunden andauert,
veranlasst mich zu diesem Schreiben.
Meine bisherigen Versuche, durch
Gespräche eine Lösung herbeizu-
führen, sind leider gescheidert.
Ich möchte Sie deshalb bitten,
die extreme Lärmbelästigung
zu untersuchen und abzustellen.
Mit freundlichen Grüßen

Sehr geehrte Damen und Herren,
am 29. Juni fand ich unter
dem Scheibenwischer meines
PKWs einen Strafzettel über
DM 20.– wegen falschen Parkens
vor. Ich hatte eine eilige
Lieferung an die Park-Apotheke,
habe nur ca. 2 Minuten vor
dem Haus Nr. 120 geparkt und
bitte Sie deshalb, den Bescheid
zurückzunehmen.
Vielen Dank.
Mit freundlichen Grüßen
Anlage: 1 Strafzettel

II. Thema „Supermarkt"

I. Sie haben zwei Texte bzw. Bilder vor sich, die sich mit einem ähnlichen Thema beschäftigen.

1. Welches ist das Thema der beiden Abbildungen?
2. Um welche Sorte von Texten handelt es sich?
3. Charakterisieren Sie, wie das Thema behandelt wird.
4. Welche Ziele haben beide Abbildungen?

2. Nehmen Sie selbst zu dem Thema Stellung.

3. Welche Abbildung entspricht eher Ihrer eigenen Meinung?

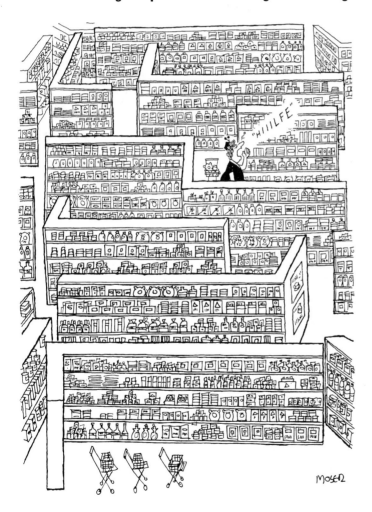

Sie sparen

Sie sparen Zeit. Sie sparen Geld. Sie sparen sich das
Parkplatzsuchen. Sie sparen sich weite Wege. Sie
sparen sich langes Anstehen.

Kurz und gut: Sie ersparen sich viel Ärger. Und: Sie
sparen, wenn Sie zum EURO-EINKAUF fahren.

Schweinestielkotelett oder Schweine-
nacken, 1 kg **2,97**

Frische Bratwurst Nürnberger Art oder
Rinderbraten ohne Knochen, 1 kg **4,50**

Frische Renken, ausgen. z. Grillen und
Braten oder frisches Kabeljaufilet, 1 kg **3,94**

Griech. Aprikosen, HKL I, 1000 g oder
holl. Tomaten, HKL I, 1000 g **–,57**

Frischer Bierschinken oder Mettwurst
Kalbsleberwurst im Naturdarm, 100 g **–,41**

Botterramm Pflanzmargarine,
500-g-Becher **–,38**

Frecher
Minirock

Aus super-
weichem
Nappa. Auch
in schwarz.

35,30

Weinbrand
Chantré
38 % Vol.,

Chantré
Cream,
17 % Vol.

oder

Wodka
Gorbatschow,
40 % Vol.,

0,7-Ltr.-
Flasche

5,57

Uni T-Shirt
Mit breiter
Blende am Hals-
ausschnitt. Baumwolle.
11 Farben.
Größen
S-L. **6,60**

Baumwoll-Tops
Kurze Form, mit Knopf-
leiste. Ringel oder uni,
viele Farben.
Größen
S-L.   Je **5,06**

I. Sechzehn Überschriften

I. Lesen Sie bitte die Überschriften aus dem Wirtschaftsteil.

1. Dollar „wie festgemauert" bei 0,81 Euro
2. Nürnberger Hypo mit Ertragsrückgang
3. Silberstreif am Börsenhorizont
4. Schweizer Assekuranztitel gewinnen bis zu elf Prozent
5. Motels sollen am laufenden Band entstehen
6. Hettlage Nord droht der Anschlusskonkurs
7. Stahlproduktion läuft auf vollen Touren
8. Der Dollar gilt als anfällig
9. Kässbohrer fährt weiter in den roten Zahlen
10. C-Klasse befördert Mercedes in die Gewinnklasse
11. Autovermieter Sixt steuert stabilen Kurs
12. Bahn sieht schwarze Zahlen
13. Deutscher Außenhandel kommt nach der Flaute wieder in Schwung
14. Konjunkturbarometer steigt im August an
15. BMW beschleunigt beim Gewinn
16. Volkswagen fährt deutliches Absatzplus heraus

2. Welche Überschriften kündigen Ihrer Meinung nach einen positiven wirtschaftlichen Verlauf an, welche einen negativen?

Kennzeichnen Sie bitte jede Überschrift mit einem + oder einem –. Vergleichen und besprechen Sie Ihre Ergebnisse in Arbeitsgruppen.

3. Überschriften enthalten meistens keine vollständigen Sätze. Versuchen Sie, die „fehlenden" Teile zu ergänzen.

Beispiel: 10. Die C-Klasse befördert Mercedes in die Gewinnklasse.

II. Aus dem Wirtschaftsteil

I. Lesen Sie bitte die folgenden Texte. Es sind – bis auf einen – alles Artikel aus dem Wirtschaftsteil der Süddeutschen Zeitung.

A Frankfurt (vwd) – Die Geschäftsführung der Hoechst Trevira GmbH & Co KG, Frankfurt, will die Produktion texturierter Polyesterfilamente an den Standorten Langweid (Augsburg) und Limavady (Nordirland) schließen und die Fertigung des langfristig interessanten Teils des Geschäfts auf existierende Standorte im brandenburgischen Guben und im dänischen Silkeborg konzentrieren.

B Frankfurt/Main (dpa) – Verärgerung beim Deutschen Sportbund (DSB) erregt die Studie des Hamburger Freizeitforschungs-Instituts B.A.T., die wachsende Sportmüdigkeit bei den Deutschen ermittelte. „An der Studie stört mich hauptsächlich, dass Zahlen objektiv nicht stimmen," erklärte DSB-Vizepräsident Peter Kapustin. Das Institut von Horst Opaschowski kam im Vergleich mit 1987 zu der These, immer mehr Bundesbürger würden Sportmuffel; vor allem unter älteren Menschen gehe die Zahl der Sporttreibenden zurück.

C Denn diese gäben zu Zinsspekulationen Anlass. Gegenüber dem Yen dürfte die Dollarschwäche mit dem Ende des japanischen Fiskaljahres (31. März) „auslaufen". Auch am Montag soll die Bank von Japan wieder zur Stützung der US-Währung interveniert haben. Am frühen Abend drückten spekulative Verkäufe von US-Fonds den Dollar auf Kurse um 0,72 Euro.

D Tourismus schafft viele Arbeitsplätze

E Dabei seien 336 Fälle zugunsten der Kunden und 339 zugunsten der Banken ausgegangen. In den anderen Fällen sei ein Vergleich angeregt, eine Beschwerde nicht weiterverfolgt worden. Die Beschwerden betrafen laut Parsch vor allem versagende Geldautomaten, Scheckfälschungen und Gebührenabrechnungen. Die Stelle des Ombudsmannes war im Juli 1992 eingerichtet worden. Er soll im Streitfall zwischen Kreditinstituten und ihren Privatkunden vermitteln.

F „Bundesweit hatten wir 1993 über 700 000 Mitglieder und wir werden noch gewaltig zulegen," erklärte der im DSB für Breitensport zuständige Kapustin. Trotz des Unmuts soll die Studie im DSB ernst genommen werden.

G Anders appellierte an private und öffentliche Arbeitgeber in der Bundesrepublik, mehr als bisher Aufträge an die Werkstätten zu geben. Im letzten Jahr betrug das Auftragsvolumen der Werkstätten von öffentlichen Arbeitgebern in der Bundesrepublik 16 Millionen Euro.

H Auch für die Zukunft biete dieser Wirtschaftszweig eine der besten Aussichten, in der kommenden Dekade Arbeitsplätze zu schaffen. Tatsache sei auch, so Papoutsis in einem in Brüssel vorab zur Verfügung gestellten Redemanuskript, dass der Tourismus hilft, die ländlichen und peripheren Räume der Union wirtschaftlich zu entwickeln.

I Studie verärgert DSB
Muffel-Theorie bezweifelt

J Nach Unternehmensangaben gehen dadurch 630 Arbeitsplätze verloren, davon 450 in Langweid. Zur Begründung verwies Hoechst Trevira auf den Anpassungsprozess in der Textilindustrie aufgrund der Überkapazitäten und dem damit verbundenen Preiswettbewerb. Mit der Konzentration auf moderne und wirtschaftliche Anlagen solle die Rentabilität wieder hergestellt werden. Hoechst Trevira erzielte 1994 mit rund 6500 Mitarbeitern einen Umsatz von etwa 1 Milliarde Euro.

K In zwei Jahren haben sich 3000 Bankkunden beschwert.

L dah. Frankfurt. (Eigener Bericht) – Mit einem Umsatz von 750 Millionen Euro haben die Werkstätten für Behinderte in der Bundesrepublik rund 250 Millionen Umsatzsteigerung erzielt. Dies berichtete der Vorsitzende der Bundesarbeitsgemeinschaft Werkstätten für Behinderte (BAG/WFB) Dietrich Anders. Die 1150 Werkstätten betreuen mit etwa 20 000 Fachkräften aus allen handwerklichen Bereichen sowie Sozialpädagogen und Sozialarbeitern rund 14 5000 schwerstbehinderte Beschäftigte. 65 Prozent der Arbeiten sind Auftrags- und Fertigungsarbeiten für die Industrie, 13 Prozent Dienstleistungen und rund 20 Prozent Eigenprodukte.

M Ende der Dollarschwäche?

N Köln (dpa) – Rund 3000 Beschwerden von Bankkunden sind beim Ombudsmann der Banken Leo Parsch seit seinem Amtsantritt vor zwei Jahren eingegangen. Davon betrafen 1767 die Mitgliedsinstitute des Bundesverbandes deutscher Banken. 800 davon wurden als zulässig anerkannt und sind inzwischen abgeschlossen, berichtete Parsch in der vom Bankenverband herausgegebenen Zeitschrift *Die Bank*.

O Brüssel (vwd) – Die Tourismusbranche bietet in der Europäischen Union nicht nur etwa sechs Prozent der Arbeitsplätze und steuert etwa sechs Prozent des Bruttosozialprodukts bei, sondern ist zugleich eine der wenigen Branchen, die in den vergangenen Jahren stetig gewachsen ist. Darauf hat der EU-Kommissar, Christian Papoutsis, in Berlin zur Eröffnung der Internationalen Tourismus-Börse (ITB) hingewiesen.

P Hoechst Trevira baut 630 Arbeitsplätze ab

Q Freundlich tendierte der US-Dollar zum Wochenanfang gegenüber dem Euro, zum Fixing kostete die Devise 0,73 Euro nach 0,71 am Freitag. Das Geschäft verlaufe, so war in Frankfurt zu hören, vor den Sitzungen des Offenmarktausschusses der US-Notenbank am Dienstag und des Zentralbankrates der Deutschen Bundesbank am Donnerstag abwartend.

R Behindertenwerkstätten erhalten kaum Aufträge der öffentlichen Hand

2. Versuchen Sie, die zusammengehörigen Teile zu finden und die Artikel zu „rekonstruieren"!

Beispiel: Überschrift: I
Text: BF

3. Welcher Artikel passt nicht in den Wirtschaftsteil?

III. Tankstellen gegen Tante-Emma-Läden

I. Lesen Sie den Text.

Tankstellen nehmen Tante Emma die Wurst vom Brot

Die vom Ladenschlussgesetz nicht betroffene Ölbranche bedrängt den kleinen Lebensmittelhandel

A   Der vielgepriesene Nachbarschaftsladen hat zwar unzählige Freunde, aber kaum noch Kunden. Viele Geschäfte müssen deshalb schließen. Von den 1962 in Westdeutschland gezählten 190 000 Betriebsstätten sind bis heute lediglich 70 000 übrig geblieben. Nach der Jahrtausendwende werden nach Branchenschätzun-
5   gen nochmals zwei von drei Tante-Emma-Läden aufgeben, weil sie mit den Großmärkten nicht konkurrieren können.

B   Das Massensterben hat sich in den neuen Bundesländern wie im Zeitraffer vollzogen. Von den 45 000 Lebensmittelgeschäften des Jahres 1989 hat zwei Jahre später nur jeder zweite wirtschaftlich überlebt. Und die Reihen werden noch
10   lichter. Mancherorts gibt es schon heute überhaupt keinen Laden mehr, wo sich Nachbarn noch schnell ein paar Sachen für den täglichen Bedarf besorgen können. Denn diese Nahversorgungsstellen ernähren längst nicht mehr ihren Mann. Der Durchschnittsverdienst eines bis zu 100 Quadratmeter großen Lebensmittelgeschäfts übersteigt selten 1000 Euro pro Monat und dafür muss der Inhaber
15   weit mehr als die sonst üblichen siebeneinhalb Stunden pro Tag schuften.

C   Tante Emmas Niedergang ist jedoch nicht allein die Schuld der Großen, obwohl die die Konkurrenzlage mörderisch angeheizt haben. Strukturverändernd wirkte vor allem die wachsende Mobilität der Kunden, die lernten, Preise verschiedener Anbieter miteinander zu vergleichen. Tante Emma hat darauf leider falsch
20   reagiert. Statt durch mehr Service zu glänzen, hat sie versucht, mit den Preisen der Großen zu wetteifern. Die Berliner Forschungsstelle für den Handel sieht dies als Problem eines Generationswechsels: Die alten Ladenbesitzer, die noch ihre Kundenbezogenheit pflegten, konnten schon aus Altersgründen bald nicht mehr mithalten und die Erben wollten sich nicht König Kunde unterwerfen. Die Folgen
25   sind überall nachzulesen. Die billiger anbietenden Konzerne haben den Nachbarschaftsladen verdrängt.

D Aber ersetzt haben die Großen den Kleinen allem Anschein nach doch nicht. Sonst wäre es dem Mineralölhandel kaum möglich gewesen, sich in den von Tante Emma geräumten Nischen häuslich einzurichten. Nicht Aldi, Tengelmann oder Norma rücken dem kleinen Lebensmittelladen jetzt immer stärker auf die Pelle, sondern Tankstellen. Sie schießen wie Pilze aus dem Boden. In Ostdeutschland gibt es davon mittlerweile 1691, in Westdeutschland 16 450. In zwei von drei Fällen verkaufen sie nicht nur Sprit, sondern auch Tabak, Zeitungen, Getränke und in wachsendem Maße Lebensmittel.

E Die durchschnittliche Verkaufsfläche der Tankstellen liegt mit 60 bis 80 Quadratmetern in der früher im Lebensmittelhandel gängigen Größe. Bei Neubauten werden oft sogar schon 150 Quadratmeter Verkaufsfläche erreicht, auf denen allerdings weit geringere Euro-Beträge umgesetzt werden als an den Zapfsäulen. Dort laufen noch immer 95 Prozent des Mengengeschäftes durch. Der Lebensmittelbereich hält erst 5 Prozent. Doch in der Erfolgsrechnung steuert er bereits ein Drittel zum Gewinn bei.

F Die Motivation der Kunden, sich an Tankstellen auch mit Nahrungsmitteln einzudecken, ist bemerkenswert. Viele Einkäufe haben nach Meinung des Tankstellen-Bundesverbandes einen ausgeprägten Nachbarschaftscharakter so wie ihn Tante Emma früher einmal besaß. Wer Butter, Käse, Wurst oder Semmeln beim Großeinkauf am Stadtrand vergessen hat, kann das Versäumte hier nachholen. Dabei spielt der Preis nur eine untergeordnete Rolle. Kunden zahlen Aufschläge meist ohne Murren, weil sie sich auch nach 18 Uhr 30 oder am Wochende eindecken dürfen. Da kann Tante Emma nicht mithalten. Für sie gelten die einengenden Vorschriften des Ladenschlussgesetzes, das vom Branchenverband noch immer verteidigt wird, obwohl es sich längst zum Bumerang entwickelt hat. Der Ladenschluss hat damit den Handel nicht, wie beabsichtigt, geschützt, sondern geschwächt.

2. Beantworten Sie bitte die Fragen zu Wendungen aus dem Text.

1. Wenn man einem anderen die Wurst vom Brot (Titel) nimmt, dann ...
   a. nimmt man sich das Beste
   b. lässt man den anderen verhungern
   c. hilft man dem anderen, schlank zu bleiben

2. Aus welcher Sprache kommt der Begriff „wie im Zeitraffer"? (Z. 7)
   a. aus der Sportsprache
   b. aus der Filmsprache
   c. aus der Werbesprache

3. Welcher Begriff passt nicht zu dem Adjektiv „licht"? (Z. 10)
   a. Haare
   b. Lampe
   c. Wald

3. Wo im Text finden Sie eine Wendung oder ein Wort für:

Abschnitt A   1. ein kleines Lebensmittelgeschäft; Zeile ___ : _____

Abschnitt B   2. an einigen Orten, in einigen Dörfern oder Städten;
Zeile ___ : _____

             3. Sie bringen nicht mehr genug Geld, als dass man davon leben könnte;
Zeile ___ : _____

             4. schwer arbeiten; Zeile ___ : _____

Abschnitt C   5. den Wettstreit schwieriger und intensiver machen;
Zeile ___ : _____

             6. Beweglichkeit der Käufer; Zeile ___ : _____

             7. sich durch einen besonders guten Service auszeichnen;
Zeile ___ : _____

             8. sie waren bald nicht mehr so gut, so günstig wie die Konkurrenz;
Zeile ___ : _____

             9. der Kunde als die wichtigste Person; Zeile ___ : _____

Abschnitt D   10. ein kleiner Bereich, eine freie Ecke; Zeile ___ : _____

            11. sich niederlassen, sich ausbreiten; Zeile ___ : _____

            12. jemanden stark bedrängen; Zeile ___ : _____

            13. sehr schnell und in großer Menge entstehen; Zeile ___ : _____

            14. Benzin; Zeile ___ : _____

Abschnitt E   15. die übliche Größe; Zeile ___ : _____

            16. auf denen sehr viel weniger verkauft wird; Zeile ___ : _____

            17. etwas beitragen zum Gewinn; Zeile ___ : _____

Abschnitt F   18. zahlen, ohne zu schimpfen; Zeile ___ : _____

4. Ordnen Sie die zusammenfassenden Aussagen 1–8 jeweils einem der Textabschnitte A–F zu. Falls ein Satz nicht passt, schreiben Sie keinen Buchstaben ins Kästchen.

Beispiel: An die Stelle der kleinen Lebensmittelgeschäfte sind vor allem die Tankstellen getreten.
Lösung: D

    1. ☐   Die Tankstellen sind deshalb so erfolgreich, weil sie nicht an die Ladenschlussgesetze gebunden sind.

    2. ☐   Die Tante-Emma-Läden haben keine Überlebenschance.

    3. ☐   Die Tante-Emma-Läden sind nicht an die Ladenschlusszeiten gebunden.

4. ☐ Die Tankstellen verkaufen zwar vor allem Benzin in großen Mengen, aber das Lebensmittelgeschäft nimmt einen immer größeren Platz ein.

5. ☐ Die großen Konzerne bieten einen besseren Service als die kleinen Geschäfte.

6. ☐ Die kleinen Läden in der Nachbarschaft sind heute wieder beliebter als früher.

7. ☐ Von einem kleinen Lebensmittelladen kann man heute kaum noch leben, diese Entwicklung wurde besonders in den neuen Bundesländern deutlich.

8. ☐ Die Tante-Emma-Läden haben im Konkurrenzkampf mit den großen Handelsketten die falsche Strategie angewendet.

5. Vergleichen Sie die Aussagen des Textes mit den folgenden Behauptungen. Wird das im Text gesagt, *Ja* oder *Nein?* Wenn die Antwort *Ja* lautet, geben Sie bitte an, wo das im Text steht (höchstens 5 Zeilen).

	Ja	Zeile/n	Nein
1. Im Tante-Emma-Laden wird immer seltener gekauft.			
2. Man nimmt an, dass es nach 2000 noch weniger kleine Lebensmittelgeschäfte geben wird.			
3. Inhaber eines Tante-Emma-Ladens müssen weniger arbeiten als Angestellte.			
4. Die Kunden ziehen es vor, in verschiedenen Geschäften zu suchen, bis sie etwas Günstiges gefunden haben.			
5. Die Tankstellen haben die Marktlücke genutzt.			
6. Die Tankstellen machen den Großmärkten und Handelsketten Konkurrenz.			
7. Den größten Umsatz erzielen die Tankstellen mit dem Verkauf von Lebensmitteln und Getränken.			
8. Die Tankstellen haben zum Teil die Rolle des Tante-Emma-Ladens übernommen.			
9. Auch die Tankstellen müssen sich an die Ladenschlusszeiten halten.			
10. Das Ladenschlussgesetz hat sich auf die kleinen Geschäfte nicht positiv ausgewirkt.			

171

6. Geben Sie bitte an, worauf sich die folgenden Wörter beziehen:

1. Abschnitt A, Z. 2: *deshalb*
2. Abschnitt B, Z. 14: *dafür*
3. Abschnitt C, Z. 16: *die*
4.   Z. 19: *darauf*
5.   Z. 21: *dies*
6. Abschnitt D, Z. 31: *davon*
7. Abschnitt E, Z. 41: *er*
8. Abschnitt F, Z. 51: *es*

7. Setzen Sie den folgenden Text selbst zusammen. Welcher Satz (A, B, C, D) passt in die Lücke?

1. Früher gab es fast in jedem kleinen Ort einen Tante-Emma-Laden.

    ———————————

2. Heute sind die Menschen beweglicher.

    ———————————

3. Die kleinen Lebensmittelgeschäfte haben mit dieser Konkurrenz schwer zu kämpfen.

    ———————————

4. An ihre Stelle treten häufig die Verkaufsflächen in den Tankstellen.

    ———————————

A Sie fahren in die Großmärkte am Stadtrand, um möglichst günstig einzukaufen.
B Dort kann man heute nahezu alles finden, was man beim Großeinkauf vergessen hat.
C Das war nicht nur ein Ort zum Einkaufen, sondern auch ein Treffpunkt.
D Immer mehr geben auf.

8. Im folgenden Text sind 15 Rechtschreibfehler. Markieren Sie bitte die Fehler und schreiben Sie die Korrekturen an den Rand.

Beispiel: Tankstellen ne<u>hmm</u>en Tante Emma die <u>wurst</u> vom Brot   nehmen Wurst

Der vilgepriesene Nachbarschaftsladen hat zwar unzehlige   ———————
Freunde, aber kaum noch Kunden. Viele Geschäffte müssen des-   ———————
halb schließen. Von den 1962 in Westdeutschland gezählten   ———————
190 000 betriebsstätten sind bis heite lediglich 70 000 übrig   ———————
gebliepen. Nach der Jahrtausendwende werden warrscheinlich   ———————
nochmals zwei von drei Tante-Emma-Läden aufgeben, weil sie   ———————
mit den Großmärktten nicht konkurrieren können.   ———————

Das Massensterben hat sich in den neuen Bunndesländern wie im

Zeitraffer vollzogen. Von den 45 000 Lebensmittelgeschäften des

Jahres 1989 hat zwei Jahre spehter nur jeder zweite wirtshaftlich

überlebt. Und die Reihen werden noch lichter. Mancherorts gibt

ess schon heute überhaupt keinen Laden mehr, wo sich Nachbarn

noch schnell ein paar Sachen für den teglichen bedarf besorgen

konnen.

_____

_____

_____

_____

_____

_____

IV. Wer kann das verstehen?

I. Lesen Sie den Text.

Gebrauchsanweisungen: Bücher mit sieben Siegeln!

Geschenke, für die man ein Sprachdiplom, Einsteins Gehirn oder übernatürliche Kräfte braucht.

Noch liegt der PC verschnürt unterm Christbaum. Aber wenn er erst einmal ordnungsgemäß installiert ist, wird er Adressen, Kochrezepte, Liebesbriefe und Romanentwürfe speichern, Einkäufe tätigen und sich als hervorragender Schachpartner bewähren. Der reich Beschenkte packt aus, entknotet, entstöpselt, entwirrt, sucht Stecker und Kabel, probiert herum – das Ding funktioniert nicht, sagt nicht „piep" und nicht „papp". Schon will er entnervt aufgeben, da findet er ein stattliches Heft von etwa vierzig Seiten, in sieben fremden und angeblich auch in deutscher Sprache verfasst. Jetzt braucht der Computer-Besitzer nur noch alles aufmerksam zu lesen und dann die Anweisungen zu befolgen: „. . . Erzeugen die taste I blickskode hex 01 auf die bearbeitung und kode hex 81 auf den anriss. Die anrisskodes werden durch das hinzufügen hex 80 zur bearbeitungskodes gestaltet". Alles klar?

Da legt er resigniert die Anleitung in die Ecke und selbst Hand an das neue Stück, schließlich kommt er zu der Ansicht, dass man die Gebrauchsanleitung erst versteht, nachdem man sowieso schon begriffen hat, wie das Gerät funktioniert.

Zum Beispiel in folgendem Fall: Niemand, der je eine Luftmatratze besaß, wird bezweifeln wollen, dass eine Puff-Unterlage langsam pufft, wenn das Wetter kalt ist. Und so steht es auch in der Gebrauchsanweisung eines Luftmatratzenherstellers aus Taiwan. Und weiter im Text: „Entrollen die Puff Unterlage und liegen auf ihr, dann wird sie von der Wärme sich Inflationen bekommen . . ." Keine Frage, mit einer Luftmatratze kommt der durchschnittlich begabte Konsument auch ohne Betriebsanleitung zurecht. Anders beim Reisewecker: „Drücken Sie den A-Knopf für zwei Sekunden herunter, wenn Sie dann Knopf B drücken, springen die letzten zwei Digitalsekunden auf 00; oder drücken Sie Knopf B, wodurch sich auf der Anzeige die Digitalzahl durch jeden Druck jeweils um eine Zahl erhöht, oder halten Sie den Knopf B solange heruntergedrückt, bis die Anzeige die gewünschte Zahl anzeigt." Das Beste wird sein, so denkt sich der Käufer, den telephonischen Weckdienst zu beauftragen.

Eine Reihe sprachwissenschaftlicher Doktorarbeiten steckt noch in den Gebrauchsanweisungen, die man auf die Menschheit loslässt. Wie raffiniert darin Botschaften
verschlüsselt werden, das übertrifft jeden Geheimdienst an Phantasie. So heißt es
beispielsweise im „deutschen" Begleittext zu einer Quarzuhr: „Wenn alles richtig
eingesielli isluruchen Sie S2 bis Slunuen and Mirunan mii blindendern Coppalpunki
arschetuen. Sollite die Doppelpunki ruchi blinish denn drucken Sie S1." Eine Kost-
probe aus dem Finnisch-Ugrischen oder ein Südseedialekt?

Vielleicht hat ein geduldiger Konsument Verständnis, schließlich sitzt der Hersteller
in einem exotischen Land. Einheimische Hersteller, so meint er, drucken nicht so viel
Verwirrendes in ihre Hefte. Welch ein Irrtum: „Die Markierung auf der Aromakanne
entspricht der Menge gebrühten Kaffees. Die unterschiedliche Wassermenge im Vergleich zur Wasserstandsanzeige ergibt sich aus dem Restwasser, das im Kaffeemehl
verbleibt", heißt es im Text eines bekannten deutschen Küchengeräteherstellers. Wer
hätte das gedacht?

Hilfreich könnte da eine Institution wirken, die seit 1954 unsere Alltagskultur und
unsere industriellen Produkte gestaltend und kommentierend begleitet: das Design-
Zentrum Nordrhein-Westfalen in Essen. Dort bereitet man für den kommenden Mai
eine Ausstellung zum Thema vor, die erheitern, aber auch nachdenklich stimmen soll.
Fundsachen werden dort übrigens jederzeit entgegengenommen. (Adresse: Design-
Zentrum, Hindenburgstr. 25 bis 27, 45127 Essen).

2. Versuchen Sie, einige „Wörter" der Gebrauchsanleitung zu enträtseln!
(Ein Tip: Es geht hier um eine Uhr, genauer um eine Digitaluhr.
Was möchte man auf einer Uhr ablesen?)

Wenn alles richtig eingesielli isluruchen Sie S2 bis Slunuen and Mirunan
mii blindendern Coppalpunki arschetuen. Sollite die Doppelpunki ruchi
blinish denn drucken Sie S1.

3. Welchen Unterschied können Sie zwischen den beiden folgenden Sätzen entdecken?

1. Da legt er resigniert die Anleitung in die Ecke und das Geschenk auf den Schrank.
2. Da legt er resigniert die Anleitung in die Ecke und selbst Hand an das gute Stück.

4. Vergleichen Sie auch die beiden Sätze:

1. Er schlug zuerst das Fenster und dann die Tür zum Balkon ein.
2. Er schlug zuerst das Fenster und dann den Weg nach Hause ein.

5. Vergleichen Sie die Zusammenfassung mit dem Text. Wählen Sie das jeweils passende Wort für jede Lücke aus. Streichen Sie die unpassenden Wörter aus.

Gebrauchsanweisungen: (a) ——————— mit sieben Siegeln

Freudig macht man sich daran, den geschenkten PC auszupacken, denn er wird einem

in (b) ——————— viel Arbeit (c) ———————. Aber (d) ——————— es soweit ist, muss man erst die Gebrauchsanweisung (e) _____. Und das ist gar nicht so (f) _____. Manchmal hat man das (g) _____, dass man die Anleitung erst durchschaut, nachdem man (h) _____ hat, wie das Gerät funktioniert. Wahrscheinlich könnte sich niemand so komplizierte sprachliche Verwirrungen ausdenken, wie es die Hersteller (i) _____ tun. Da genügt oft der gesunde (j) _____ nicht, man müsste Spezialist im Entziffern von „Codes" sein, oder man (k) _____ gleich auf und lässt sich von einem Freund erklären, wie das Gerät (l) _____.

(a)	A Geschenke	B Bücher	C Sprachen
(b)	A Zeit	B Zukunft	C morgen
(c)	A machen	B installieren	C abnehmen
(d)	A nachdem	B bevor	C seit
(e)	A verstehen	B lernen	C unterrichten
(f)	A richtig	B einfach	C verständlich
(g)	A Gehirn	B Gedächtnis	C Gefühl
(h)	A begriffen	B vergessen	C gemacht
(i)	A unaufmerksam	B unbeabsichtigt	C unvernünftig
(j)	A Menschenverstand	B Sprachstudent	C Konsument
(k)	A nimmt	B gibt	C läßt
(l)	A gebraucht	B kommt	C funktioniert

V. Reklamationen

I. Beantworten Sie die Fragen zum Text

1. Um welches elektrische Gerät handelt es sich bei dem Gespräch?
2. An wen muss Herr Andresen sich wenden?
3. Warum muss Herr Andresen am Telefon warten?
4. Welche Angaben über das Gerät braucht man?
5. Was ist bisher mit dem Trockner passiert?
6. Warum möchte Herr Andresen die Rechnung nicht bezahlen?
7. Warum hat Herr Andresen nicht sofort gemerkt, dass der Trockner nicht in Ordnung ist?
8. Was schlägt die Dame vom Kundendienst vor?

VI. Sind Sie mit Ihrem Namen zufrieden?

I. Hören Sie bitte den Text von der Kassette. Notieren Sie sich die Antwort zu den folgenden Fragen in Stichworten.

  – Wer wird interviewt?
  – Was ist er/sie von Beruf?
  – Was macht die Frau/der Mann eigentlich?

2. Hören Sie jetzt den Text noch einmal. Lesen Sie dann die Aufgaben 1–17. Hören Sie den Text ein letztes Mal und beantworten Sie dann die Fragen. Haben Sie das im Text gehört oder nicht? Entscheiden Sie sich und markieren Sie die richtige Antwort.

	Ja	Nein
1. Frau Latour bezeichnet sich selbst als Marketing-Beraterin.		
2. Sie kann sich unter einer Namensentwicklerin nichts vorstellen.		
3. Sie hat für viele bekannte Produkte einen Namen erfunden.		
4. Sie muss genau wissen, für wen das Produkt gedacht ist und wie es beschaffen ist.		
5. Die Agentur denkt sechs Wochen lang über einen möglichen Namen nach.		
6. Die Agentur hat nur internationale Mitarbeiter.		
7. Wenn der Kunde den vorgeschlagenen Namen ablehnt, werden ihm zehn weitere Vorschläge gemacht.		
8. Man kann eine vollständige Namens-Entwicklung bestellen oder einzelne Aufträge geben.		
9. Bisher waren die Kunden immer mit den Vorschlägen zufrieden.		
10. Frau Latour hat zuerst als Schriftstellerin ihr Brot verdient.		
11. Sie hat bei einer Namens-Agentur in Paris mitgearbeitet.		
12. Ihre Tochter hat den gleichen Vornamen wie eine Stereo-Anlage.		

5

13. Weil Parfums alle ähnliche Gefühle ansprechen sollen, ist es schwer, immer wieder neue Namen zu finden.

14. Sie hat es bisher vermeiden können, einen Namen für Zigaretten zu erfinden.

15. Sie heißt eigentlich Katinka, hat sich selbst aber dann Susanne genannt.

Durchmischung ist gesund

Lehrbuch Seite 139 –142

Das Münchner Telefonbuch verzeichnet fast sechzehn Seiten lang Personen mit dem Namen Müller, gewiss überwiegend wackere Bundesdeutsche mit wackeren reichsdeutschen Vorfahren. Die Maier mit ihren e- und y-Varianten bringen es auf den gleichen Umfang. Zwischen den Müllers und den Maiers sieht es aber ganz anders aus.

Nehmen wir die Spalte „Mam-": Da haben wir hintereinander 28 ausländisch klingende Namen, wie Ismael und Mehmet Mama, Ndlaye Mamadra, Kyriakos Mamakos, Gasson Mamalis, Marc Maman, Inge Vaquez Mamani, Gregor Mamay, Carlos Mamblona, Helmut Mamczak, Angelika Mamczek, S. Mamedsade-Enhuber, Mina Mameghaninan, Carmen Mamelettis, Branko Mamic, Dsambolat Mamiew, Mohieddine Mamlouk, Iwan Mammanowski, Cornelia Mammitzsch, Miranda Mammonas, Lliljiana Mammone, Mahirwan Mamtani, Mario Mamuyak, Franziska, Josip und Stana Mamuzc bis zu Lin-Tai Man. Die Spalte „Li-" bedient mich mit den Namen Li Shi Jun, Liabas, Liacopoulos, Liacos, Liades und weiteren achtzig fremdklingenden Namen, bis mit Lich- und Lieb- wieder die Alteingebürgerten an die Reihe kommen. Die Berufe sind meist nicht angegeben, notiert habe ich mir Bildjournalist, Heilpädagogin, Sportartikel, Haustechnik, Ingenieurbüro, Ballettmeister, Bergungsunternehmen und als apartesten Beruf Schatzsucher.

Das ist bundesdeutsche Wirklichkeit, ein Stück davon. Ich habe es absichtlich nicht bei der Statistik bewenden lassen, sondern die Namen voll ausgeschrieben; wenn man sie laut hintereinander liest, wird man feststellen, dass die Fremden viel Wohlklang mitgebracht haben gegenüber den Malz und Mack und Markl, die den deutschen und den bayerischen Stamm vertreten.

Wenn wir die bloße Namensreihung vertiefen würden, zu Interviews auszögen, was für eine Fülle von Geschichten wäre da an Land zu ziehen! Wir hüten uns davor, diese neue Tausendundeine Nacht in Anspruch zu nehmen. Was das Fernsehen auf diesem Gebiet unternimmt, dient immer schon einer These, soll bemitleidenswerte Ausländer zeigen, kleinbürgerlichen Fremdenhass, Aussiedler in Containern untergebracht, soll, wie das neudeutsch heißt, das Problembewusstsein schärfen.

Ich will meinerseits nur zwei kleine Anekdoten erzählen, selbsterlebte. Beim Taxifahren lernt man Ausländer kennen, kann man sie zum Erzählen bringen. Ja, dieser ist ein Türke, schon lange in Deutschland, vierundzwanzig Jahre, mit einer Deutschen verheiratet. Kinder? Ja, erzählt er stolz, sein Junge ist bei den Tölzer Sängerknaben*.

---

* Bad Tölz ist eine kleine Stadt südlich von München mit einem berühmten, traditionsreichen Knabenchor.

178

Na, eingebürgerter kann man wirklich nicht sein im Bayernlande. Die andere Geschichte: Ein alter Herr spricht mich auf dem U-Bahnsteig an: Die Schmierereien an den Wänden da, das seien doch arabische Schriftzeichen. Da ich auch ein alter Herr bin, vermutet er in mir einen Genossen in der Überzeugung, dass die Ausländer Deutschland verschmieren und darum besser draußen wären. Ich sage, ich hielte diese Zeichen für gewöhnliche Krakeleien, wie sie von Jugendlichen aller Rassen und Stände angefertigt würden. Er ist enttäuscht und sagt zu seiner Rechtfertigung, er habe an der Sorbonne studiert. Ich bin meinerseits überzeugt, dass er gestern noch auf die Jugend im Allgemeinen geschimpft hat, heute müssen es die Ausländer sein. Auch ein Sorbonnestudium ist kein Schutz gegen falsche Verallgemeinerung.

Wir sind beim Problem. Sind wir nun eine multikulturelle Gesellschaft oder auf dem Wege, eine zu werden, und was heißt das eigentlich? Muss das deutsche Volk a) vor den Ausländern gerettet werden, um seine Identität nicht zu verlieren, oder wird es b) erst richtig modern, progressiv, europäisch, kosmopolitisch, wenn es seine Deutschtümelei an den Nagel gehängt hat? Das Thema hat endlich die Stammtische wieder in Rage gebracht, Diskussionen werden mit Schaum vor dem Mund geführt. Da hilft nur ruhig Blut und ein ruhiger Kopf.

Zunächst: Reinrassigkeit gibt es nicht. Die Müllers und Maiers würden staunen, wenn sie ihre Ahnen in früheren Zeiten besichtigen könnten. In Bayern haben die Kelten gesessen, nach Bayern sind die Römer gekommen, die ihrerseits in ihren Legionen alle Völker des Imperiums vereinigt hatten. Reinrassigkeit, wenn es sie gäbe, brächte wenig Bemerkenswertes hervor, Durchmischung ist gesund.

Verschiedene Mentalitäten in unmittelbarster Berührung mögen Anpassungsschwierigkeiten haben; sie erlauben aber auch erfreuliche Entdeckungen, bieten den Reiz der Andersartigkeit. So haben es gerade die Deutschen immer gehalten, wenn auch von dem Tadel bedroht, sie liefen zu schnell hinter allem Ausländischen her, hätten zu wenig nationale Standfestigkeit.

Die Vorfahren jener Türken, die wir heute als Stahlarbeiter und Müllmänner schätzen, standen 1683 vor Wien, Mitteleuropa hätte islamisch werden können wie der Balkan. Sie mussten wieder abziehen, aber sie hinterließen den Kaffee, der Europas Geist beflügelte, und ihren Moscheen entlieh ein findiger Architekt den Zwiebelturm, diese so trauliche Zierde Österreichs und Bayerns.

Es sollte keinem Zweifel unterliegen, dass aller kulturelle Austausch mit der Sprache beginnt. Hinnehmen muss man es, dass die Ausländer, die zu uns kommen, meist mit einem Pidgin-Deutsch beginnen, das den elementarsten Notwendigkeiten dient, ohne linguistische Feinheiten und Verständnisüberflüssigkeiten wie Artikel, Präpositionen mit dem richtigen Fall und Wortstellung im Haupt- und Nebensatz. Aber schon für die zweite Generation ist die Schule der natürlichste Weg zur Einbürgerung und erfolgreiche Ausländerpolitik ist zu einem wesentlichen Anteil klug gesteuerte Schulpolitik.

Die Gesellschaft, in der diese Ausländer leben, bleibt die deutsche, der es freilich nicht schadet, wenn sie sich für Kultur und Sprache der Zugereisten interessiert.

Werner Ross, in: Rheinischer Merkur vom 7. 4. 1989

Um mit dem Text besser arbeiten zu können, empfehlen wir Ihnen, zuerst die Zeilen zu nummerieren und dann den Text in drei Abschnitte einzuteilen: Abschnitt A Z. 1–22, Abschnitt B Z. 23–42, Abschnitt C Z. 43–73.

I. Lesen Sie den Abschnitt A (Z. 1–22). Suchen Sie die Wörter heraus, die folgende Bedeutung haben:

1. Menschen, die die Staatsangehörigkeit der Bundesrepublik Deutschland haben

   _____

2. angenehme, schöne Töne

   _____

3. ehrlich, anständig, rechtschaffen (manchmal auch ironisch gebraucht)

   _____

4. untereinander gesetzte Textzeilen, Textblock

   _____

5. nach genauer Überlegung, mit bestimmter Absicht

   _____

6. Adjektiv für jemand, der in der Zeit der Weimarer Republik und des Dritten Reiches die deutsche Staatsbürgerschaft besaß

   _____

7. diejenigen, die schon lange Bürger des Landes sind

   _____

8. besonders reizvoll, besonders geschmackvoll, eigenartig

   _____

2. Steht das so im Text?

	Ja	Zeile(n)	Nein
1. Für die Namen Müller und Meier braucht das Münchner Telefonbuch fast sechzehn Seiten.			
2. Es gibt ebenso viele Maiers/Meiers/Mayers/Meyers im Münchner Telefonbuch wie Müllers.			
3. Meistens stehen hinter den Namen keine Berufsangaben.			
4. Für Ausländer und Deutsche gibt es im Münchner Telefonbuch verschiedene Spalten.			
5. Die Namen der Ausländer sind in keiner Statistik erfasst.			

3. Können Sie bei einigen der angeführten Namen die Nationalität erkennen? Woran?

1. Beispiel: _____
2. Beispiel: _____
3. Beispiel: _____
4. . . .

4. Unterstreichen Sie im Abschnitt A die Schlüsselwörter/die wichtigsten Informationen und fassen Sie dann den Inhalt in einem Satz zusammen.

_____

_____

5. Lesen Sie jetzt den Abschnitt B (Z. 23–42). Setzen Sie die passenden Verben ein. Sollten Sie Hilfe brauchen, finden Sie diese im Text.

Wenn wir die bloße Namensreihung _____ würden, zu Interviews _____, was für eine Fülle von Geschichten _____ da an Land zu _____! Wir _____ uns davor, diese neue Tausendundeine Nacht in Anspruch zu _____. Was das Fernsehen auf diesem Gebiet _____, _____ immer schon einer These, _____ bemitleidenswerte Ausländer _____, kleinbürgerlichen Fremdenhass, Aussiedler in Containern _____, _____ wie das neudeutsch _____, das Problembewusstsein _____.

6. Setzen Sie die passenden Nomen ein. Sollten Sie Hilfe brauchen, finden Sie diese im Text.

Ich will meinerseits nur zwei kleine _____ erzählen, selbsterlebte. Beim _____ lernt man Ausländer kennen, kann man sie zum _____ bringen. Ja, dieser ist ein _____, schon lange in _____, vierundzwanzig _____, mit einer _____ verheiratet. _____? Ja, erzählt er stolz, sein _____ ist bei den Tölzer _____.

7. Ergänzen Sie die fehlenden Wörter. Sollten Sie Hilfe brauchen, finden Sie diese im Text.

Na, eingebürgerter _____ man wirklich _____ sein im _____. Die andere _____: Ein alter _____ spricht mich _____ dem U-Bahnsteig _____: Die Schmiereien _____ den Wänden _____, das seien _____ arabische Schriftzeichen. _____ ich auch _____ alter Herr _____, vermutet er _____ mir einen _____ in der _____, dass die _____ Deutschland verschmieren _____ darum besser _____ wären. Ich _____, ich hielte _____ Zeichen für _____ Krakeleien, wie _____ von Jugendlichen _____ Rassen und _____ angefertigt würden. _____ ist enttäuscht _____ sagt zu Rechtfertigung, er _____ an der _____ studiert. Ich _____ meinerseits überzeugt, _____ er gestern _____ auf die _____ im Allgemeinen _____ hat, heute _____ es die _____ sein. Auch _____ Sorbonnestudium ist _____ Schutz gegen _____ Verallgemeinerungen.

8. Was passt in die Reihe?

1. eine Vielzahl von Erzählungen — etwas aus der Geschichte — eine Fülle von Geschichten — viele mitteilenswerte Begebenheiten

2. Legendenbuch — Bettlektüre — Tausendundeine Nacht — Grimms Märchen

3. fischen gehen — an Land ziehen — gewinnen — in seinen Besitz bringen

4. sich hüten vor — etwas unterlassen — etwas vermeiden — auf etwas aufpassen

5. unleidlich — bedauernswert — mitleiderregend — bemitleidenswert

6. kleinbürgerlich — engstirnig — kleinkariert — gutbürgerlich — spießbürgerlich

7. den heutigen Sprachgewohnheiten entsprechend — wie das neudeutsch heißt — wie man im Sprachgebrauch unserer Zeit sagt — umgangssprachlich ausgedrückt

8. schärfen — schneiden — verfeinern — vertiefen

9. Schmierereien — Krakeleien — Dreck — Kritzeleien

10. Gesellschaftsschicht — Klasse — Stellung — Stand

11. Rechtfertigung — Verteidigung — Verantwortung — Rehabilitation

9. Welcher Stelle im Text widersprechen die folgenden Behauptungen/ Welche Stelle geben sie nicht richtig wieder? Geben Sie die Zeile an und stellen Sie richtig.

1. Die Taxifahrerin war mit einem Türken verheiratet.   Z. _____

richtig: _____

2. An die Wand der U-Bahnstation war etwas in einer fremden   Z. _____
   Sprache gekritzelt.

   richtig: _____

3. Würde man sich intensiver mit den Namen beschäftigen, so   Z. _____
   ergäbe das nicht viel Interessantes.

   richtig: _____

4. Die Medien zeigen immer nur die positive Seite der Aus-   Z. _____
   länderschicksale.

   richtig: _____

5. Der alte Herr schimpft auf die Jugendlichen, die die   Z. _____
   U-Bahnstation vollgeschmiert haben.

   richtig: _____

10. Unterstreichen Sie die Schlüsselwörter/die wichtigsten Informationen im Abschnitt B.

11. Fassen Sie jeden Absatz von Abschnitt B in einem Satz zusammen.

12. Lesen Sie nun den Abschnitt C (Z. 43–73). Welche Erklärung passt zu welcher Redewendung?

1. auf dem Weg sein
2. an den Nagel hängen
3. in Rage bringen
4. mit Schaum vor dem Mund
5. ruhig Blut bewahren
6. einen (ruhigen) klaren Kopf behalten
7. etwas so halten
8. hinter jdm./etw. herlaufen
9. keinem Zweifel unterliegen
10. in früheren Zeiten

a) jdn. aufregen, wütend machen
b) in der Geschichte weit zurückliegend
c) etw. auf eine bestimmte Art machen
d) im Zustand völliger Aufregung sein
e) ein Ziel bald erreichen, dabei sein
f) etw., was man lange betrieben oder angestrebt hat, aufgeben
g) sich nicht aufregen (lassen)
h) völlig sicher sein
i) sich nicht verwirren (lassen)
j) etwas erreichen wollen, hier: Anhänger werden, nachahmen, bewundern

1	2	3	4	5	6	7	8	9	10

13. Welches Wort passt zu welcher Erklärung?

> Ahnen / Deutschtümelei / findig / Mentalität / Pidgin-Deutsch / Reiz / Stammtisch / traulich / Überflüssigkeiten / Zugereiste / Zwiebelturm

1. Art des Denkens und Fühlens _____
2. verlockende Wirkung _____
3. aufdringliche, übertriebene Betonung deutscher Wesensart _____
4. (Kirch)turm mit zwiebelförmiger Spitze _____
5. vertraut, heimelig, gemütlich, geborgen _____
6. Kreis von Personen, die sich regelmäßig in einem Wirtshaus treffen / Tisch _____
7. aus einer anderen Gegend zugezogen _____
8. grammatisch falsches, vereinfachtes Deutsch _____
9. zur Kommunikation nicht unbedingt erforderliche Elemente _____
10. erfinderisch, gewitzt, einfallsreich _____
11. Vorfahren _____

14. Welches Verb passt in den Satz?

> abziehen — beflügeln — dienen — entleihen — hinnehmen — hinterlassen — schaden — schätzen

1. Nach dem Kampf _____ die Soldaten endlich wieder _____ .
2. Der Erfolg _____ seine Phantasie immer wieder aufs Neue.
3. Das Thema des Films ist einem Roman von Fontane _____ .
4. Statt sich zu verteidigen, _____ er den Tadel widerspruchslos _____ .
5. Es _____ dir gar nichts, wenn du die Prüfung nicht bestehst. Warum hast du auch so wenig dafür gearbeitet!
6. _____ Sie bitte eine Nachricht auf meinem Anrufbeantworter.
7. Ich _____ ihn sehr als Kollegen, denn er ist immer hilfsbereit und freundlich.
8. Es ist fraglich, ob Urlaubsreisen in fremde Länder wirklich der Völkerverständigung _____ .

15. Ergänzen Sie mit eigenen Worten, ohne den Inhalt des Textes (Abschnitt C) zu verändern.

1. _____ Problem.

2. _____ bei uns um eine multikulturelle Gesellschaft?

3. ... eine zu werden, und _____?

4. ..., um seine Identität _____?

5. Die Müllers und Maiers _____,

    wenn sie _____.

6. Reinrassigkeit, wenn es sie gäbe, _____.

7. Durchmischung _____.

8. _____, dass verschiedene Mentalitäten, wenn _____

    _____ in Berührung _____

    _____, sich nur _____.

9. _____ erfreuliche Entdeckungen

    _____.

10. Sie mussten wieder abziehen, aber wir _____

    _____.

11. ... den Zwiebelturm, der heute _____.

12. Es sollte keinem Zweifel unterliegen, dass _____

    _____ die Sprache steht.

13. Man kann _____, dass die Ausländer, ...

16. Unterstreichen Sie die Schlüsselwörter / die wichtigsten Informationen. Fassen Sie dann wieder jeden Absatz von Abschnitt C in einem Satz zusammen.

17. Machen Sie jetzt aus den einzelnen zusammenfassenden Sätzen einen flüssigen Text, indem Sie die Sätze mit passenden Wörtern und Wendungen (außerdem, trotzdem, wenn ... auch ...) verbinden.

18. An einigen Stellen des Textes arbeitet der Verfasser mit dem Stilmittel der Ironie. Versuchen Sie, diese Stellen herauszufinden und darzustellen, wie er den ironischen Eindruck erzeugt.

Beispiel: Z. 2/3: ... gewiss überwiegend wackere Bundesdeutsche mit wackeren reichsdeutschen Vorfahren.
Methode: Wiederholung des altmodischen Wörtchens „wacker", das anständig bedeutet, aber auch phantasielos, etwas beschränkt bedeuten kann. Z. 34: ...

I. Präpositionen

Wendungen mit Präpositionen

I. Ergänzen Sie die Präpositionen „auf", „in" oder „mit".

1. _____ der Flucht
2. _____ Alltag
3. _____ Regel
4. _____ Gedeih und Verderb
5. _____ Notfall
6. _____ Rat und Tat
7. _____ Gruppen
8. _____ Dauer
9. _____ Richtung

2. Und was bedeuten die Wendungen? Fügen Sie zu jeder Erklärung die passende Wendung hinzu.

1. Wohin? — Nach Süden _____
2. im Allgemeinen _____
3. täglich, jeden Tag stattfindend _____
4. (für) immer _____
5. tatkräftig helfen _____ beistehen
6. wenn es gar nicht anders geht _____
7. nicht einzeln, sondern zusammen mit anderen _____
8. bedingungslos ausgeliefert sein _____ ausgeliefert sein
9. vor etwas davonlaufen _____ sein

Erfinden Sie jetzt einen inhaltlichen Zusammenhang und bilden Sie mit den einzelnen Wendungen ganze Sätze.

Verben und Adjektive mit Präpositionen

I. Nur drei der vorgeschlagenen Lösungen sind richtig. Streichen Sie das Verb, das nicht in die Gruppe passt.

1. a) überzeugt sein
   b) sich fürchten
   c) etwas wissen
   d) begeistert sein
   } von

2. a) übereinstimmen
   b) sich einigen
   c) rechnen
   d) sich kümmern
   } mit

3. a) kämpfen
    b) (sich) verteidigen
    c) eingreifen
    d) verstoßen $\Big\}$ gegen

4. a) abhängig sein
    b) sprechen
    c) fragen
    d) reden $\Big\}$ von

5. a) wohnen
    b) sich beschäftigen
    c) teilen
    d) sich verabreden $\Big\}$ mit

6. a) betrachten
    b) bezeichnen
    c) nennen
    d) akzeptieren $\Big\}$ als

7. a) zunehmen
    b) zweifeln
    c) sich erinnern
    d) verringern $\Big\}$ an

8. a) antworten
    b) warten
    c) weinen
    d) verzichten $\Big\}$ auf

9. a) halten
    b) sich fürchten
    c) sorgen
    d) sich entscheiden $\Big\}$ für

10. a) sich verlieben
    b) sich verstehen
    c) sich verloben
    d) sich verheiraten $\Big\}$ mit

11. a) helfen
    b) arbeiten
    c) zuschauen
    d) fahren $\Big\}$ bei

12. a) gehören
    b) führen
    c) sich wundern
    d) sich verpflichten $\Big\}$ zu

13. a) denken
    b) mangeln
    c) hindern
    d) aufwachsen $\Big\}$ an

14. a) sich einmischen
    b) einbeziehen
    c) sich verwandeln
    d) sich entscheiden $\Big\}$ in

15. zu zur zum $\Big\{$ a) Einsicht b) Entfaltung c) Fall d) Mode $\Big\}$ kommen

16. zu zur zum $\Big\{$ a) Rede b) Stillstand c) Wort d) Ende $\Big\}$ kommen

17. in $\Big\{$ a) Betracht b) Frage c) Überlegung d) die engere Wahl $\Big\}$ kommen

18. in $\Big\{$ a) Berührung b) Freundschaft c) Verbindung d) Kontakt $\Big\}$ kommen mit

19. a) Verantwortung übernehmen
    b) das Beste wollen
    c) Vertrauen setzen
    d) Verständnis haben $\Big\}$ für

20. zu zur zum $\Big\{$ a) Schaden b) dem Schluss c) Ruhe d) Unglück $\Big\}$ kommen

21. in $\Big\{$ a) Bewegung b) Fahrt c) Schwung d) Ruhe $\Big\}$ kommen

22. in $\Big\{$ a) Aufregung b) Verlegenheit c) Gefühl d) Hektik $\Big\}$ geraten

187

23. in
$\left.\begin{array}{l}\text{a) Not}\\\text{b) Gefahr}\\\text{c) Schwierigkeiten}\\\text{d) Risiko}\end{array}\right\}$ geraten

24.
$\left.\begin{array}{l}\text{a) Abschied nehmen}\\\text{b) Angst haben}\\\text{c) eine Ahnung haben}\\\text{d) Abstand halten}\end{array}\right\}$ von

2. Ersetzen Sie die kursiv gedruckten Satzteile durch die angegebenen Verben oder Adjektive. Vergessen Sie die entsprechenden Präpositionen (bzw. „als") nicht.

> *Beispiel:* Hat *mich* jemand *gesucht?*
> (fragen) *Hat jemand nach mir gefragt?*

1. Die Bundesrepublik *ist eines der* beliebtesten Asylländer. (gehören)
2. Peter hat seine Frau *verlassen.* (sich trennen)
3. Ungerechtigkeiten muss man *sich widersetzen.* (sich wehren)
4. Es *gibt zu wenig* Ausbildungsplätze. (mangeln)
5. Jugendliche *brauchen* die finanzielle Unterstützung ihrer Eltern. (abhängig)
6. Trotz tagelanger Verhandlungen *wurde* keine Einigung *erzielt.* (kommen)
7. Um an den Arbeitsplatz zu kommen, *brauchen* viele ein Auto. (angewiesen)
8. Im Jahre 1987 *sind* 86 000 Asylbewerber in die Bundesrepublik *gekommen.* (zunehmen)
9. Man *ist (ziemlich) sicher*, dass noch mehr Asylanten *kommen.* (rechnen)
10. Viele Menschen *brauchen keinen* Fernseher. (nicht notwendig)
11. Die wirtschaftliche Flaute *brachte* auch den Verlust von Arbeitsplätzen *mit sich.* (führen)
12. *In meinen Augen ist er* ein Geizhals. (betrachten)
13. Hast du *versucht*, die Stelle *zu bekommen?* (sich bewerben)
14. Welchen Elternteil *lieben* die Kinder mehr? (hängen)
15. Sie *nannten* ihren Chef immer „das alte Ekel". (bezeichnen)

3. Ergänzen Sie zu ganzen Sätzen.

> *Beispiel:* helfen — wer / mir / diese Aufgabe
> *Wer hilft mir bei dieser Aufgabe?*

Vorverkauf

1. warten — viele Menschen / schon seit Stunden / Öffnung der Zirkuskasse
2. gelten — die Ermäßigung von 50 % / Kinder und Studenten
3. sich laut streiten — Platz / zwei Frauen
4. sich bitter beklagen — lange Wartezeiten / alter Mann
5. sich bemühen — ein Vater / gute Plätze / seine Kinder
6. ausgeben — ganzes Geld / Zirkuskarten / ein Fanatiker

Vorstellung

7. sich ganz konzentrieren — Dompteur / seine Löwen

8. einspringen — eine Freundin / erkrankte Assistentin des Zauberers
9. lachen — alle Zuschauer / Späße des Clowns
10. schwärmen — Kinder / wilde Reiter
11. halten können — Affen in ihrer Kleidung / richtige Menschen / man
12. sich unterhalten — Zuschauer / in der Pause / im Foyer / die Show
13. sehnsüchtig denken — Großvater / seine Kindheit

Aus der Zeitung

14. sich entwickelt haben — Zirkusunternehmen / in den letzten zwanzig Jahren / Familienbetrieb / großes Unternehmen
15. gehören — heute / es / internationale Spitze
16. stammen — Elefanten / Indien
17. anknüpfen — mittelalterliche Tradition / mit dem Verzicht auf Technik / der Zirkus
18. arbeiten — Artisten / ständige Verbesserung des Programms
19. sich verteidigen müssen — Konkurrenz der Massenmedien / das Unternehmen / ständig

4. Brauchen wir eine Präposition oder nicht? Wenn ja, dann ergänzen Sie diese.

Beispiel: Hat jemand __*nach*__ mir gefragt?
Ich frage_____✓_____, was wir da machen können.

1a) Die Tasche gehört _____ mir.

 b) Die Bundesrepublik gehört _____ Europäischen Gemeinschaft.

2a) Die Untersuchungen führten leider _____ keinem Resultat.

 b) Der Chef persönlich führte _____ mich durch das ganze Haus.

3a) Er sagte _____ mir kein Wort davon.

 b) Er sagte dauernd ‚liebes Kind' _____ mir.

4a) Was hat man denn _____ deine Beschwerde geantwortet?

 b) Was hat sie _____ dir denn geantwortet?

5a) Michael hat _____ seinem Vater einen langen Brief geschrieben.

 b) Der Leser hat direkt _____ die Redaktion geschrieben.

6a) Der Besuch kam _____ mir ganz ungelegen.

 b) So sehr sich die Partner auch bemühten, es kam _____ keiner Einigung.

7a) Man kann sich leider nicht _____ Brigitte verlassen.

 b) Uli hat nach vielen Jahren _____ seine Freundin verlassen.

8a) Die Kinder sangen _____ ein hübsches Lied.

 b) Das Mädchen kennt keine Noten, es singt alle Lieder nur _____ Gehör.

9a) Nur in einem Kasino darf man _____ Geld spielen.

b) Die Kinder spielten _____ ‚Räuber und Gendarm'.

10a) Was fehlt _____ Ihnen denn?

b) In jeder größeren Stadt fehlt es _____ Parkplätzen.

II. Länder und Nationalitäten

Lehr-
buch   Seite
        233
        –237

Einige Ländernamen werden mit dem bestimmten Artikel gebraucht:

a) **der** Libanon, **der** Sudan
b) **die** Bundesrepublik Deutschland, **die** ehemalige DDR
   die Schweiz, **die** Slowakei, **die** Tschechei, **die** Türkei, **die** Antarktis
c) *Plurale:* **die** Niederlande, **die** USA (Vereinigten Staaten von Amerika)
d) *Abkürzungen:* **die** Ex-DDR, **die** USA

I. Ergänzen Sie die fehlenden Formen.

Nationalitäten, die auf *-e* enden:

	Nominativ	*Akkusativ*	*Dativ*	*Genitiv*
Singular	der / ein Türke			
Plural				der / – Türken

Nationalitäten, die auf *-er* enden:

	Nominativ	*Akkusativ*	*Dativ*	*Genitiv*
Singular		den / einen Japaner		
Plural				

der Deutsche/ein Deutscher wird wie ein Adjektiv dekliniert:

	Nominativ	*Akkusativ*	*Dativ*	*Genitiv*
Singular	der Deutsche ein Deutscher			des / eines Deutschen
Plural		die Deutschen, – Deutsche		

2. Woher kommen Ihre Freunde?

1. (Frankreich)
   Mein Freund und meine Freundin kommen aus Frankreich.
   Mein Freund ist Franzose und meine Freundin ist _Französin_ .
   Sie sprechen _Französisch_ .

2. (Ungarn)	5. (Australien)	8. (Afghanistan)	11. (Peru)
3. (Kanada)	6. (England)	9. (Bulgarien)	12. (Vietnam)
4. (Libyen)	7. (Kolumbien)	10. (Ägypten)	13. (Rußland)

Mündlicher und schriftlicher Ausdruck	**Reihe**	**6**

I. Eine Buchbestellung

Bestellen Sie den DUDEN.
a) Schreiben Sie, wie Sie auf das Buch aufmerksam geworden sind.
b) Erkundigen Sie sich nach
   — den Zahlungsbedingungen,
   — weiterem Material,
   — den Lieferbedingungen.
c) Bitten Sie um schnelle Antwort und begründen Sie diese Bitte.

THEMA Deklination ...

des Menschens	dem Diplomat
ein Portugiese	der Spanierin
	die Lexikons
des Namens	des Schweden

Drei von sieben Formen sind falsch. Haben Sie erkannt welche? Wenn nicht, dann brauchen Sie das Standardwerk der deutschen Sprache:

DUDEN

Neue Rechtschreibung
der deutschen Sprache und der Fremdwörter

Herausgegeben von der Dudenredaktion
im Einvernehmen mit
dem Institut für deutsche Sprache
DUDEN BAND 1

Bibliographisches Institut, D-68167 Mannheim

II. Anfragen

1. Richten Sie eine schriftliche Anfrage an die Schule, in der Sie sich nach Einzelheiten (Preise, Unterbringung, Anmeldeformalitäten ...) erkundigen.
2. Sie möchten für sich (Ihren Sohn / Ihre Tochter ...) einen Austausch organisieren. Schreiben Sie diesen Vorschlag an die Schule und bitten Sie um Unterstützung.

Deutsch für Ausländer

Sprachkurse für einen intensiven Unterricht

Für Anfänger und Fortgeschrittene jederzeit kostenlose Einstufung

Einzelunterricht Ganztägige Intensivkurse Abendkurse in Kleingruppen

*Sprachschule **WORT** D-83798 München*

Sie können für den Brief an die Sprachenschulen den folgenden Entwurf benutzen.

Absender   Ort, Datum

Name der Schule
Straße, Hausnummer
PLZ Ort

Anrede

Vorstellung und Bezug
Schilderung des Problems/des Wunsches
Bitte um Hilfe

eventuelle zusätzliche Angaben

Schlussformel und Dank im Voraus

Grußformel

Unterschrift

FERIENKURSE IN DEUTSCHLAND

**Ostern, Sommer und Weihnachten
Programme für Schüler und Erwachsene**

**4 Wochen Unterricht in Kleingruppen
2 Wochen Intensivkurse**

**Anmeldung: Sprachclub International
D-83821 München**

I. „Fremd ist der Fremde nur in der Fremde" (Karl Valentin)
Fremd oder „fremd"?

I. Text-Hitliste

Lesen Sie die Texte. Lassen Sie jeden Text kurz auf sich wirken. Kennzeichnen Sie dann spontan, ohne nachzudenken, die Texte mit +++ (sehr gut), ++ (gut), + (ganz nett), +– (lässt mich kalt), – (spricht mich weniger an), –– (ärgert mich), ––– (unlesbar).

Wenn Sie noch Zeit und Lust haben, suchen Sie sich zwei oder drei Texte aus und begründen Sie Ihre Meinung.

A „Ich war allein unter Menschen mit anderen, eigenen Umgangsformen", schreibt Claude Kalume Mukadi, der, politisch verfolgt, vor 17 Jahren seine Heimat Zaire verlassen hat. „Zum Beispiel werden in Zaire Fremde herzlich empfangen und willkommen geheißen." Bei Mukadi hat sich das Gefühl der Fremdheit im Laufe der Jahre verändert, er hat sich arrangiert: „Ich habe mich geöffnet für diese andere Welt, und so kommt es jetzt vor, dass afrikanische Freunde zu mir kommen und sagen, ich sei ein bisschen deutsch geworden." Auf die Frage, wie sie das meinen, hätten sie geantwortet: „Früher haben wir jederzeit zu dir kommen können und waren einfach da, heute müssen wir hin und wieder unseren Besuch vorher ankündigen."
Mukadis Einsichten eröffnen den 88seitigen Bildband „Leben in der Fremde". Das Buch zum Preis von 22,50 Euro ist im Miep-Verlag Wolfgang Peschel erschienen.

B Gegen „Essen aus dem Genlabor" wandte sich eine Aktion der Ziegelsteiner Kindergruppe, die in der Nürnberger Fußgängerzone Unterschriften gegen genmanipulierte Nahrungsmittel sammelte. Dabei hatten sich die Kinder einiges einfallen lassen: Verkleidet als Riesenmaiskolben erregte Marius die nötige Aufmerksamkeit. Auf einer Stellwand wurden selbstgemalte Plakate mit manipulierten Riesentomaten aufgehängt; daneben eine künstliche Superkuh, die schneller wächst und mehr Milch gibt. An einem Informationstisch, auf dem neben Broschüren und Flugblättern auch einige Produkte zu sehen waren, die in Zukunft durch Abänderung der Erbinformationen leichter und kostengünstiger hergestellt werden sollen, konnten sich die Bürger eingehend zum Thema informieren. Die gesammelten Unterschriften wurden nach Brüssel geschickt, um den Druck in Richtung Kennzeichnungspflicht genmanipulierter Nahrungsmittel zu erhöhen.

C Im Januar schien alles aus zu sein. Einbrecher hatten das gesamte Equipment von „Station 17" aus den Alsterdorfer Anstalten geklaut. Eine Solidaritätswelle jedoch half. Die Presse berichtete, Firmen und Privatleute spendeten für eine neue Musikanlage.

Michael, Thorsten, Hannes, Andy und alle anderen Musiker von „Station 17" sind geistig behindert. Sie leben in der evangelischen Stiftung Alsterdorf in Hamburg auf der Station 17, daher auch der Name der Band. Doch ihre Musik ist nicht nur therapeutisches Programm. „Wir machen Musik, weil es Spaß macht. Und was Spaß macht, ist gut für Menschen", schreibt Kai Boysen, Heilerzieher und Impresario der Truppe im Vorwort zur zweiten CD mit dem Titel „Genau so."

D   Als mich meine Frau vor die Wahl stellte, Sport oder Familie, zog ich die Familie vor. Am Anfang war es auch schön, mit dem Kleinen zu spielen und mit meiner Frau zusammen zu sein. Aber ich langweilte mich bald, es war eigentlich ziemlich fad ohne Sport. Ich suchte nach Ersatz und fing an zu rauchen und zu trinken. In dieser Zeit merkten meine Frau und ich, wie wenig Gemeinsamkeiten wir hatten. Wir stritten uns immer öfter. Ich soff immer mehr und hing in Kneipen herum, meine Frau in der Disco. Nach zwei Jahren Ehe reichte meine Frau die Scheidung ein. Später bekam sie Kind und Wohnung zugesprochen. Ich ging von Stuttgart nach München, weil ich neu anfangen wollte.

Pustekuchen – neu anfangen! Die Mieten waren für mich viel zu hoch und bei der Jobsuche bekam ich ständig Absagen. Kein Geld, keine Wohnung, keine Arbeit und fremd in München – ich war plötzlich ein Sozialfall. Ich stumpfte so ab, dass es mir nichts mehr ausmachte, besoffen auf der Straße zu liegen.

E   Auch im häuslichen und gesellschaftlichen Alltag kommt der kleine Mensch meist zu kurz. Im Haushalt müssen Möbel, Spiegel und Elektroleitungen verändert werden, beim Einkauf im Supermarkt sind nur die untersten Regale zu erreichen und so geht es weiter. „Aber das sind nicht die größten Schwierigkeiten", sagt Herbert Stein, Pressesprecher der Vereinigung kleiner Menschen. „Das Schlimmste sind die seelischen Probleme. Weil sie in der Öffentlichkeit oft wie eine Abnormität angestarrt werden, trauen sich viele Kleinwüchsige kaum auf die Straße."

F   Ein Brasilianer in Berlin

. . . Und der Tag, an dem er (= der Verfasser) ohne das Wort (im Wörterbuch hatte er es nicht gefunden) für „Tüte" zu kennen, vor der Kassiererin im Supermarkt nur hinzeigte, worauf diese ungemein irritiert zu einer Rede anhob in einer Lautstärke, die von Halensee bis Wannsee vernehmbar war: „Das ist kein dah-dah-dah! Das ist kein buh-buh-buh! Das ist eine Tüte! Das ist eine Tüte! Das ist eine Tüüüüte, ja? Ja? Eine Tüüüüte!"

Nun gut, aber zumindest ist es ihm ein Trost zu wissen, daß er aufgrund dieser Erfahrung nie wieder das Wort „Tüte" vergessen wird, für immer ist es unauslöschlich in sein Gedächtnis eingegraben.

Ein Berliner in Rio

Wir sind als richtige Berliner zurückgekehrt. Mein Sohn will eine Punkfrisur, meine jüngste Tochter spricht Portugiesisch mit deutschem Akzent, . . . und meine Frau und ich reden in einem häuslichen Dialekt, der für Brasilianer und Deutsche gleichermaßen unverständlich ist, wie der Dialekt der Berliner. Das Wort „strapaziert", über das wir in Deutschland zum ersten Mal stolperten, als wir versuchten, das Etikett auf einer Shampooflasche zu entziffern, erschien uns außergewöhnlich ausdrucksvoll.

Estrapazirte ausgesprochen, ist es bei uns zu einer allgemeinen Bezeichnung für Dinge und Menschen in schäbigem, heruntergekommenem Zustand geworden. Wir sagen nicht mehr, daß es regnet, sondern nur noch *esrréguinite*. Wenn wir alle irgendwohin gehen, dann mit *Susana* (zusammen). Und dann gibt es bei uns noch *sutóia* (zu teuer), *viffo* (wieviel), *espeta-espeta* (später, später), *bisduferrúquite* (bist du verrückt) und viele andere – wir sprechen ziemlich viel Deutsch bei uns zu Hause, obwohl ich fürchte, daß es nicht unbedingt Hochdeutsch ist.

G „Sackgasse" warnt ein Verkehrsschild, als ich in die B.straße einbiege, und das ist durchaus symbolisch zu nehmen. Wer hier erst mal angekommen ist, der findet so schnell nicht wieder raus: Endstation Hoffnungslosigkeit. Auf dieser Straße liegt Hamburgs größte und mieseste Obdachlosensiedlung. Hier wohnen Jessika und Andreas Krone, 20 und 21 Jahre alt, mit ihren drei Kindern Patrick (2 1/2, Dennis (1 1/2) und der kleinen Melanie, gerade ein halbes Jahr alt. Die Wohnung spiegelt die Trostlosigkeit der Außenwelt wieder. Deckenlampen verbreiten ein trübes Licht. In der Ecke steht ein Spielautomat, auf dem Fußboden liegen die Reste eines ausgefransten Teppichs. Das Kinderzimmer – drei Betten, zwei kaputte Schränke, als einziges Spielzeug ein Schaukelpferd – hängt voller Wäsche. „Jeden Tag brauch' ich zwei Maschinen voll", sagt Jessika, „drei Tage dauert es, bis das Zeug trocken ist." Das Klo ist auf dem Flur, ein Bad gibt es nicht, nur eine Gemeinschafts-dusche im Keller des Nebenhauses.

H Ihr werdet mich vergessen müssen, du Mama und du Papa. Ich bin ein Gorole geworden im eigenen Land, ein Fremder, einer, der nicht dazugehört. Warum nur bin ich hierhergekommen? Die Antwort darauf habe ich vergessen.

Gestern war Pfingsten. Nein, ich habe euch nicht vorher geschrieben. Nach der Messe war ich bei Paul, dem Cousin, der schon ein gradliniger Deutscher ist. Alles habe ich vermisst: Euch, Amram und sein schwanzwedelndes Betteln bei Tisch, die Freunde in der Klinik von Kattowitz, auf dem Weg nach Hause den Rauch von den Zechen; . . . Jeden Tag fehlt mir hier immer alles.

2. **Welchen Textsorten (Reportage, Brief, Erzählung, . . .) lassen sich die Texte zuordnen?**

3. **Wie würden Sie den Tonfall der Texte bezeichnen (anklagend, humorvoll, traurig, informativ, hoffnungsvoll, . . .)?**

4. **An welche Leser (Öffentlichkeit, Mitmenschen, Politiker, Freunde, . . .) richten sich Ihrer Meinung nach die Texte; welche Absichten (informieren, verändern, aufdecken, . . .) verfolgen sie?**

195

5. Lesen Sie die Auszüge aus dem Wörterbuch

Norm – die; -en, 1. mst Pl; e-e allgemein anerkannte (ungeschriebene) Regel, nach der sich andere Menschen verhalten sollen, Moralvorstellung (ethische, gesellschaftliche, moralische Normen; Normen festsetzen; sich an Normen halten) 2. das, was als normal oder üblich empfunden wird. (j-d/etw. entspricht der N., weicht von der N. ab) 3. e-e bestimmte (Arbeits)Leistung, die j-d in e-r bestimmten Zeit schaffen soll (die N. erfüllen, übererfüllen; e-e N. aufstellen, festlegen, erhöhen, senken)

normal Adj. 1. so, wie es die allgemeine Meinung für üblich oder gewöhnlich hält ← unnormal, außergewöhnlich ... 2. geistig und körperlich gesund ← anormal, abnorm

6. Lesen Sie bitte den folgenden Eintrag aus einem Lexikon der Synonyme (= Wörter mit gleicher bzw. ähnlicher Bedeutung) und Antonyme (= Wörter, die das Gegenteil bedeuten). Welche Wörter erscheinen Ihnen positiv, welche negativ, welche neutral?

Synonyme:

1. Norm
Richtlinie, Richtschnur, Maßstab, Regel, Direktive, Arbeitsnorm, Leistungssoll, Planaufgabe, Pflicht, Mittelmaß, Durchschnitt, Mittelmäßigkeit

2. normal
regelrecht, landläufig, vorschriftsmäßig, herkömmlich, gewohnt, der Regel/Norm/Gewohnheit entsprechend, gebräuchlich, obligat, alltäglich, gängig, verbreitet, gang und gäbe, (geistig/körperlich) gesund, zurechnungsfähig, rüstig, stabil, mit gesundem Menschenverstand

Antonyme:

Abweichung, Ausnahme, Sonderfall, Ausnahmefall, Einzelfall, Notfall, Extremfall, Extrem

ano(r)mal, unnormal, abnorm, anders(artig), besonders, außergewöhnlich, bedeutungsvoll, imposant, brillant, großartig, imponierend, sensationell, ohnegleichen, verblüffend, ungewöhnlich, unvergleichlich, sagenhaft, überwältigend, extrem, außerordentlich, abweichend, sonderbar, auffällig, krank(haft), besser, schlimmer, zusätzlich, exzentrisch, übersteigert, übertrieben, extravagant, sonderbar, bizarr, skurril, verrückt, wahnsinnig, irr, pervers, unnatürlich, übergewichtig, überdurchschnittlich, untergewichtig, unterdurchschnittlich

7. Versuchen Sie, eine Definition zu finden: Was ist ein/eine Normal...?

1. ...-bürger
2. ...-fall
3. ...-gewicht
4. ...-größe
5. ...-höhe
6. ...-maß
7. ...-temperatur
8. ...-verbraucher
9. ...-zeit
10. ...-zustand

8. Was meint man, wenn man sagt: „Bist du eigentlich noch normal?"

9. Klären Sie mit Hilfe Ihres Wörterbuches die Begriffe „fremd" und „Minderheiten".

10. Suchen Sie Antonyme für beide Begriffe.

11. Im folgenden Text sind 10 Fehler. Bitte notieren Sie die richtigen grammatischen Formen am Rand des Textes

„Ich war allein unters Menschen mit anderen, eigenen Umgangsformen",
schreibt Claude Kalume Mukadi, den vor 17 Jahren seine Heimat Zaire
verlassen hat. „Zum Beispiel werden in Zaire Fremden herzlich
empfangen und willkommen geheißen." Bei Mukadi habt sich das Gefühl
der Fremdheit im Laufe der Jahre verändert, er hat sich arrangiert:
„Ich habe mich geöffnet für diese anderer Welt, und so kommt es
jetzt vor, dass afrikanische Freunde zu mich kommen und sagen, ich
seist ein bisschen ,deutsch' geworden." Auf die Frage, wie sie den
meinen, hätten sie geantwortet: „Früher konnten wir jederzeit zu dir
kommen können und waren einfach da, heute mussten wir hin und wieder
unseren Besuch vorher ankündigen.

12. Ergänzen Sie passende Verben.

Im Januar _____ alles aus zu sein. Einbrecher _____ das gesamte Equipment von
„Station 17" aus den Alsterdorfer Anstalten _____. Eine Solidaritätswelle jedoch
_____. Die Presse _____, Firmen und Privatleute _____ für eine neue Musikanlage.
Michael, Thorsten, Hannes, Andy und alle anderen Musiker von „Station 17" _____
geistig behindert. Sie _____ in der evangelischen Stiftung Alsterdorf in Hamburg auf
der Station 17, daher auch der Name der Band. Doch ihre Musik _____ nicht nur
therapeutisches Programm. „Wir _____ Musik, weil es Spaß _____. Und was Spaß
_____, _____ gut für Menschen", _____ Kai Boysen, Heilerzieher und Impresario der
Truppe, im Vorwort zur zweiten CD mit dem Titel „Genau so".

13. Ergänzen Sie die fehlenden Wörter.

_____ mich meine Frau _____ die Wahl stellte, Sport _____ Familie, zog ich die
Familie _____. _____ Anfang war es auch schön, _____ dem Kleinen zu spielen
und _____ meiner Frau zusammen zu sein. _____ ich langweilte mich bald, es war
eigentlich ziemlich fad _____ Sport. Ich suchte _____ Ersatz und fing _____ zu

rauchen und zu trinken. _____ dieser Zeit merkten meine Frau _____ ich, _____ wenig Gemeinsamkeiten wir hatten. Wir stritten uns immer öfter. Ich soff immer mehr _____ hing _____ Kneipen herum, meine Frau _____ der Disco. _____ zwei Jahren Ehe reichte meine Frau die Scheidung _____ . Später bekam sie Kind und Wohnung zugesprochen. Ich ging _____ Stuttgart _____ München, _____ ich neu anfangen wollte.

Pustekuchen – neu anfangen! Die Mieten waren _____ mich viel zu hoch und _____ der Jobsuche bekam ich ständig Absagen. Kein Geld, keine Wohnung, keine Arbeit _____ fremd _____ München – ich war plötzlich ein Sozialfall. Ich stumpfte so _____ , _____ es mir nichts mehr ausmachte, besoffen _____ der Straße zu liegen.

II. „Deutsch", „deutscher" oder „typisch deutsch"?

I. Lesen Sie bitte die Überschrift. – Überlegen Sie kurz, was Sie unter „Deutsch" verstehen. Lesen Sie dann den ganzen Text.

Die Suche nach den Deutschen

A   Am Anfang schien es leicht. Schließlich sind wir in Deutschland, und einen Deutschen zu treffen sollte nicht schwer sein, wir hatten sogar gedacht, wir würden schon eine ganze Reihe kennen. Jetzt nicht mehr. Jetzt wissen wir, daß das so einfach nicht ist, und ich habe gewisse Befürchtungen, daß wir nach Brasi-
5   lien zurückkehren, ohne einen einzigen Deutschen gesehen zu haben. Das habe ich zufällig entdeckt, als ich mit meinem Freund Dieter sprach, den ich für einen Deutschen gehalten hatte.

B   „Jetzt bin ich doch wahrhaftig schon ein Jahr in Deutschland, wie die Zeit vergeht", sagte ich, als wir in einer Kneipe am Savignyplatz ein Bierchen tranken.
10   „Ja", sagte er. „Die Zeit vergeht schnell, und du hast Deutschland nun gar nicht kennen gelernt."
„Was heißt das, nicht kennen gelernt? Ich bin doch die ganze Zeit über kaum fort gewesen."
„Na eben. Berlin ist nicht Deutschland. Das hier hat mit dem wirklichen Deutsch-
15   land überhaupt nichts zu tun."
Darauf war ich nicht gefaßt. „Wenn Berlin nicht Deutschland ist, dann weiß ich nicht mehr, was ich denken soll, dann ist alles, was ich bis heute über Deutschland gelernt habe, falsch."
„Glaubst du etwa, daß eine Stadt wie Berlin, voller Menschen aus aller Herren
20   Länder, wo nichts so schwierig ist, wie ein Restaurant zu finden, das nicht italienisch, jugoslawisch, chinesisch oder griechisch ist – alles, nur nicht deutsch –, und

wo das Mittagessen für neunzig Prozent der Bevölkerung aus Döner Kebab besteht, wo du dein ganzes Leben zubringen kannst, ohne ein einziges Wort Deutsch zu sprechen, wo alle sich wie Verrückte anziehen und mit Frisuren herumlaufen, die aussehen wie ein Modell der Berliner Philharmonie, da glaubst du, das sei Deutschland?"

„Na ja, also ich dachte immer, ist doch so, oder? Schließlich ist Berlin ..."

„Da irrst du dich aber gewaltig. Berlin ist nicht Deutschland. Deutschland, das ist zum Beispiel die Gegend, aus der ich komme."

C „Vielleicht hast du recht. Schließlich bist du Deutscher und mußt wissen, wovon du redest."

„Ich bin kein Deutscher."

„Wie bitte? Entweder bin ich verrückt, oder du machst mich erst verrückt. Hast du nicht gerade gesagt, du seist in einer wirklich deutschen Gegend geboren?"

„Ja, aber das will in diesem Fall nichts heißen. Die Gegend ist deutsch, aber ich fühle mich nicht als Deutscher. Ich finde, die Deutschen sind ein düsteres, unbeholfenes, verschlossenes Volk ... Nein, ich bin kein Deutscher, ich identifiziere mich viel mehr mit Völkern wie deinem, das sind fröhliche, entspannte, lachende Menschen, die offen sind ... Nein, ich bin kein Deutscher."

„Also lass mal gut sein, Dieter, natürlich bist du Deutscher, bist in Deutschland geboren, siehst aus wie ein Deutscher, deine Muttersprache ist Deutsch ..."

„Meine Sprache ist nicht Deutsch. Ich spreche zwar deutsch, aber in Wahrheit ist meine Muttersprache der Dialekt aus meiner Heimat, der ähnelt dem Deutschen, ist aber keins. Obwohl ich jahrelang hier wohne, fühle ich mich wohler, wenn ich meinen Dialekt spreche, das ist viel unmittelbarer. Und wenn ich zu Hause nicht den Dialekt unserer Heimat spreche, dann versteht meine Großmutter kein Wort."

„Halt mal, du bringst mich ja völlig durcheinander. Erst sagst du, deine Heimat sei wirklich deutsch, und jetzt sagst du, dort spricht man nicht die Sprache Deutschlands. Das verstehe ich nicht."

„Ganz einfach. Was du die Sprache Deutschlands nennst, ist Hochdeutsch, und das gibt es nicht, es ist eine Erfindung, etwas Abstraktes. Niemand spricht Hochdeutsch, nur im Fernsehen und in den Kursen vom Goethe-Institut, alles gelogen. Der wirkliche Deutsche spricht zu Hause kein Hochdeutsch, die ganze Familie würde denken, er sei verrückt geworden. Nicht einmal die Regierenden sprechen Hochdeutsch, ganz im Gegenteil, du brauchst dir nur ein paar Reden anzuhören. Es wird immer deutlicher, daß du die Deutschen wirklich nicht kennst."

D Nach dieser Entdeckung unternahmen wir verschiedene Versuche, einen Deutschen kennenzulernen, aber alle, auch wenn wir uns noch so anstrengten, schlugen unweigerlich fehl. Unter unseren Freunden in Berlin gibt es nicht einen einzigen Deutschen. In Zahlen ausgedrückt ist das etwa so: 40% halten sich für Berliner und meinen, die Deutschen seien ein exotisches Volk, das weit weg wohnt; 30% fühlen sich durch die Frage beleidigt und wollen wissen, ob wir auf irgendetwas anspielen, und rufen zu einer Versammlung gegen den Nationalismus auf; 15% sind Ex-Ossis, die sich nicht daran gewöhnen können, daß sie keine Ossis mehr sein sollen; und die restlichen 15% fühlen sich nicht als Deutsche, dieses düstere, unbeholfene, verschlossene Volk usw. usw.

E Da uns hier nicht mehr viel Zeit bleibt, wird es langsam ernst. Wir beschlossen also,
bescheiden in einige Reisen zu investieren. Zunächst wählten wir München und
freuten uns schon alle über die Aussicht, endlich einige Deutsche kennenzulernen,
als Dieter uns besuchte und uns voller Verachtung erklärte, in München würden
wir keine Deutschen finden, sondern Bayern – eine Sache sei Deutschland, eine
andere Bayern, es gebe keine größeren Unterschiede auf der Welt. Leicht enttäuscht fuhren wir dennoch hin, es gefiel uns sehr, aber wir kamen mit diesem
dummen Eindruck zurück, daß wir Deutschland nicht gesehen hatten – es ist nicht
leicht, das zu bewerkstelligen. Noch weiß ich nicht recht, wie ich der Schande ent-
gehen kann, daß wir nach unserer Rückkehr aus Deutschland in Brasilien geste-
hen müssen, wir hätten Deutschland nicht kennengelernt. Eins ist jedoch sicher:
Ich werde mich beim DAAD wegen falscher Versprechungen beschweren und deutlich machen, daß sie mich beim nächsten Mal gefälligst nach Deutschland bringen
sollen, sonst sind wir geschiedene Leute.

Döner Kebab: türkische Spezialität

Ex-Ossis: Menschen, die in der früheren DDR gelebt haben

DAAD: Deutscher Akademischer Austauschdienst

2. Wo im Text finden Sie Wendungen/Wörter, die etwa das Gleiche bedeuten wie

in Abschnitt A: 1. viele _____ (Zeile __)

in Abschnitt B: 2. damit habe ich nicht gerechnet _____ (Zeile __)

                 3. von überall her _____ (Zeile __)

in Abschnitt C: 4. dafür bist du Spezialist, auf diesem Gebiet kennst du dich gut
aus _____ (Zeile __)

                 5. dieses Thema sollte man jetzt vergessen; nicht mehr mit
anderen darüber sprechen wollen _____ (Zeile __)

                 6. sie begreift überhaupt nichts _____ (Zeile __)

                 7. du verwirrst mich total _____ (Zeile __)

in Abschnitt D: 8. die Unternehmungen konnten gar nicht gelingen _____
(Zeile __)

                 9. indirekt/versteckt etwas sagen wollen _____ (Zeile __)

in Abschnitt E: 10. es wird langsam dringend _____ (Zeile __)

               11. wenig Geld für etwas anlegen/ausgeben _____ (Zeile __)

               12. das eine ist etwas ganz anderes als das andere _____
(Zeile __)

               13. etwas erfolgreich durchführen _____ (Zeile __)

               14. sonst will ich nie mehr etwas mit ihnen zu tun haben _____
(Zeile __)

3. Steht das so im Text? Wenn ja, dann geben Sie bitte die Zeile an.

	Ja	Zeile/n	Nein
1. Die brasilianische Familie hat noch nie einen Deutschen kennen gelernt.			
2. Der Freund Dieter ist Deutscher.			
3. Der Verfasser lebt schon sehr lange in Berlin.			
4. In Berlin leben sehr viele Ausländer.			
5. Neunzig Prozent der Restaurants in Berlin bieten ausländische Spezialitäten an.			
6. Dieter ist nicht in Deutschland geboren.			
7. In Dieters Heimat spricht man nicht Deutsch.			
8. Die Deutschen sprechen nur in Ausnahmefällen Hochdeutsch.			
9. Die Deutschen sind stolz darauf, Deutsche zu sein.			
10. Bayern gehört nicht zu Deutschland.			

4. Der Text ist an manchen Stellen ironisch gefärbt. Was meinen Sie: Hat der Verfasser Deutschland und die Deutschen kennen gelernt oder nicht?

III. Quer durch Europa

I. Lesen Sie bitte die Buchbeschreibung.

Wirtschaftsliteratur
Wo leben die glücklichsten Europäer?
Die Gemeinschaft der Zwölf, einmal ganz anders gesehen*

Die Europäer. *Länder, Leute, Leidenschaften.* Von Gérard Mermet.
Deutscher Taschenbuch Verlag, dtv Sachbuch. 365 Seiten, 19,80 DM.

6

1 Wo lebt der Europäer mit dem höchsten Lustgewinn? 2 Er arbeitet mit Maximalgehalt in Luxemburg, 3 zahlt in Spanien die wenigsten Steuern, 4 wohnt in einem englisch eingerichteten Haus in Portugal, 5 des Klimas wegen, und 6 wählt in Erwartung der höchsten Lebensdauer seinen Wohnsitz in Frankreich. 7 Da es den sein Leben so raffiniert organisierenden Europäer nicht gibt, 8 bleiben eine Menge Fragen, die man selten beantwortet findet. 9 Das vorliegende Buch gibt Antworten auf eine höchst intelligente und originelle Art und Weise. 10 Der Autor, Franzose, studierter Ingenieur und Spezialist für soziologische Analysen, 11 sieht das neue Europa durch mehrere Brillen. ... 12 Wir hatten selten ein Buch in Händen, 13 das so phantasievoll und zugleich gründlich Auskunft gibt über den – wie uns scheint – besonders farbigen Erdteil, 14 in dem 350 Millionen EG-Bürger leben.

* Das hier vorgestellte Buch entspricht dem Stand von 1993. Seit 1.1.95 gehören Österreich, Schweden und Finnland ebenfalls zu den Staaten der EU. Der Begriff EG (Europäische Gemeinschaft ist Ende 1993 im Zuge der Erweiterung durch den Begriff der Europäischen Union (EU) ersetzt worden.

2. Schreiben Sie den Text neu, indem Sie folgende Wörter und Wendungen benutzen:

1. sich wohlfühlen
2. verdienen
3. besteuert werden
4. Einrichtung
5. weil
6. denn
7. Europäer ..., der

8. eine Antwort finden
9. Antworten stehen
10. Der Autor, der
11. ausgehen von
12. lesen
13. in dem
14. Bevölkerung

Beispiel: 1. Wo fühlt sich der Europäer am wohlsten?

IV. „Benimm dir", sagt man in Berlin

I. Sie hören jetzt zehn verschiedene Beiträge. Notieren Sie in ein, zwei Stichworten, um welches Thema es bei der jeweiligen Frage geht.

1.: _____
2.: _____
3.: _____
4.: _____
5.: _____
6.: _____
7.: _____
8.: _____
9.: _____
10.: _____

2. **Was würden Sie antworten? Wählen Sie eine der Fragen aus und geben Sie darauf eine schriftliche Antwort.**

3. **Sie hören jetzt die Antworten von Frau von Zitzewitz in ungeordneter Reihenfolge. Welche Antwort passt zu welcher Frage? Hören Sie dann zur Kontrolle die Lösung von der Kassette.**

1.: _____   6.: _____

2.: _____   7.: _____

3.: _____   8.: _____

4.: _____   9.: _____

5.: _____   10.: _____

4. **In welchen Fragen/Antworten geht es um ...**

   a. den privaten Bereich _____

   b. „Regeln" am Arbeitsplatz _____

   c. das gesellschaftliche, soziale Zusammenleben _____

5. **Nehmen Sie Stellung zu den folgenden Statements.**

   – Das Leben muss durch Regeln geordnet werden, damit keine Missverständnisse entstehen.
   – Im privaten Bereich sollte nichts geregelt werden, da kann jeder machen, was er will.
   – Die meisten gesellschaftlichen Regeln sind längst nicht mehr zeitgemäß.
   – Man erkennt am Benehmen eines Menschen sofort, aus welchem Elternhaus er kommt.

V. Haben Sie ein Wohnzimmer?

1. **Beschreiben Sie die familiäre Situation von Frau Behling.**

2. **Beschreiben Sie ihre Wohnung.**

3. **Wie reagiert die Lehrerin?**

4. **Gibt es bestimmte Wohntraditionen in Ihrem Land?**

5. **Beschreiben Sie, wie Sie gern wohnen möchten.**

Am Straßenrand

Lehr-
buch · Seite
251

I. Beschreiben Sie, was sich auf dieser Straße alles abspielt.

2. Fragen

a) Wie wirkt diese Straße auf Sie? Suchen Sie passende Adjektive.

b) Wenn Sie das Bild betrachten, befinden Sie sich — ähnlich wie das „Ich" in dem Brecht-Gedicht — außerhalb des Geschehens, sozusagen „am Straßenrand". Warum wartet dieses „Ich" „mit Ungeduld" darauf, dass der Fahrer mit dem Reifenwechsel fertig wird?

c) Was bedeutet die Position „am Straßenrand", wenn man an die „Straße des Lebens" denkt?

d) Informieren Sie sich über Brechts Lebenslauf. Das Gedicht entstand übrigens im Jahre 1953.

3. Wussten Sie das schon?

Auch das Leben wird oft mit einem Weg verglichen. Das beweisen Wörter wie „die Lebensbahn, die Straße des Lebens, der Lebenspfad, der Lebensweg". Man spricht auch davon, dass man „einen Umweg machen" muss, „in eine Einbahnstraße geraten" oder „in einer Sackgasse landen" kann.

4. Wie unterscheiden sich die Begriffe?

Es gibt Straßen in verschiedener Beschaffenheit:
a) Alleen, b) Wege, c) Pfade, d) Gassen, e) Autobahnen, f) Schnellstraßen.
Welche Straßen kennen Sie noch?

5. „Straße", „Bahn", „Pfad" oder „Weg"? Setzen Sie das jeweils passende Wort ein.

1. Seit er diesen Freund hat, ist er völlig auf _____ schiefe _____ geraten. Wir versuchen vergeblich, ihn auf _____ rechten _____ zurückzubringen.

2. _____ zur Hölle ist mit guten Vorsätzen gepflastert.

3. Dieser berufliche Misserfolg hat ihn völlig aus _____ geworfen.

4. Wer in Bedrängnis gerät, versucht oft, krumme _____ zu gehen, um trotzdem ans Ziel zu gelangen.

5. Der Kranke ist wieder auf _____ der Besserung.

6. Wie ist der Film ausgegangen? — Nach einem großen Streit hat er seinen Rivalen aus _____ geräumt.

7. In der Mode verlassen mutige Männer immer mehr die ausgetretenen _____ und beschreiten neue _____.

8. Ein Jugendlicher möchte irgendwann unabhängig sein und seinen eigenen _____ gehen.

9. Ihr letztes Buch ist schon wieder auf der Bestsellerliste. Damit hat sie endgültig _____ des Erfolgs beschritten.

10. Alle _____ führen nach Rom.

6. Was bedeuten die folgenden Sätze? Sie enthalten alle das Wort „Straße".

1. Für ihre Forderungen gingen die Arbeitslosen auf die Straße.
2. Vom Flugzeug aus konnte man das Straßennetz gut erkennen.
3. Bei diesem Wetter jagt man keinen Hund auf die Straße.
4. Das Geld liegt auf der Straße, man muss nur verstehen, es aufzuheben.
5. Er hat die Miete nicht bezahlt, daraufhin hat man ihn auf die Straße gesetzt. Jetzt sitzt/liegt er auf der Straße.
6. Der Mann von der Straße ist der sogenannte „kleine Mann" oder Otto Normalverbraucher.

I. Präpositionen auf die Fragen „Woher?", „Wo?" und „Wohin?"

1. *Einige Präpositionen auf die Frage „Woher?"*

   1. **ab** (mit Dativ, oft ohne Artikel)
      ausgehend von einem bestimmten Punkt, auch *von ... ab* (vgl. Teil 1):
      Ab Hannover habe ich den Zug genommen.

   2. **aus** (mit Dativ)
      a) bezeichnet eine Fortbewegung (= *aus ... heraus*):
         Er kommt *aus dem Kino.*
         Nimm die Messer *aus der Schublade!*
         Die Kinder kommen um 12 Uhr *aus der Schule.*
      b) bezeichnet die örtliche und zeitliche Herkunft:
         Meine Großeltern stammen *aus Schweden.*
         Der Text wurde *aus dem Persischen* ins Deutsche übersetzt.
         Der Schrank stammt *aus dem Rokoko.*
         Das weiß ich *aus der Zeitung.*

   3. **von** (mit Dativ)
      bezeichnet einen Ort / eine Richtung (oft mit *zurück*):
      Kommst du gerade *von der Stadt zurück?*
      Die Kinder kommen zu Fuß *vom Sportplatz.*
      Er fiel *vom Pferd.*

      Achtung:
      Meine Frau kommt *aus Finnland.* (= Sie ist dort geboren.)
      Meine Frau kommt gerade *aus Finnland zurück.* (= Sie hat dort Urlaub gemacht.)

2. *Einige Präpositionen antworten auf die Frage „Wo?":*

   1. **bei** (mit Dativ)
      a) = *in der Nähe von*:
         Hanau liegt *bei Frankfurt.*
         Beim Kino musst du links abbiegen.
      b) gibt einen Aufenthalt, einen Arbeitsplatz, Personen an:
         Ich war *beim Arzt.*
         Mein Sohn ist *beim Militär.*
         Ich arbeite *bei einer kleinen Firma.*
         Wohnst du noch *bei deinen Eltern?*

2. **entlang** (mit Akkusativ, Dativ oder Genitiv)
   a) bezeichnet eine Bewegung in Längsrichtung:
      Er lief *den ganzen Bahnsteig entlang*. (mit Akk.)
   b) eine Längsrichtung ohne Bewegung:
      Am Bahnsteig entlang werden Blumenkübel aufgestellt. (mit Dat.)
      Entlang des Bahnsteigs standen die Honoratioren der Stadt. (mit Gen.)

3. **gegenüber** (mit Dativ, vor- oder nachgestellt)
   bezeichnet die Lage:
   Gegenüber der Bank liegt das Kaufhaus.
   Das Kaufhaus liegt *der Bank gegenüber*.

3. *Einige Präpositionen auf die Frage „Wohin?"*

1. **bis** (ohne Artikel)
   bezeichnet das Ende einer Wegstrecke:
   Ich fahre nur *bis Köln*.
   (mit einer anderen Präposition siehe Reihe 4)

2. **durch** (mit Akkusativ)
   a) = „von einer Seite zur anderen":
      Er lief *durch die ganze Stadt*. (vgl. Reihe 5)
   b) kann zusammengesetzt werden mit *quer durch, mitten durch*:
      Er sprang *mitten durch das Feuer*.
      Durch dieses schmutzige Fenster kann man nichts mehr sehen.

3. **gegen** (mit Akkusativ)
   eine Bewegung bis zur Berührung:
   Plötzlich schlug jemand *gegen die Fensterscheibe*.
   Pass auf, gleich fährst du *gegen das Tor*.

4. **nach** (mit Dativ, ohne Artikel)
   a) bei Städten, Ländern, Kontinenten, Himmelsrichtungen:
      Im Urlaub fahren wir *nach Frankreich*.
      Im Winter ziehen viele Vögel *nach Süden*.
   b) bei Adverbien:
      Komm *nach vorn*!
      Dort geht es *nach links*.
   Achtung:
   Wir fahren in *die Türkei*. (*die Türkei* = mit Artikel)
   Wir fahren *ins sonnige Italien*. (*nach Italien*, aber: *ins sonnige Italien*; wenn eine Ergänzung steht, wird der Artikel gebraucht.)
   Wir fahren *in den Süden*. (*der Süden* als bestimmter geographischer Bereich)

5. **zu** (mit Dativ)
   a) bezeichnet die Fortbewegung auf ein Ziel / eine Person hin:
      Heute muss ich *zum Arzt*.
      Komm, wir gehen *zu Peter*.

b) Ortsangaben mit Artikel:
Ich fahre *zum Bahnhofsplatz.*
Ich muss noch *zur Bank.*

Umgangssprachlich nur regional gebraucht werden: *auf die Bank, auf die Post, aufs Finanzamt.*

4. *Einige Präpositionen antworten sowohl auf die Frage „Wo?" (Dativ) als auch auf die Frage „Wohin?" (Akkusativ).* Diese Wechselpräpositionen sind **an, auf, hinter, in, neben, über, unter, vor, zwischen.**

I. Setzen Sie die Präpositionen ein.

Als wir gestern Abend _____ dem Kino kamen, wollte meine Frau unbedingt ein Taxi nehmen. Ich war dagegen, denn _____ dort _____ uns ist es nicht weit. Wir wohnen zwar nicht gerade dem Kino _____, aber _____ _____ Hause sind es zu Fuß kaum mehr als 15 Minuten. Natürlich setzte sie sich schließlich doch durch!

Als wir _____ dem Taxi ausstiegen, wollte sie Geld _____ ihrer Handtasche holen, um zu bezahlen. Aber — das Portemonnaie war nicht mehr da! Entweder war es ihr _____ der Tasche gestohlen worden oder herausgerutscht und _____ Kinositz _____ den Boden gefallen. Ich holte schnell etwas Geld _____ der Wohnung und bezahlte den Taxifahrer. Dann gingen wir zurück _____ Kino, um nach dem Geldbeutel zu suchen. Als wir _____ die nächste Straße einbogen, fing es fürchterlich an zu regnen. Wir trotteten _____ den Regen, bis wir fast mit der Nase _____ die großen Kinotüren stießen: Geschlossen! Wir mussten unverrichteter Dinge umkehren. _____ der geschlossenen Tür kamen meiner Frau plötzlich die Tränen in die Augen und so wurde sie nicht nur vom Regen nass. Frierend marschierten wir _____ die inzwischen menschenleeren Straßen _____ Hause. Dort zogen wir als Erstes unsere nassen Sachen aus. Und als meine Frau ihren Mantel _____ einen Bügel hängte, fiel etwas _____ der Manteltasche: das Portemonnaie!

2. Ergänzen Sie die passende Präposition und setzen Sie den Artikel bzw. die nachfolgenden Wörter in den richtigen Kasus.

Wo?		Wohin?	
Onkel Otto macht Urlaub	_____ Meer	Tante Thea fährt im Urlaub	_____ Meer
	_____ Gebirge		_____ Gebirge
	_____ Schweiz		_____ Schweiz
	_____ Zugspitze		_____ Zugspitze
	_____ Süden		_____ Süden
	_____ Strand		_____ Strand
	_____ Ostsee		_____ Ostsee
	_____ Bodensee		_____ Bodensee
	_____ Rhein		_____ Rhein
Onkel Otto wohnt	_____ sein_____	Tante Thea zieht	_____ ihre_____
	Kinder_____		Kinder_____
	_____ ein_____		_____ ein_____
	klein_____ Appartment		klein_____ Appartment
	_____ Goetheplatz		_____ Goetheplatz
	_____ Schillerstraße		_____ Schillerstraße
	_____ USA		_____ USA
Onkel Otto ist	_____ Arzt	Onkel Otto geht/ fährt	_____ Arzt
	_____ Bank		_____ Bank
	_____ Urlaub(!)		_____ Urlaub
	_____ Krankenhaus		_____ Krankenhaus
	_____ McDonald's		_____ Mozartplatz
	_____ Kur		_____ Kino
			_____ McDonald's
			_____ Kur

3. Entscheiden Sie: „Wo?" oder „Wohin?"

1. Peter geht _____ Wald. _____ Wald geht er stundenlang spazieren.
2. Das Flugzeug kreist eine Viertelstunde _____ Stadt, dann fliegt es _____ Vororte und entschwindet.

3. Michaela fährt sonntags gern _____ Gebirge und streift _____ Bergen herum.

II. Die Komparation

Seite 255 –258

Einige Adjektive weisen Besonderheiten auf:

1. Es gibt unregelmäßige Steigerungsformen, z. B. **gut — besser — am besten** (vgl. Lehrbuch S. 164–165).

2. Manche Adjektive haben ein -*e* im Superlativ. *Ergänzen Sie dieses „e" bzw. die ganze Endung.*

auf -t:	weit	der weit___ste Weg	am weit___sten springen
-d:	wild	das wild___ste Kind	am wild___sten raufen
-z:	kurz	die kürz___ste Entfernung	am kürz___sten fahren
-ß:	heiß	der heiß___ste Tag	am heiß___sten baden
-au:	genau	die genau_____ Antwort	am genau_____ antworten
-sch:	hübsch	das hübsch_____ Kleid	am hübsch_____ aussehen
-los:	hilflos	das hilflos_____ Wesen	am hilflos_____ dastehen
-haft:	lebhaft	der lebhaft_____ Streit	sich am lebhaft_____ beteiligen
-wert:	preiswert	der preiswert_____ Artikel	am preiswert_____ einkaufen

Ebenso:

bekannt	der bekannt___ste Schriftsteller	am bekannt___sten sein
berühmt	der berühmt_____ Dirigent	am berühmt_____ sein
beliebt	die beliebt_____ Melodie	am beliebt_____ sein

3. Aus inhaltlichen Gründen können einige Adjektive keine Steigerungsformen bilden. Dazu gehören: *tot, eisern, silbern, schriftlich, mündlich, rund, scheeweiß, ledig, steinern, leer, unüberhörbar, unrettbar, kinderlos, oliv, rosa, lila.*

I. Siegerehrung

1. Im Weitsprung:

Der Gewinner der Bronzemedaille ist weit gesprungen.

Der Gewinner der Silbermedaille ist noch _____ gesprungen.

210

Der Gewinner der Goldmedaille ist am _____ gesprungen.

2. im Hochsprung: hoch — _____ — _____

3. im 100 m-Lauf: schnell — _____ — _____

2. Setzen Sie die Adjektive in der richtigen Form ein.

1. *weit*: _____ von allen ist Martin gesprungen, _____

   _____ als Michael und Stefan. Dieser Sprung war _____

   seines Lebens. Noch nie hatte er einen _____ geschafft.

2. *hoch*: Claudia gelang ein ganz besonders _____ Sprung, aber

   Maria sprang doch noch _____. Sie war auch früher schon

   _____ gesprungen als die anderen und hatte immer gesiegt.

   Auch jetzt wieder schaffte niemand einen _____ Sprung als sie.

3. *schnell*: Wie immer war Bärbel _____ gelaufen. Sie lief

   _____ als Regina, obwohl auch die eine _____

   Läuferin ist. So wurde Bärbel wieder einmal _____ des Tages.

3. Ergänzen Sie die Superlative.

> *Sie können folgende Adjektive verwenden:* weit, teuer, hoch gelegen, häufig,
> erfolgreich, dünn, verkehrsreich, lang, langsam, ausdauernd.

Aus: Guinness, *Buch der Rekorde*

1. Der _____ deutsche **Bahnhof** liegt an der Schwarzwald-
   Strecke Titisee – Seebrugg (Baden-Württemberg). Es ist der 967 m hoch gelegene
   Bahnhof Bärental am Feldberg.

2. Das _____ **Auto**, das jemals gebaut wurde, war der als Son-
   deranfertigung für den amerikanischen Präsidenten hergestellte 1969er Lincoln
   Continental Exekutive. Selbst wenn alle vier Reifen zerschossen würden, könnte es
   mit einer Geschwindigkeit von 80 km/h auf innen angebrachten Stahlscheiben mit
   Gummieinfassung weiterfahren.

3. Die _____ **Skischulklasse** gab es beim Internationalen Früh-
   lings-Schneefest in Ischgl-Samnaun am 23. April 1989. Insgesamt 780 Ski-Läufer
   und -Läuferinnen fuhren in einer geschlossenen Kette vom Idjoch (2760 m) zur
   Idalpe (2300 m) ab. Die 2,2 km lange Strecke der Silvretta-Skiarena kurvten sie –
   jeder mit einem Luftballon – zu Tal.

4. Die _____ **Vögel** sind die Amerikanische *(Scolopax minor)*
   und die Eurasische Waldschnepfe *(S. rusticola)*. Sie schaffen ungefähr 8 km/h und
   ändern ihr Tempo auch bei Balzflügen nicht.

5. Die _____ **Straße** Deutschlands ist die Stadtautobahn in Halensee zwischen Funkturm und dem Rathenauplatz in Berlin. 164 000 Kraftfahrzeuge fahren hier in 24 Std.

6. Der _____ **Rollstuhlfahrer** ist der Kanadier Rick Hansen (* 1957), der seit einem Verkehrsunfall im Jahr 1973 von den Hüften abwärts gelähmt ist. Er legte auf einer Rollstuhl-Reise 40 074,06 km zurück. Seine Tour dauerte vom 21. März 1985 bis zum 22. Mai 1987 und führte ihn durch vier Kontinente und 34 Länder.

7. _____ **Jockey** aller Zeiten ist William Lee „Bill" Shoemaker (* 1931, USA), der zwischen dem 19. März 1949 und 3. Februar 1990 insgesamt 8833 Rennen bei 40 350 Starts gewann. Shoemaker ist 1,50 m klein und 43 kg leicht. Bei seiner Geburt hatte er nur 1,133 kg gewogen.

8. Das _____ **verbreitete Buch** der Welt ist die Bibel. Vollständig übersetzt wurde sie in 322 Sprachen, Teile von ihr sind in weiteren 1656 Sprachen erschienen.

9. _____ **Familienname** in Deutschland war noch 1970 *Müller* mit rund 612 000 Namensträgern.

10. Das _____ **besiedelte Territorium** – abgesehen von der Antarktis – ist Grönland, das 1992 eine Bevölkerung von 56 600 Menschen hatte, die sich auf 2 175 600 km² verteilten – somit standen jedem Grönländer 38,44 km² zur Verfügung.

III. Formen, die einen Komparativ oder einen Superlativ ersetzen

In den folgenden Beispielen finden Sie einige Wörter, die das „Besondere" von etwas, die „Einzigartigkeit" noch weiter intensivieren:

Mein liebster Schatz!   Mein **allerliebster** Schatz!
die größte Dummheit   die **allergrößte** Dummheit
die besten Bedingungen   die **denkbar besten** Bedingungen
das billigste Angebot   das **bei weitem billigste** Angebot
       das **weitaus billigste** Angebot

I. Verändern Sie die folgenden Ausdrücke in der gleichen Weise:

1. mein liebstes Spielzeug
2. die schwerste Aufgabe
3. der einfachste Weg
4. der größte Skandal
5. die unverschämteste Behauptung
6. die günstigste Bahnverbindung

Die Superlativform kann mit einem anderen Wort, z. B. einem Adjektiv, einem Nomen oder Adverb, zusammengesetzt werden:

das **meistgekaufte** Spielzeug   das **Mindestalter**
der **höchstgelegene** Ort   **höchstwahrscheinlich**
das **nächstgelegene** Restaurant   **meistbietend** versteigern

2. Setzen Sie das passende zusammengesetzte Wort ein.

1. *Geschwindigkeit:* Schneller als 110 km/h fährt mein Wagen nicht, das ist seine _____ .

2. *bieten:* Den zu versteigernden Gegenstand bekommt derjenige, der am meisten bezahlen will. Er ist der _____ .

3. *fragen:* Diesen Artikel verlangen die Kunden immer wieder. Es ist der _____ _____ Artikel.

4. *Alter:* Um diese Stelle zu bekommen, darf man höchstens 30 Jahre alt sein. Das ist das _____ .

5. *vergessen:* Man hat ein Werk wieder aufgeführt, das längst vergessen zu sein schien. Es war ein _____ Werk.

6. *liegen:* Ohne lange zu überlegen, half der Mitfahrer schnell und tat das _____ _____ .

3. Es gibt auch Möglichkeiten, einen Komparativ durch ein zusätzliches Wort zu steigern und zu intensivieren.

Kombinieren Sie aus den vorgegebenen Elementen der Tabelle mindestens fünf Sätze. Sie können auch noch weitere Elemente selber hinzufügen.

Herr Funke	ist	bedeutend	älter	als
Frau Funke		entschieden	schöner	
Ein Wellensittich		erheblich	dümmer	
Ein Blumentopf		etwas	klüger	
_____		noch	ängstlicher	**?**
_____		ungleich	dicker	
_____		(noch) viel		
		(noch) weit		
		wenig		
		weniger		
		wesentlich		
		_____		

1. _Herr Funke ist wesentlich älter als seine Frau._
2. _Herr Funke ist entschieden älter als seine Frau._

213

3. _____

4. _____

5. _____

6. _____

7. _____

8. _____

4. In der nachfolgenden Tabelle finden Sie Ausdrucksmöglichkeiten, durch die man eine Aussage steigern und intensivieren kann, ohne den Komparativ oder den Superlativ zu verwenden.

Kombinieren Sie aus den vorgegebenen Elementen mindestens zehn Sätze.
Sie können auch eigene Elemente hinzufügen.

Die Äpfel	bin	ja	absolut	dünn	gehabt
Die Preise	bist	doch	ausgesprochen	freundlich	gekauft
Das Hotel	ist	wirklich	außerordentlich	spannend	gemacht
Unser Auto	sind	leider	äußerst	komfortabel	getrunken
Dieses Buch	war	wieder	(ganz) besonders	hoch	gewesen
Meine letzte Reise	warst	aber	durch und durch	billig	geworden
Der Verkäufer	waren	_____	einmalig	viel Glück	
Der schwarze Hund	habe	_____	enorm	viel Pech	_____
Du	haben		extrem	dumme Fehler	
Er hat bei dieser	hat		furchtbar	verfault	
Geschichte	_____		ganz und gar	schöne Bilder	
Der Sohn	_____		irre	viel Dreck	
Unsere Gäste			sagenhaft	viel Lärm	
Mein Traum			schrecklich	viel Wein	
Das Baby			sehr	_____	
Emanzipierte			super	_____	
Frauen			total		
Hausmänner			unglaublich		
Autofahrer			unverschämt		
			wahnsinnig		
_____					

1. *Die Äpfel sind ja durch und durch verfault.*

5. Unterscheiden Sie bei „meist-" die Formen „meistens", „das meiste" und „am meisten". Bilden Sie diese Formen, soweit möglich, auch von den folgenden Wörtern:

1. best-
2. höchst-
3. mindest-/zumindest

4. nächst-
5. wenigst-

6. Setzen Sie die richtige Form ein.

1. **meist-**

„_____ stehen die Leute hier nur herum und schnuppern in allen möglichen Büchern. In der Vorweihnachtszeit verkaufen wir _____ . _____ Kunden lesen gern Bücher, die auf der Bestsellerliste stehen; das sind immer unsere _____ gekauften Bücher."

2. **best-**

„Jedesmal glauben wir, auf den großen Ansturm vor Weihnachten _____ vorbereitet zu sein, aber selbst unsere _____ Verkäufer verlieren um diese Zeit manchmal die Nerven. Viele Kunden fragen uns, was man denn _____ verschenken kann. Und obwohl wir das _____ sortierte Angebot der ganzen Stadt haben, können wir oft nicht alle Wünsche erfüllen."

3. **höchst-**

„Es gibt Kunden, die gehen _____ einmal im Jahr in ein Buchgeschäft, und dann hätten sie es am liebsten, wenn ihnen der Chef _____ persönlich stundenlang zur Verfügung stünde. Mit _____ Begeisterung lassen sie sich Bücher zeigen, die genau dort stehen, wo die Regale _____ sind."

4. **mindest-/zumindest**

„In diesem Laden werde ich nicht mehr lange bleiben, denn hier wird nicht _____ für die Belegschaft getan. Unser Chef zahlt uns nicht mehr als den tariflichen _____lohn, obwohl wir z. B. ja auch samstags arbeiten. Er könnte uns doch _____ einen Zuschuss für Essen und Fahrtkosten geben! Ich jedenfalls fühle mich hier nicht im _____ wohl. Aber bevor ich mir eine neue Stelle suche, mach' ich erstmal _____ ein halbes Jahr Urlaub."

5. **nächst-**

„_____ wird es hier einige Veränderungen geben, denn das Geschäft wird umgebaut, so dass wir auch noch Schaufenster an der Ecke und in der Straße rechts haben. Ich habe es sowieso am besten von allen Kollegen, weil meine Wohnung _____ liegt; Da kann ich mittags schnell zum Essen heimgehen. Die anderen gehen in der Mittagspause oft in das _____ _____ beste Lokal – das wäre mir zu teuer!"

6. **wenigst-**

„Wenn es hier _____ eine Klimaanlage gäbe! Aber für solche Sachen wird immer _____ ausgegeben, dabei wäre das doch _____, was man verlangen kann! In dieser Beziehung hat es auch schon von Seiten der Kundschaft nicht _____ Beschwerden gegeben; _____ habe ich das gehört."

IV. „wie" und „als" in Vergleichssätzen

Was ist richtig, „wie" oder „als"?

Am letzten Sonntag war es längst nicht mehr so kalt _____ an den Tagen zuvor. Ein wärmerer Wind _____ am Vortag wehte und auch die Luft war ganz anders, _____ man es gewöhnt war. Es war gerade so _____ im Frühling, ja, fast so, _____ wäre es schon Sommer. Niemand konnte sich daran erinnern, wann man zum letzten Mal im März einen Tag _____ diesen erlebt hatte.

Trotzdem brachte der Tag zunächst nichts _____ Ärger; schon beim Frühstück machte Anna dreimal soviel Geschrei _____ gewöhnlich und bestand darauf, nicht weniger _____ drei Semmeln zu essen. Die anderen machten gute Miene zum bösen Spiel und ließen sie so viel essen, _____ sie wollte. Aber dann verlangte Daniel dreimal so viele Semmeln _____ Anna und niemand anders _____ seine Mutter konnte ihn von diesem Gedanken wieder abbringen. Sie benahm sich genauso geduldig, _____ sie es sich immer vorgenommen hatte, und verlor nicht die Nerven, _____ man eigentlich hätte erwarten können. Was blieb ihr auch anderes übrig, _____ wenigstens äußerlich ruhig zu bleiben. Was hätte es genützt, wenn sie angefangen hätte zu schreien, _____ es z. B. ihre eigene Mutter immer getan hatte. Innerlich aber war sie alles andere _____ ruhig, denn sie ahnte schon, dass das Theater nun so weitergehen würde, _____ es angefangen hatte. Und richtig: Anna stieß die Milch um und Daniel den Kaffee. Anna heulte _____ eine Sirene und Daniel brüllte _____ ein Löwe. Dem Vater lief der heiße Kaffee über die Hose, so dass er aufsprang und _____ ein Wilder aus dem Zimmer lief. „Nichts _____ Blödsinn und Ärger!" Damit knallte er die Tür hinter sich zu. Anna und Daniel schienen das _____ ungeheuren Spaß aufzufassen und fingen _____ auf Kommando an zu lachen. Da konnte sich auch die Mutter nicht mehr halten: Sie lachte Tränen und selbst der Vater, der inzwischen eine trockene Hose angezogen hatte, gewann seinen Humor zurück. Und plötzlich bemerkten alle wieder den Sonnenschein, sprangen auf _____ von der Tarantel gestochen und liefen – immer noch lachend – in den Garten, _____ ob drinnen nichts geschehen wäre.

V. Adverbien

Welches Adverb passt in die Lücke? Kreuzen Sie die richtige Lösung an.

1. Für einen Wintertag ist es heute
   _____ heiß.
   a) unbedingt
   b) keinesfalls
   c) ungewöhnlich

2. Das war kein Zufall! Er hat es _____
   getan.
   a) absichtlich
   b) möglicherweise
   c) versehentlich

3. Ich mag nicht gern _____ warten.
   a) vergebens
   b) dummerweise
   c) keineswegs

4. Warum willst du _____ immer Recht
   haben? Auch du kannst dich mal
   irren.
   a) sicher
   b) unbedingt
   c) vermutlich

5. Nach so langer Zeit sehen wir uns
   endlich wieder! Ich hätte dich _____
   nicht mehr erkannt.
   a) fast
   b) vielleicht
   c) umständehalber

6. Es muss nicht perfekt sein, nur _____
   richtig.
   a) keinesfalls

b) besonders
c) einigermaßen

7. Ich finde meinen Schlüssel nicht. Hast du ihn _____ eingesteckt?
   a) wahrscheinlich
   b) vielleicht
   c) bestimmt

8. Es ist _____ nicht möglich, dass du mich gestern gesehen hast, denn ich war verreist.
   a) überhaupt
   b) keinesfalls
   c) normalerweise

9. In diesem Restaurant ist das Essen zwar _____ gut, aber die Bedienung ist unmöglich!
   a) allerdings
   b) vermutlich
   c) ganz

10. Ich kann es kaum glauben: Ich habe _____ im Lotto gewonnen!
    a) sicher
    b) natürlich
    c) tatsächlich

11. Ich glaube kaum, dass ich mit euch fahren kann; _____ muss ich arbeiten.
    a) wahrscheinlich
    b) allerdings
    c) folgendermaßen

12. Du siehst aus wie früher! Du hast dich _____ verändert.
    a) sehr
    b) kaum
    c) gewiss

13. Seine Eltern sind zwar _____ wohlhabend, aber doch nicht reich.
    a) außerordentlich
    b) recht
    c) gar nicht

14. Ich soll dir helfen? Das ist doch _____ zu viel verlangt!
    a) wohl
    b) ziemlich
    c) schlimmstenfalls

15. Nur noch ein paar Minuten! Ich bin _____ fertig.
    a) recht
    b) wohl
    c) gleich

VI. Wortstellung im Hauptsatz

I. Stellen Sie die Satzteile zu einem Satz zusammen. Fangen Sie immer mit der Ergänzung an, die zum Verb gehört.

Beispiel: Ich habe _____ gepackt.
  a) mit meinem Mann
  b) schnell
  c) am Abend vor der Abreise
  d) die Koffer

  Ich habe ... die Koffer gepackt.
  Ich habe mit meinem Mann am Abend vor der Abreise schnell die Koffer gepackt.

1. Wir sind _____ losgefahren.
   a) mit Sack und Pack
   b) in Richtung Süden
   c) am ersten Urlaubstag
   d) gleich

2. Wir mussten _____ stehen.
   a) wegen eines Unfalls
   b) im Stau
   c) schon bald
   d) eine ganze Stunde lang

3. Andere Autofahrer haben _____ unterhalten.
   a) mit uns
   b) über die Verkehrsverhältnisse
   c) während der Urlaubszeit
   d) sich
   e) lang und breit

4. Wir sind _____ angekommen.
   a) spät am Abend
   b) an unserem Urlaubsort
   c) wie gerädert

5. Wir haben _____ machen müssen.
   a) eine längere Pause
   b) unterwegs
   c) wegen einer Reifenpanne

6. Ich habe _____ geholt.
   a) einen Sonnenbrand
   b) gleich am ersten Tag
   c) mir
   d) aus Unvorsichtigkeit

7. Mein Mann hat _____ geschenkt.
   a) zum Trost
   b) eine hübsche Kette
   c) mir

8. Wir sind _____ gegangen.
   a) in ein anderes Lokal
   b) jeden Abend
   c) zum Essen

9. Martin hat _____ vergessen.
   a) seine Kamera
   b) dummerweise
   c) einmal
   d) in einem Lokal

10. Ein Kellner hat _____ gebracht.
    a) ganz unverhofft
    b) uns
    c) am nächsten Tag
    d) sie
    e) ins Hotel

11. Wir haben _____ bedankt.
    a) dafür
    b) sehr herzlich
    c) uns

12. Der Fisch hat _____ geschmeckt.
    a) am Abend
    b) uns
    c) besonders gut
    d) immer

13. Wir haben _____ geschrieben.
    a) von unserem Urlaubsort
    b) eine hübsche Karte
    c) in der letzten Minute
    d) allen unseren Freunden

14. Martin und ich sind _____ gefahren.
    a) nach Hause
    b) nach drei Wochen
    c) nur ungern
    d) wieder

15. Wir haben _____ vorgestellt.
    a) genau so
    b) unseren Urlaub
    c) immer
    d) uns

2. Beginnen Sie jetzt die Sätze mit dem angegebenen Satzglied.

> *Beispiel:* Am Abend vor der Abreise *habe ich mit meinem Mann schnell die Koffer gepackt.*

1. Gleich am ersten Urlaubstag
2. Wegen eines Unfalls
3. Mit uns
4. Wie gerädert
5. Unterwegs
6. Aus Unvorsichtigkeit
7. Zum Trost
8. Jeden Abend
9. Dummerweise
10. Am nächsten Tag
11. Dafür
12. Besonders gut
13. In der letzten Minute
14. Nur ungern
15. Genau so

7 Reihe   Mündlicher und schriftlicher Ausdruck

I. Die Fahrprüfung

1. In Deutschland kann man sich einer Fahrprüfung unterziehen, wenn man 18 Jahre alt ist. Besteht man die Prüfung sowohl in ihrem theoretischen als auch in ihrem praktischen Teil, bekommt man den „Führerschein", d. h. die Erlaubnis, selber ein Auto zu „führen".
Wie ist die rechtliche Lage in Ihrem Heimatland?
2. Beschreiben Sie möglichst genau, was Sie auf dem Bild sehen.

3. Schreiben oder sprechen Sie über das Bild, und zwar
   a) so, als hätten Sie es selbst erlebt;
   b) ganz allgemein;
   c) so, als hätten Sie ein besonderes Problem entdeckt.

II. Verkehrsallerlei

Obwohl das Mitführen von Reservekanistern in Italien generell verboten ist, sollten insbesondere Fahrer von Autos mit Katalysator laut Deutschen Touring Automobil Club (DTC) auf eine kleine Bleifrei-Reserve nicht ganz verzichten. Nur dadurch könnten Urlauber vermeiden, dass sie möglicherweise wegen Benzinmangels liegen bleiben.

*

Für Verbesserungsvorschläge zahlte Ford, Köln, an Mitarbeiter 1986 4,6 Millionen DM, 1,3 Millionen DM mehr als 1985. Belohnt wurden damit 1.421 Anregungen (1.335 waren es 1985).

*

Für Escort und Orion bietet Ford jetzt einen neuen 1,3-Liter-Motor mit ungeregeltem Katalysator und Fünfgang-Getriebe an. Der als „bedingt schadstoffarm Stufe C" klassifizierte 44 kW/60 PS-Motor gehört ab sofort zur Serien-Ausstattung bei Orion CL und Ghia und bei den Escort-Modellen C, CL und Ghia (außer Cabrio Ghia).

*

Von den 1986 neu zugelassenen Krafträdern erreichten 12,3 Prozent eine Höchstgeschwindigkeit von 131 bis 140 km/h, 10,3 Prozent von 141 bis 150 km/h, 10,4 Prozent von 161 bis 170 km/h und 42,9 Prozent über 170 km/h, wie der Verband der Motorradindustrie mitteilt.

*

Ein Fahrrad-Computerregister ist in den Niederlanden eingeführt worden. Es soll helfen, die zunehmende Gefahr der Fahrraddiebstähle einzudämmen. Für zehn Gulden kann man beim Kauf eines Rades einen im Fahrradrahmen eingravierten Zahlencode registrieren lassen.

Rahmenschaden nicht verschweigen

Steht in einem Gebrauchtwagen-Kaufvertrag der Vermerk „Blechschaden", bedeutet dies, dass das Auto keine weiteren Unfallschäden haben darf. Ein derartiger Hinweis ist eine Art Bestätigung, dass kräftigere Unfallschäden nicht vorliegen. Mit dieser Begründung hat das Oberlandesgericht Frankfurt (DAR 87, 121/AZ.1 U 134/85) einem Gebrauchtwagenkäufer 3000 Euro Minderung des Kaufpreises zugesprochen, weil außer den im Vertrag aufgeführten Blechschäden auch ein kapitaler Rahmenschaden vorlag.

Auch am Tag immer mit Licht fahren

In diesen Wochen begann die Zweiradsaison. Mopeds, Motorräder und -roller gehören wieder zum täglichen Straßenbild. Das wird sich leider – wie in jedem Jahr – auch in der Unfallstatistik widerspiegeln. Dabei könnten nach Ansicht des Automobilclubs Kraftfahrer-Schutz (KS) viele Zweiradunfälle beim Abbiegen, Spurwechseln oder Überholen vermieden werden, wenn das Motorrad früh genug zu erkennen wäre. Deshalb rät der Club schon seit Jahren, beim motorisierten Zweirad auch tagsüber stets das Abblendlicht einzuschalten.

Weltpremiere hatte in Jeversen bei Celle ein nach mehrjähriger Forschung vorgestelltes neues Reifensystem, das voraussichtlich 1988 oder 89 mit Serienautos anläuft. Zu den wesentlichen Vorteilen des von Conti entwickelten CIS-Systems gehören höhere Laufleistung, besseres Aquaplaningverhalten und Pannenlauffähigkeit des luftleeren Reifens über mehrere hundert Kilometer bei einer Geschwindigkeit von 80 km/h.

Foto: dpa-Wolfgang Weihs

500 000 Autofahrer sehen zu schlecht

Über 500 000 der bundesdeutschen Autofahrer sehen zu schlecht. Nach einer Hochrechnung setzen sich so viele Bundesbürger „unbekümmert ans Lenkrad", obwohl sie die Mindestanforderungen an das Sehvermögen nicht erfüllen. Unter den Autofahrern, die Unfälle hatten, liegt die Zahl der Karambolagen bei den Sehschwachen nach neuesten TÜV-Untersuchungen um rund 70 Prozent höher als bei denjenigen mit ausreichender Sehschärfe. Darauf wies der Münchner Universitätsprofessor Erwin Hartmann auf der Jahrestagung der Wissenschaftlichen Vereinigung für Augenoptik und Optometrie (WVAO) in Würzburg hin. Notwendig seien daher regelmäßige Pflichtuntersuchungen der Sehschärfe bei den Autofahrern über 45 Jahren im Abstand von fünf Jahren, von 65 Jahren an im zweijährigen Turnus. Hartmann wies darauf hin, dass das Auge zum Führen eines Kraftfahrzeugs von existenzieller Bedeutung sei. Er zitierte eine Untersuchung, nach der fast zehn Prozent der Fahrer, die ihr eigenes Sehvermögen als „gut" einschätzten, lediglich über eine bedenkliche oder gar schlechte Sehschärfe verfügten.

Schärfere Promillegrenzen in vielen Urlaubsländern

Alkohol am Steuer ist in manchen Ferienländern gänzlich verboten. Der Automobilclub Kraftfahrer-Schutz (KS) machte jetzt darauf aufmerksam, dass in manchen europäischen Ländern andere Höchstwerte für den zulässigen Blutalkoholgehalt bei Autofahren gelten. In Bulgarien, Rumänien, Ungarn und in der Türkei gilt sogar absolutes Alkoholverbot für Autofahrer. Hier ist es besonders wichtig, auf Restalkohol zu achten. Wer abends zecht, darf am nächsten Morgen keinesfalls hinters Steuer.

In Polen sind 0,2 Promille die Obergrenze. Dort kann schon ein kleines Glas Bier zu viel sein. 0,5 Promille gelten in Finnland, Norwegen, Schweden und den Niederlanden als Maximum. In Belgien, Dänemark, Frankreich, Griechenland, Großbritannien, Irland, Luxemburg, Österreich, Portugal, der Schweiz und Spanien liegt die Promillegrenze mit 0,8 höher als in der Bundesrepublik (0,5). Als einziges europäisches Land hat Italien keine feste Promilleregelung. Hier gilt: Wer unter Alkoholeinfluss fährt, kann bei einem Unfall – egal ob verschuldet oder nicht – bestraft werden.

1. Lesen Sie die Seite „Auto und Verkehr" der Oldenburgischen Volkszeitung.
2. Welche Themen werden hier behandelt? Fassen Sie jeden Artikel in einem Satz zusammen. Gibt es Artikel zum gleichen Thema?
3. Welchen Artikel finden Sie
   a) besonders interessant
   b) besonders wichtig
   c) langweilig
   d) überflüssig
   e) gut verständlich
   f) schwer verständlich
   g) lehrreich
   h) _____
   Aus welchen Gründen finden Sie ihn … ?

I. Was so in der Zeitung steht

1. Lesen Sie zunächst die Texte A–F.

Notieren Sie zu jedem Text ein Stichwort, so dass Sie wissen, worum es in dem Text geht. Lesen Sie dann die Textabschnitte 1–6. Welche Textabschnitte passen zusammen?

A – ☐   B – ☐   C – ☐   D – ☐   E – ☐   F – ☐

2. Lesen Sie jetzt die Artikel noch einmal im Zusammenhang. Überlegen Sie, um welche Textsorte es sich jeweils handelt. Ordnen Sie den Artikeln die jeweils passende Textsorte zu.

Welcher Artikel ist

– eine Meldung, Information
– ein Leserbrief
– eine Frage an eine juristische Beratungsstelle
– eine Werbung

A **Gilt ein Vertrag auch mündlich?**

Stimmt es, dass ein Kaufvertrag, zum Beispiel über ein Auto, auch dann gültig ist, wenn er nur mündlich abgeschlossen wurde?

B **Betreff: Formel-1-Rennen**

Ich verstehe die ganze Aufregung über das sogenannte Todeswochenende in der Formel 1 des Automobilrennsports nicht. Die Raserei und das ganze Drumherum haben mit Sport doch nichts zu tun. „Panem et circensis" in unserer Zeit – nichts anderes ist das Spektakel. Und die modernen Gladiatoren machen das Spielchen freiwillig und in Erwartung schnellen Reichtums mit.

C **Vom Frühlingserwachen bis zur Sommerfrische**

Gut zu Gast in Österreich
Reisen und Speisen hat in Österreich Tradition. Ob in den alten Gemäuern eines Schlosses, im elegant-verspielten Rahmen eines Bürgerhauses oder im durchgestylten Ambiente eines topmodernen Fünf-Sterne-Hotels, der Gast fühlt sich hierzulande rundherum wohl. Vor allem dann, wenn er weiß, was Sache ist. Sprich, wo die besten Adressen der Alpenrepublik zu finden sind.

D **Bauer in Indien verjagt Schweine mit Michael Jacksons Musik**

Die Musik des US-Popstars Michael Jackson löst außer rhythmischen Zuckungen bei Menschen offenbar auch Furcht bei Wildschweinen aus.

E **Das Ohr fährt schließlich im Auto mit**

Die Forschungsabteilungen von Opel und Mercedes haben das „soundstyling" entdeckt. Ihr Ziel: Die nächste Autogeneration – marktreif etwa im Jahr 1998 – soll auch das Ohr des Fahrers erfreuen. Denn, so Opel-Forscher Reiner Weidemann: „Oft nervt weniger die Lautstärke als die Klangfarbe."

F **Ertappter Ladendieb droht mit Messer**

Auf frischer Tat ist am vergangenen Freitag ein Ladendieb in einem Kaufhaus in Giesing ertappt worden. Er hatte einen roten Schal aus einem Regal entwendet und wurde von dem Kaufhausdetektiv und einem Verkäufer am Ausgang des Geschäfts gestellt.

1 Der indische Bauer Anant Partwardhan berichtete der Nachrichtenagentur PTI, die Wildschweine hätten ihn jahrelang geplagt und die Ernte aufgefressen. Erst als er Musik von Jackson über die Felder dröhnen ließ, blieben die Tiere fern.

2 Ob schriftlich oder mündlich, wenn es zwischen Anbieter und Käufer zur Einigung über den Kauf beziehungsweise Verkauf eines Autos kommt, ist dies ein gültiger Vertrag. Allerdings sind bei mündlichen Verträgen die Probleme fast vorhersehbar, denn ohne neutrale Zeugen ist die Beweislage sehr problematisch.

3 In dem neuen Windkanal des Forschungsinstituts für Kraftfahrzeugwesen in Stuttgart, der einen Fahrtwind bis zu 260 Stundenkilometer simulieren kann, konzentrieren sich Experten auf Geräuschdetails. Fein säuberlich werden unangenehme Töne eliminiert und die angenehmen neu komponiert – für jeden Typ passend: satter Powersound für Sportwagen, elegantes Schnurren für die Limousine.

4 Der 28-jährige Carsten M. zog daraufhin ein Messer, bedrohte die Angestellte und erklärte: „Lasst mich in Ruhe, ihr Schweine." Die Mitarbeiter mussten den Weg freigeben, nahmen jedoch sogleich die Verfolgung auf. Nach einer aberwitzigen Flucht in ein Lebensmittelgeschäft an der Kreuzung Aigner-/Hefnerstraße und die Wohnung der Ladenbesitzerin wurde der Dieb von Passanten gefasst.

5 Damit Sie Ihren nächsten Urlaub so richtig planen können, bieten wir Ihnen auf den folgenden Seiten einen Überblick über eine Auswahl an österreichischen Top-Häusern. Wobei wir uns ganz sicher sind, dass auch für Sie etwas dabei ist. Denn Österreichs „Gute Hotels" locken auch in diesem Sommer mit tollen Spezialarrangements und mit jeder Menge Events und Aktivitäten.

6 Das Gleiche gilt übrigens für jede Art sinnloser Raserei, auch im sog. alpinen Rennsport. Wer sich in Gefahr begibt, kommt darin um, sagt ein altes Sprichwort, das natürlich auch für die Zuschauer bei diesen Veranstaltungen gilt. Wenn solch ein Harakiri zwei Menschenleben kostet, geht ein Aufschrei um den Globus. Wenn aber auf unseren Straßen tagtäglich hunderte Menschen sterben, ist das allenfalls eine einmalige, kurze Notiz wert. Stimmen hier die Relationen noch?

II. „Bertha", „Eva" und das Auto

I. Lesen Sie zuerst die beiden Überschriften. Notieren Sie sich alle Gedanken, die Ihnen dazu spontan einfallen. Lesen Sie dann die beiden Zeitungsartikel. Waren Ihre Vermutungen richtig?

Text 1

Frau am Steuer: Ungeheuer!

A Hundert Jahre ist es her, dass eine gewisse Bertha Benz als erste Frau ein Auto lenkte. Heute wird jedes vierte Auto von Frauen gekauft und die Industrie kämpft mit immer neuen Ideen um weitere Kundinnen.

B Es war schon eine Ungeheuerlichkeit: Eines Morgens 1888 gegen fünf Uhr setzte sich Bertha Benz aus Mannheim ans Steuer des soeben zum Patent angemeldeten „Benz-Motorwagens" ihres Mannes und brauste damit – ohne sein Wissen – bis zur Oma nach Pforzheim. Eine lange Strecke für die damalige Zeit und eine kleine Sensation – so etwas hatte sich noch keine Frau zugetraut.

C Mittlerweile fahren Frauen völlig selbstverständlich Auto. Dennoch ist die Auto-industrie erst seit kurzem „auf die Frau" gekommen. Nicht auf irgendeine natürlich. Sondern auf die junge, selbstbewusste Frau, die ihr eigenes Geld ver-dient. Die Wert auf gutes Design legt und gern komfortabel fährt.
Wundern Sie sich also nicht, wenn Ihnen auf Anzeigenseiten statt der langbeinigen, gutgewachsenen Blondine auf blitzblanker Kühlerhaube als Blickfang vielleicht bald die top-gestylte Karrierefrau im Kostüm am Lederlenkrad begegnet. Die Hersteller der Karossen aller Klassen haben jetzt die Frau am Steuer entdeckt – als zahlungskräftige Käuferin. Gezwungenermaßen.

Text 2

Frauen und das Auto: Vernünftiger Umgang mit der Technik

Alles fing mit Bertha an

Die Fahrzeugfarbe ist nur von zweitrangiger Bedeutung

D Zwischen Berthas mutiger Motorwagenausfahrt und den autofahrenden Evas der Gegenwart liegt mehr als ein Jahrhundert technischen Fortschritts und soziologi-scher Veränderung: Heute sind nahezu die Hälfte aller Autofahrer Frauen. Zukunftsorientierte Verkaufsanalysen sagen aus, dass Zuwachsraten im Auto-verkauf eigentlich nur noch durch Frauen kommen können. Früher wurde mit ihnen geworben, heute werden sie umworben. Grund genug, das Urteil über die *Frau am Steuer* neu zu überdenken.
Für Frauen ist das Auto weder ein Prestigeobjekt noch die Erfüllung eines Jugend-traums. Es ist ein Gebrauchsgegenstand, mit dessen Hilfe sie mobil sind. Was nicht bedeutet, dass der Gebrauchsgegenstand nicht auch schön sein darf.

E Frauen schauen auf das Praktische, beispielsweise auf das „Passen" der Sicherheitsgurte und auf die individuell einstellbare Lenkradposition, denn sie sitzen anders im Auto als Männer. Nicht wegen des eventuellen Größenunterschieds, sondern wegen der Beinhaltung: Männer sitzen breitbeinig, Frauen mit paralleler Beinstellung. Sie fahren ungern nur mit Rückspiegel, sie drehen sich beim Rückwärtsfahren lieber um, weil sie dann das Gefühl haben, ein in den Weg laufendes Kind oder einen Hund besser zu sehen. Über die in vielen Fahrzeugen zwar verstellbaren, aber großvolumigen Kompaktkopfstützen können viele Frauen auch trotz Rückenstreckens kaum hinwegschauen.

F Ablagemöglichkeiten, aus denen in Kurven und auch bei einer Notbremsung nichts herausrutscht, sind für sie wichtig. Denn Frauen sortieren ihre Ablagen mehr, sie brauchen mehrere kleine Fächer und nicht ein großes, in das sie bis zum Ellbogen hineinlangen und sich auf ihren Tastsinn verlassen müssen. Wenn diese Nischen auch noch Verschlussklappen haben, ist das ideal.

G Eine Servolenkung ohne Aufpreis gehört zum Beispiel zu den Autowünschen. Und auch ein kleines Detail: Ob sich die Kofferraumklappe von innen *und* von außen öffnen lässt, denn Frauen haben oft beide Hände voll, wenn sie ins Auto steigen. Es ist leichter, einen Hebel mit einem Finger zu bedienen als einen Schlüssel umzudrehen.

H Frauen stehen mit der Technik nicht auf dem Kriegsfuß, sie müssen sie schließlich tagein, tagaus zu Hause und im Beruf wie selbstverständlich bewältigen. Sie interessieren sich allerdings nicht dafür, wie sie funktioniert. Sie setzen vielmehr voraus, dass sie funktioniert. Sie wollen aber sehr wohl wissen, welche Vorteile sie ihnen bringt und was sie selbst damit anfangen können. Sie lesen auch meist die Bedienungsanleitung sehr viel sorgfältiger und nehmen die darin angegebenen Ratschläge an, sofern sie verständlich formuliert sind und nicht nur aus technischen Schlagworten bestehen.

I Frauen informieren sich sehr genau und entscheiden erst dann. Ihre Entscheidung ist nicht emotional, sie ist eher rational. Sie sind sich dann aber auch bewusst, dass sie eventuell von zwei „Übeln" das geringere ausgewählt haben. Frauen wägen das Preis-Leistungs-Verhältnis genau ab. Dazu gehören nicht nur der Benzinverbrauch, die Wartungsintervalle, die Kilometer- oder Teilegarantie. Dazu gehören auch die Nähe oder Entfernung der Werkstatt und deren Erreichbarkeit mit öffentlichen Verkehrsmitteln. Dazu gehört auch, ob sie in einer Werkstatt als Kundin ernst genommen oder als „typisch Frau" behandelt werden. Die Finanzierungskosten werden eruiert, die monatlichen Fixkosten errechnet. Schließlich wird auch der Wiederverkaufswert in das Kalkül integriert.

J Und nicht zuletzt: die Farbe. Sie wird gern als Hauptkriterium genannt, wenn es darum geht, nach welchen Richtlinien eine Frau ein Auto kauft. Natürlich spielt auch die Farbe eine Rolle, aber nicht in dem immer wieder zitierten Witzblattsinn. Farben spielen im Leben einer Frau ohnehin eine wichtige Rolle: Sie kauft ihre Garderobe in der Modefarbe, sie richtet die Wohnung farbharmonisch ein, sie kauft Blumen, Geschenkpapier oder Aktenordner nach der Farbe. Aber immer mit Bezug auf das Objekt. So ist es auch beim Autokauf. Erst werden all die oben genannten Punkte eruiert, dann erst wird aus den werksmäßig vorgegebenen Farbvorschlägen die Farbe für das eigene Auto ausgewählt.

2. Welche Wörter bezeichnen einzelne Teile des Autos?

3. Welche der drei Zusammenfassungen gibt jeweils den Inhalt eines Abschnitts am treffendsten wieder?
Sie können auch eine eigene Zusammenfassung schreiben. Begründen Sie Ihre Meinung.

A 1. Jede vierte Frau kauft heute ein Auto.
   2. Vor hundert Jahren war die Autofahrt einer Frau etwas ganz Besonderes, heute haben viele Frauen ein eigenes Auto.
   3. Vor hundert Jahren fuhr Bertha Benz als erste Frau allein mit einem Auto.
   4. _____

B 1. Im Jahre 1888 musste Bertha Benz eine lange Strecke fahren, um ihre Großmutter in Pforzheim zu besuchen.
   2. Vor hundert Jahren meldete Bertha Benz das erste Auto zum Patent an.
   3. Vor hundert Jahren brachte Bertha Benz mit ihrer ersten eigenen Autofahrt die Menschen zum Staunen.
   4. _____

C 1. Die Autoindustrie rechnet heute mit dem Typ der selbständigen, berufstätigen Frau als Kundin.
   2. Die Autoindustrie hat schon immer mit Bildern von Frauen geworben.
   3. Die Autoindustrie hat die Frauen für ihre Werbung entdeckt.
   4. _____

D 1. Die Autoindustrie braucht die Frauen als Käufer, alte Vorurteile verlieren ihre Geltung.
   2. Der technische Fortschritt hat es möglich gemacht, dass heute so viele Frauen selbst Auto fahren.
   3. Für Frauen ist das Auto ein praktisches Prestigeobjekt.
   4. _____

E 1. Frauen haben andere Sitzgewohnheiten als Männer.
   2. Frauen achten mehr auf spielende Kinder und herumlaufende Hunde als Männer.
   3. Frauen brauchen zweckmäßige Autos.
   4. _____

F 1. Frauen mögen mehrere kleine, zuklappbare Ablagefächer.

2. Frauen haben immer viele kleine Dinge in ihren Handtaschen.

3. Frauen möchten nicht immer lange im Auto herumtasten müssen, wenn sie etwas suchen.

4. _____

G 1. Das Wichtigste ist der Kofferraum.

2. Ein Auto für Frauen muss leicht zu lenken und zu bedienen sein.

3. Die Frauen verlangen Servolenkung und verschließbare Kofferraumklappen.

4. _____

H 1. Frauen können mit der Technik im Auto nicht gut umgehen.

2. Frauen nehmen gern Ratschläge von Männern an, wenn es um die Technik geht.

3. Frauen wollen nicht unbedingt wissen, wie die Technik funktioniert, aber sie wollen sie problemlos benutzen können.

4. _____

I 1. Eine gute Werkstatt und finanzielle Überlegungen sind für Frauen wichtig beim Autokauf.

2. Frauen überlegen sich die Finanzierung eines Autos sehr genau, weil sie meistens weniger Geld haben.

3. In der Werkstatt möchte eine Frau individuell behandelt werden.

4. _____

J 1. Die Farbe ist für Frauen einer der wichtigsten Gesichtspunkte beim Autokauf.

2. Farben sind im Leben einer Frau von entscheidender Bedeutung.

3. Frauen kaufen alles, was sie brauchen, farblich zusammenpassend.

4. _____

III. Chauffeur um die Jahrhundertwende

I. Lesen Sie den Anfang der Kolumne von Elke Heidenreich

Elke Heidenreich übers Autofahren

Also,
Großvater war um die Jahrhundertwende Chauffeur bei ganz feinen Leuten und er soll gesagt haben, dass dazu Intelligenz, Feingefühl, geradezu philosophische Gelassenheit und Sachverstand, gepaart mit Charakterstärke einfach unerlässlich seien –

2. Geben Sie mit eigenen Worten wieder, was der Großvater gemeint hat.

3. Warum hielt der Großvater wohl diese Eigenschaften für unerlässlich?

4. Lesen Sie jetzt den ganzen Text

A Also,
Großvater war um die Jahrhundertwende Chauffeur bei ganz feinen Leuten und er soll gesagt haben, dass dazu Intelligenz, Feingefühl, geradezu philosophische Gelassenheit und Sachverstand, gepaart mit Charakterstärke einfach unerlässlich seien – nicht etwa bei der Behandlung der ganz feinen Leute, sondern zum Führen eines Motorkraftwagens.

B Ach, Großvater, wie sehne ich mich nach deinen Eigenschaften, wenn ich die schneidigen Sportfahrer durch unsere stille Wohnstraße brettern sehe, als gälte es für Formel I in Monte Carlo zu üben. Die dritte Katze haben sie uns nun schon totgefahren, eine davon, wie ich vom Fenster aus mit ansehen musste, ganz absichtlich. Es muss sich doch lohnen, so viel geballte Kraft unter dem Hintern zu haben.

C Im Kino nehmen sie das Auto schon längst als Tatwaffe: Da säbelt Steve McQueen in Peckinpahs „Getaway" tragende Säulen von Häusern um, krachbumm, egal, wer unter den Trümmern begraben wird, wenn nur unser Held der Polizei entkommt. Da donnert in Hitchcocks „Familiengrab" ein sympathisches junges Paar eine steile Bergstraße runter und drängt alles in die Schlucht, was und wer da so entgegenkommt. Den Schrott brauchen wir ja für den Fortgang der Geschichte eh nicht mehr, wenn nur das sympathische junge Paar durchkommt. Und James Bond Autos sind wahre Kriegsmaschinen. Die Bremse als Angstschrei. Der Verfolger klebt am Baum, und 007 strahlt: Gut gemacht, Wägelchen!
In Steven Spielbergs „Duell" ist nicht mal mehr der Mensch als Führer der Maschine zu sehen: Da wird ein Autofahrer von einem wild gewordenen Lastwagen kilometerlang über die Highways gejagt. In John Carpenters „Christine" ist das Auto die Geliebte, die nur den Herrn und Meister schützt und alles, was ihr sonst zu nahe kommt, zermalmt.

D Früher ritten sich die Westernhelden mit der Hand am Colt auf der Dorfstraße entgegen, heute siegt der mit dem stärksten Auto. Und irgendwas von dieser Mentalität sickert durch ins Fahrverhalten des normalen Autofahrers. Wie ein dressierter Schäferhund sitzt er da mit seiner geballten Kraft, und plötzlich dreht er durch und hängt dir blinkend, hupend, gestikulierend an der Stoßstange. Er hat all diese Filme gesehen und will dir jetzt zeigen, was eine Harke ist, und wehe, du gehst nicht sofort rechts rüber.

E Ganz klar, das Auto ist aus unserem Leben nicht mehr wegzudenken. Aber Mensch und Maschine sind keine gute Allianz eingegangen. Ach, Großvater, ich denke so oft an dich, denke an Eigenschaften wie Klugheit, Einfühlungsvermögen, philosophische Gelassenheit, Charakterstärke und an die Lust am Autofahren. Der Spaß am Steuer bleibt so kläglich auf der Strecke, wenn einen die blassen Wichtelmännchen in den blitzenden Chrompanzern vor sich herjagen und denken, sie wären James Dean. Dächten sie es doch wenigstens zu Ende ... wie ist James Dean noch gleich gestorben? Richtig! Aber im Film kommen die Guten ja immer durch.

5. Welche Wörter im Text entsprechen etwa den folgenden Erklärungen?

1. in Abschnitt B:
  1) forsch, selbstbewusst, flott, sportlich
  2) ohne Rücksicht rasen (umgangssprachlich)
  3) konzentrierte Energie

2. in Abschnitt C:
  4) unsachgemäß schneiden, abschneiden
  5) sich sehr laut und schnell hinunterbewegen
  6) unbrauchbar gewordene, kaputte Gegenstände (meist aus Metall)
  7) sowieso (umgangssprachlich)
  8) zerdrücken, zerquetschen

3. in Abschnitt D:
  9) kopflos werden, die Nerven verlieren, verrückt spielen
  10) so dicht hinter jemand fahren, dass man das vordere Auto fast berührt
  11) jemandem deutlich und unfreundlich seine Meinung sagen/zeigen
  12) die Spur wechseln, in die rechte Spur hinüberfahren

4. in Abschnitt E:
  13) verloren gehen
  14) eine Art Zwerg, Kobold
  15) Kampffahrzeug aus glänzendem Metall
  16) überleben

6. Was passt in die Lücke?

Elke Heidenreichs Großvater war (a) _____ Chauffeur (b) _____. Man hat ihr erzählt, dass er der Meinung war, für diesen Beruf seien ganz besondere (c) _____ nötig. Elke Heidenreich findet, dass die Autofahrer heute sehr viel weniger (d) _____ sind. In vielen Filmen (e) _____, wie das Auto regelrecht als Waffe (f) _____ wird. In manchen (g) _____ sitzt nicht einmal mehr ein Mensch am (h) _____, das Auto agiert ganz selbständig und (i) _____ alles, was sich ihm in den Weg (j) _____. Elke Heidenreich vergleicht die Autofahrer mit dem (k) _____ aus den Westernfilmen, nur dass die modernen „Helden" nicht mehr auf einem (l) _____ sitzen, sondern im Auto. Natürlich weiß sie, dass man das Auto heute nicht mehr (m) _____ kann, aber sie findet es schwer, noch (n) _____ am Autofahren zu finden. Ist ihre Hoffnung, dass das Gute immer (o) _____ nur eine ironische Schlusspointe, oder ist sie davon wirklich (p) _____?

(a) A zu Beginn des Jahrhunderts	B am Ende des Jahrhunderts	C um 1900
(b) A in der Gesellschaft	B bei vornehmen Familien	C bei reichen Leuten
(c) A Adjektive	B Eigenschaften	C Charaktertypen
(d) A charakterstark	B gebildet	C verständlich

(e) A läuft	B wird gezeigt	C wird gespielt
(f) A gefilmt	B gefahren	C eingesetzt
(g) A Filmen	B Kinos	C Fahrten
(h) A Auto	B Steuer	C Rad
(i) A fährt	B steuert	C zerstört
(j) A stellt	B kommt	C geht
(k) A Theatern	B Szenen	C Helden
(l) A Steuer	B Revolver	C Pferd
(m) A abschaffen	B verlassen	C zurückgeben
(n) A Freundlichkeit	B Rücksicht	C Freude
(o) A siegt	B verstärkt	C steigt
(p) A sicher	B überzeugt	C nachdenklich

7. In den drei obenstehenden Artikeln ging es jeweils um das Thema „Autofahren". Inwiefern unterscheiden sie sich trotzdem voneinander?

Suchen Sie bitte Unterschiede
1. im Inhalt,
2. in der Sprache,
3. im Stil oder bei der Zielgruppe.

IV. Zum Thema Massentourismus

I. Lesen Sie bitte den folgenden Text.

Schaden für Mensch und Natur
Polynesischer Menschenrechtler kritisiert die Entwicklung des Tourismus in seiner Heimat

Der Massentourismus im französischen Südsee-Territorium Polynesien zerstöre die Natur und bringe für die Ureinwohner nur Nachteile mit sich. Die Entwicklung des Fremdenverkehrs auf dem Inselarchipel sei an der einheimischen Bevölkerung „vollkommen vorbeigegangen", sagte der Präsident der polynesischen „Unabhängigen Liga für Menschenrechte", Gabriel Tetiarahi, jetzt bei einem Besuch der „Gesellschaft für bedrohte Völker" in Göttingen. Vom Tourismus in seiner Heimat profitierten ausschließlich internationale Konzerne, während die Bevölkerung und die Natur auf den Inseln ausgebeutet würden.

Nach den Worten Tetiarahis ist der Fremdenverkehr auf Tahiti und anderen Inseln Französisch-Polynesiens seit Mitte der sechziger Jahre mit ausländischem Kapital „rücksichtslos" ausgebaut worden. Als Standorte für ihre Hotel- und Bungalowanlagen hätten die nordamerikanischen, japanischen und westeuropäischen Tourismusunternehmen „nur die landschaftlich schönsten und ökologisch intaktesten Plätze" aufgekauft. Für die Bevölkerung sei der „lebenswichtige" Zugang zum Meer nur noch an wenigen Stellen möglich. Die oft auf Pfählen in den Lagunen oder am Meerufer errichteten Bungalows zerstörten die Tier- und Pflanzenwelt in seiner Heimat, sagte

Tetarahi, zudem seien durch die Bautätigkeit zahlreiche religiöse Stätten der Mahoi-Ureinwohner vernichtet worden.

Scharf kritisierte der Menschenrechtler auch die juristische Praxis beim „Landraub" durch die internationalen Konzerne. Von Tourismus-Planern beanspruchte Grundstücke würden nach fremdem Recht und ohne Entschädigungszahlungen enteignet, wenn die Besitzer nicht verkaufen wollten. Zudem werde massiv mit Bestechungen gearbeitet. „Wenn sich die Entwicklung so fortsetzt, werden wir bald nur noch auf den Berggipfeln oder den Korallenriffen leben können", sagte Tetiarahi.

Für Leitungsaufgaben hätten die Hotelbesitzer nur ausländische Beschäftigte eingestellt, kritisierte der Polynesier. Der einheimischen Bevölkerung blieben nur „schlecht bezahlte Jobs als Kellner, Zimmermädchen oder Strandreiniger". Den zehn Prozent der rund 200 000 Ureinwohner Polynesiens, die Arbeit in den Touristenzentren gefunden hätten, stehe eine „viel höhere" Zahl derjenigen gegenüber, die aufgrund des Tourismus ihre Arbeitsplätze in der Landwirtschaft, beim Fischfang und in der Perlenzucht verloren hätten.

2. In diesem Text wird die Rede eines polynesischen Menschenrechtlers zusammengefasst wiedergegeben. Suchen Sie die Formen der indirekten Rede (Konjunktiv I bzw. II) heraus.

3. Bringen Sie die Sätze in eine sinnvolle Reihenfolge.

- Der Massentourismus auf den polynesichen Inseln bringt für die Ureinwohner nur Nachteile mit sich,
- werden diese nur schlecht bezahlt,
- Besonders landschaftlich und ökologisch wertvolle Plätze werden von den Tourismusunternehmen aufgekauft und bebaut,
- denn er geht einfach über ihre Interessen und Bedürfnisse hinweg.
- Statt neue Arbeitsplätze zu schaffen,
- obwohl dadurch die Tier- und Pflanzenwelt vernichtet wird.
- weil die guten Stellen mit ausländischen Kräften besetzt werden.
- Außerdem befinden sich oft gerade auf diesen Plätzen religiöse Stätten der Ureinwohner.
- Die Menschen auf den Inseln können sich oft nicht dagegen wehren,
- die die Natur zerstören und den Menschen den Zugang zum Meer unmöglich machen.
- vernichtet die Tourismusindustrie die traditionellen Beschäftigungsmöglichkeiten.
- dass ihr Boden enteignet wird.
- Auch wenn ein Teil der Bevölkerung in den Touristikzentren Jobs findet,
- Die einheimische Bevölkerung hat keinen Vorteil von den vielen Hotel- und Bungalowanlagen,

V. Kommen Sie doch einfach mal vorbei

I. Sie hören jetzt ein Gespräch. Lesen Sie dann die Fragen 1–8. Hören Sie anschließend das Gespräch noch einmal. Beantworten Sie dann die Fragen.

1. Warum glaubt Frau Olbrich, dass Herr Faistenhammer sich an Sie erinnern könnte?

2. Was für ein Auto hat Frau Olbrich?
3. Wann macht das Auto von Frau Olbrich Probleme?
4. Welche Erklärung hält Herr Faistenhammer für wahrscheinlich?
5. Was haben Frau Olbrich und ihr Kollege schon probiert?
6. Warum passt es Frau Olbrich nicht, den Wagen am nächsten Morgen in die Werkstatt zu bringen?
7. Was schlägt Herr Faistenhammer vor?
8. Wann soll der Ölwechsel gemacht werden?

VI. Stau

I. Fragen Sie sich bei jeder Aufgabe: Habe ich das im Text gehört? Markieren Sie die Antwort.

Aufgaben zu Abschnitt I   *Ja Nein*

1. Herr Mühlbauer hat beruflich mit Staus zu tun.   ☐ ☐
2. Man kann genau vorhersagen, wann und warum ein Stau entsteht. ☐ ☐
3. Wenn alle eine bestimmte Geschwindigkeit fahren, dann dürfte eigentlich kein Stau entstehen. ☐ ☐
4. 60 Prozent aller Staus wären problemlos zu vermeiden.   ☐ ☐
5. Morgens und abends ist die Staugefahr am größten.   ☐ ☐
6. Am Urlaubsort macht der Urlauber gern Ausflüge, dafür braucht er sein Auto. ☐ ☐
7. Kinder haben Angst vorm Fliegen, deshalb fahren die Familien lieber mit dem Auto. ☐ ☐

Aufgaben zu Abschnitt 2   *Ja Nein*

8. Ein Stau bringt die Leute häufig in Kontakt miteinader. ☐ ☐
9. Auf den Straßen wird während des Staus Essen und Trinken verkauft. ☐ ☐
10. Ein Stau ist oft der erste Anknüpfungspunkt für Urlaubsbekanntschaften. ☐ ☐
11. Im Stau entstehen Bekanntschaften, die am Urlaubsort fortgesetzt werden. ☐ ☐
12. Auf der Heimfahrt sind die Fahrer oft besonders aggressiv. ☐ ☐
13. Im Stop and go verlieren die Fahrer oft die Nerven.   ☐ ☐
14. Der Stauberater empfiehlt, etwas zu essen oder zu trinken, bevor man weiterfährt. ☐ ☐

Aufgaben zu Abschnitt 3   *Ja Nein*

15. Wenn man im Stau steht, sollte man nicht über seine Situation nachdenken. ☐ ☐
16. Wenn man in die Ferien fährt, sollte man die Autobahnen meiden. ☐ ☐
17. Nachts ist das Fahren am gefährlichsten.   ☐ ☐
18. Herr Mühlbauer hat kein Auto.   ☐ ☐

2. Ergänzen Sie die fehlenden Wörter sinngemäß aus dem Text, den Sie gerade gehört haben. Sollte Ihnen das eine oder andere Wort nicht einfallen, hören Sie den ersten Abschnitt noch einmal.

In unserer Sendung „Unterwegs" geht es heute um ein Thema, zu dem wohl jeder _____ aus eigener Erfahrung etwas sagen könnte, um das Thema „Stau".

Sommerzeit – Ferienzeit! Man packt seine Sachen ins _____, und los geht's. Aber manchmal kommt man nicht sehr weit, schon nach kurzer _____ steht man im _____, und statt am Abend noch im Meer zu schwimmen, kämpft man sich mühsam _____ für Meter vorwärts. Wir haben heute Herrn Mühlbauer im Studio. Herr Mühlbauer ist Stauberater beim ADAC, beim Allgemeinen Deutschen Automobilclub.

Herr Mühlbauer, wie erklärt man sich denn, dass auf unseren _____ immer wieder Staus entstehen?

Ja, Alltagsstau, Urlaubsstau, Ausflugsstau: Der kann immer und überall auftreten. Der Stau gehört zu den schwer erklärbaren Symptomen der Automobil_____. Solange alle Autos in gleichmäßigem _____ zueinander fahren und etwa die gleiche _____ halten, kann eigentlich kein Stau entstehen. Aber wenn zum Beispiel ein _____ mal etwas mehr Abstand lässt zu seinem Vorder_____, dann gerät gleich der ganze Verkehrs_____ durcheinander.

3. In welcher Reihenfolge stehen die folgenden Informationen im Text? Hören Sie den Text noch einmal und machen Sie sich Stichworte zum Inhalt. Sortieren Sie dann die folgenden Aussagen.

_____ Die Stauberater versuchen, die Fahrer zu einer Pause zu überreden.

_____ Bei einem Stau herrscht auf der Autobahn oft gute Stimmung.

_____ Im Stau sollte man den Motor abstellen.

_____ Die Deutschen fahren am liebsten mit dem Auto in Urlaub.

_____ Man sollte fahren, wenn nicht so viele Lkws unterwegs sind.

_____ Wenn man nicht aufhört, innerlich gegen den Stau zu protestieren, kann man nicht ruhig bleiben.

_____ Ein Stau ist im Urlaub und zu Hause ein beliebtes Gesprächsthema.

__5__ Das Fahren im Schritttempo macht die Menschen meist empfindlicher als das Stehen in einem richtigen Stau.

_____ Die Ursachen der Staus sind nur schwer zu erklären.

Textquellen

Seite
22 Oldenburgische Volkszeitung vom 30.5.1987
23 Süddeutsche Zeitung vom 19.5.1987
26 nach: Wenn der Funke überspringt, in: STERN Nr. 20/1991, Gruner + Jahr, Hamburg
28 nach: Aus Liebeskummer Wohnung angezündet, in: Süddeutsche Zeitung vom 17./18.11.1992, dpa Hamburg
30 oben: Manfred Mai, Winterlingen
31 nach: Ich bin adoptiert, in: treff, Velber Verlag, Seelze
47 Süddeutsche Zeitung vom 19.3.1980
50 Süddeutsche Zeitung vom 15.1.1987
57 nach: Eine „Reise zu den Planeten"; Was ist los mit Deutschland?; Himmel über der Wüste, in: Süddeutsche Zeitung TV-Beilage vom 14.–19.6.1994
58 nach: Embryo eines Meisterwerks, in: DER SPIEGEL NR. 17/1994, S. 210;
nach: Untergang im Wüstensand, in: DER SPIEGEL NR. 20/1994, S. 198 ff.;
nach: Janet Jackson: Lieder gegen den Haß, in: Für Sie Nr. 16/1993, S. 146, Jahreszeiten-Verlag, Hamburg
59 nach: Aus dem rohen Holz gehauen, in: Brigitte Nr. 5/1994, S. 174, Gruner + Jahr, Hamburg;
nach: „Parsival" live, in: Süddeutsche Zeitung TV-Beilage vom 19.–25.7.1994, S. 7;
nach: Literarische Spurensuche, in: Süddeutsche Zeitung TV-Beilage vom 9.–15.8.1994;
nach: In Heidelberg verloren, in: Süddeutsche Zeitung vom 28.7.1994
63 nach: Die 7 Geheimnisse der Lindenstraße, in: Für Sie Nr. 16/1993, Jahreszeiten-Verlag, Hamburg
65 nach: Mein Mann gibt nur noch Geld für seinen Computer aus, in: Für Sie Nr. 19/1993, S. 14, Jahreszeiten-Verlag, Hamburg
98 aus: Max Frisch: Tagebuch 1946–1949, Suhrkamp Verlag, Frankfurt am Main 1950, S. 52/53
100 nach: Carola Stern: Über Folter, in: DIE ZEIT Nr. 50 vom 15.12.1972
104 nach: Zum Kriegführen zu gescheit, in: Süddeutsche Zeitung
114 Rheinischer Merkur vom 7.4.1989
124 PreussenElektra, Hannover
125 nach: Tabakpflanzen machen hohe Ozonwerte sichtbar, in: Süddeutsche Zeitung vom 25.2.1993, dpa Hamburg;
nach: Jahres-Vorhersage, in: FOCUS
126 nach: Grau raus – Leben rein, in: Die Abendzeitung vom 27./28.8.1994;
nach: Regenwurm im Röntgenlicht, in: Süddeutsche Zeitung, dpa Hamburg;
nach: Zucker-Strümpfe, in: FOCUS Nr. 11/1994
129 nach: Lustiges Leben, in: DER SPIEGEL Nr. 16/1994
132 nach: Was „Look" 1962 voraussah, in: DIE ZEIT Nr. 3 vom 9.1.1987
133 nach: Entweder Augen oder Beutel auf, in: Süddeutsche Zeitung Nr. 191 vom 20./21.8.1994, dpa Hamburg
166 nach: Hoechst Trevira baut 630 Arbeitsplätze ab, in: Süddeutsche Zeitung vom 1./2.4.1995, vwd Eschborn;
+167 nach: Muffel-Theorie bezweifelt, in: Süddeutsche Zeitung vom 26./27.11.1994, dpa Hamburg;
nach: Der Franc-Kurs zieht stärker an, in: Süddeutsche Zeitung vom 26.3.1995, vwd Eschborn;
nach: Tourismus schafft viele Arbeitsplätze, in: Süddeutsche Zeitung vom 6.3.1995, vwd Eschborn;
nach: In zwei Jahren haben sich 3000 Bankkunden beschwert, in: Süddeutsche Zeitung vom 3.8.1994, dpa Hamburg;
nach: Behindertenwerkstätten erhalten kaum Aufträge der öffentlichen Hand, in: Süddeutsche Zeitung vom 1.3.1995
168 nach: Tankstellen nehmen Tante Emma die Wurst vom Brot, in: Süddeutsche Zeitung vom 2.8.1994
173 nach: „Banane um die untere Hälfte fassen ...", in: Süddeutsche Zeitung vom 24./25./26.12.1992
178 Rheinischer Merkur vom 7.4.1989
193 nach: Vom Leben in einem fremden München, in: Süddeutsche Zeitung vom 29.7.1994;
+ 194 nach: aktuelles Magazin, in Brigitte Nr. 9/1994, Gruner + Jahr, Hamburg;
nach: Alkohol – Mein Weg in die Obdachlosigkeit, in: BISS Heft 1;
nach: Wenn Diskriminierung zum Alltag gehört, in: Süddeutsche Zeitung vom 15.6.1987;
aus: Joào Ubaldo Ribeiro: Ein Brasilianer in Berlin. st 2352, Suhrkamp Verlag Frankfurt am Main 1994, S. 13/14, 83;
nach: Endstation Berzeliusstraße, in: Brigitte Nr. 7/1990, S. 110, Gruner + Jahr, Hamburg;
Auszug aus: B. Malchow, K. Tayebi, U. Brand: Die fremden Deutschen, aktuell 12786, Rowohlt Taschenbuch Verlag GmbH, Reinbek
198 aus: Joào Ubaldo Ribeiro: Ein Brasilianer in Berlin. st 2352, Suhrkamp Verlag Frankfurt am Main 1994, S. 62–66
201 nach: Wo leben die glücklichsten Europäer?, in: Süddeutsche Zeitung vom 9.2.1993
211 nach: Das Guinness Buch der Rekorde 1997, 1996 by Guinness Publishing Ltd., Enfield, 1996 by Guinness Verlag GmbH, Hamburg, für die deutschsprachige Ausgabe.
224 nach: Gilt ein Vertrag auch mündlich?, in: ADAC motorwelt Nr. 11/1992;
nach: Robert Deser: Moderne Gladiatoren, in: Süddeutsche Zeitung vom 10.5.1994;
nach: Vom Frühlingserwachen zur Sommerfrische, in: Magazin Gault Millau – Werbung
225 nach: Bauer in Indien jagt Schweine mit Michael Jacksons Musik, in: Süddeutsche Zeitung vom 4.4.1995, afp Bonn;
nach: Das Ohr fährt schließlich im Auto mit, in: FOCUS Nr. 11/1994;
nach: Ertappter Ladendieb droht mit Messer, in: Süddeutsche Zeitung vom 3.4.1995
226 nach: Frau am Steuer – Ungeheuer!, in: Brigitte Nr. 11/1988, S. 143 f., Gruner + Jahr, Hamburg;
nach: Frauen und das Auto, in: Süddeutsche Zeitung vom 18./19.7.1992
229 nach: Elke Heidenreich: Also ..., in: Brigitte Nr. 2/1987, Gruner + Jahr, Hamburg
232 nach: Schaden für Mensch und Natur, in: Süddeutsche Zeitung vom 3.11.1992, epd Frankfurt a. M.

Bildquellen

24 Foto Sexauer, Ismaning, MHV-Archiv
Franz Specht, München, MHV-Archiv
152 dpa, München
163 Hans Moser, CH-Laax, aus der satirischen Schweizer Zeitschrift „Nebelspalter"
220 Walter Hanel, Bergisch-Gladbach

222 dpa, Frankfurt a. M.
112 Süddeutscher Verlag Bildarchiv München
122 Süddeutscher Verlag Bildarchiv München
123 Süddeutscher Verlag Bildarchiv München
153 Süddeutscher Verlag Bildarchiv München
204 Süddeutscher Verlag Bildarchiv München

Wir haben uns bemüht, alle Inhaber von Text- und Bildrechten ausfindig zu machen.
Sollten Rechteinhaber hier nicht aufgeführt sein, so wären wir für entsprechende Hinweise dankbar.

Notizen

Notizen

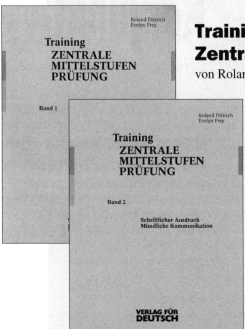